本书受到内蒙古师范大学教育
学术专著出版经费资助

在传统与现代之间
'马头琴手'专业成长的叙事研究

任雪峰 著

Between Tradition and Modernity:The Educational
Narrative Research on the Professional Growth of
"Morin Khur Fiddler"

知识产权出版社
全国百佳图书出版单位
—北京—

图书在版编目（CIP）数据

在传统与现代之间："马头琴手"专业成长的叙事研究 / 任雪峰著 . -- 北京：知识产权出版社，2024. 11. -- ISBN 978-7-5130-9514-3

Ⅰ . K825.76

中国国家版本馆 CIP 数据核字第 202456J1R2 号

责任编辑：高志方　栾晓航　　　　责任校对：潘凤越
封面设计：陈　曦　陈　珊　　　　责任印制：孙婷婷

在传统与现代之间
"马头琴手"专业成长的叙事研究

任雪峰　著

出版发行：知识产权出版社 有限责任公司		网　　址：http://www.ipph.cn	
社　　址：北京市海淀区气象路 50 号院		邮　　编：100081	
责编电话：010 - 82000860 转 8512		责编邮箱：15803837@qq.com	
发行电话：010 - 82000860 转 8101/8102		发行传真：010 - 82000893/82005070/82000270	
印　　刷：北京九州迅驰传媒文化有限公司		经　　销：新华书店、各大网上书店及相关专业书店	
开　　本：720mm×1000mm　1/16		印　　张：15.25	
版　　次：2024 年 11 月第 1 版		印　　次：2024 年 11 月第 1 次印刷	
字　　数：252 千字		定　　价：88.00 元	

ISBN 978-7-5130-9514-3

序 一

"传统"与"现代"是传承发展的最佳隐喻：绵延的文化长河，波涛滚滚，浪花朵朵，在朝霞余晖的映衬下，绚丽多彩，涌向人类文明共有的汪洋大海。在现代化的浪潮中，作为传承和保护马头琴艺术的关键性、主体性力量，"马头琴手"不仅面临文质代隔导致的传统文化"脱域"的问题，也面临过度"专业化"造成的主体个性"空场"的问题。因此，关注马头琴手及其专业成长问题，不仅是对马头琴艺术传承保护的科学研判，也是对马头琴艺术教育与人才培养的现实观照，更是对中华优秀传统文化创新性发展、创造性转化的重要面向。

本书通过深入细致的叙事研究，不仅记录了"马头琴手"在技艺上的精进和突破，更关注了"马头琴手"在文化传承与创新中的心路历程。从最初的青涩懵懂到后来的技艺娴熟，从对传统的坚守到对现代的创新尝试，凝聚着他们对音乐的热爱和对民族文化的深情，同时也展现了他们在"传统"与"现代"之间的奋争与抉择。此外，本书还为我们提供了一个思考传统文化传承与创新的全新视角。它告诉我们，对传统文化的保护与发展并不是一成不变的，而是在尊重传统的基础上，结合现代社会的需求和审美，进行创造性的转化和创新。只有这样，传统文化才能在现代社会中焕发新的生机与活力。

总之，本书是一部充满人文关怀和深刻思考的专著。它不仅为我们呈现了"马头琴手"的成长历程，更为我们提供了一个思考传统文化传承与创新的宝贵视角。我们在阅读本书的过程中，仿佛能够听到马头琴那悠扬而深沉的琴声，感受到它穿越时空的动能。琴声不仅诉说着"马头琴手"个人的成长故事，更映射出民族文化在"传统"与"现代"之间守正创新的探索与追求。它提醒我们，无论时代如何变迁，深埋在家乡热土里的文化根脉和民族精神总会在幽远的历史纵深里朝着我们微笑。

纳日碧力戈

内蒙古师范大学资深教授

西南民族大学民族学与社会学学院特聘院长

复旦大学博士生导师

2024 年 10 月于呼和浩特

序 二

与任雪峰博士的相识始于 2018 年 12 月 22 日在中南民族大学举办的"多元文化与高等教育质量保障第三届国际论坛"上，我曾经在中南民族大学工作过一段时间，应邀参加了那次国际论坛。他当时在中南民族大学大学生公共艺术中心工作，负责会议的组织与接待工作。在会议上，他俊朗的外形、文雅的谈吐、热情好客的个性给我留下了深刻的印象。之后，随着交往的深入，对他的了解越来越多，也越来越全面。2020 年，他考取了中南民族大学民族教育方向的博士研究生，开启了其攻读博士学位的新历程。事实上，作为老师和长辈，我见证了他备考、读博、开题、答辩的全过程。今天，其博士研究的成果《在传统与现代之间："马头琴手"专业成长的叙事研究》即将出版，我有幸受邀，欣然作序，以示祝贺。综合而言，本研究成果在以下三个方面做了新的探索，尝试推动现有研究发生新的转向。

首先，通过与作者本人交往，熟知其博士研究全过程，可以说我见证了一个年轻人从专业的艺术教育工作者到规范的学术研究者的成功转型。在中国传统文化道器分野氛围下，"音体美"在过去被称为"小三门"，是技艺之学，在大学似乎是专门给那些文化课成绩上不去，但专业能力不错的考生准备的专业。即使是在师范专业教育学的框架里，它们也仅属于学科教学论的范畴。与教育原理、课程与教学论、教育基本理论这些所谓的"显学"相比，属于"小众"学科。随着素质教育的深化、"双减"政策的落实、德智体美劳五育并举的提倡，音体美教育教学及其研究开始受到重视，但是受惯性思维以及文化惰性的影响，其学术地位和影响范围依然有限。任雪峰博士出生于戏曲之家，从小耳濡目染，在艺术方面展露了超乎常人的天赋。他 18 岁开始学习民族声乐，分别在西南民族大学和四川音乐学院接受正规的专业训练。毕业后到中南民族大学从事艺术教育实践，在搜集各民族艺术作品的过程中，他对于民族文化遗产的传承问题产生了浓厚兴趣，并立志从教育学、人类学、艺术学等多学科视角对其开展研究。在攻读博士学位期间，他博览群书，勤于思考，深耕多学科知识领域，将学术视野从过去的"局内人"向现在的"局外人"拓展，并以"自观"与"他观"双重视角对"马头琴手"专业成长中"所遇到的""所经历的""所体验的"进行了理性思考。在田野调查期间，他访谈了50位"马头琴手"，访谈记录达130万余字，课堂观察记录3万余字，研究日志超过10万字。随后，他运用基于生命历程理论、三维叙事理论的分析框架对这些田野资料进行整理，高质量完成了博士论文的写作，最终顺利通过博士论文答辩，如愿回到家乡成为高校教师，从而开启了其人生的崭新历程。与其他一直从事教育学学习、教学及研究的同学相比，他读博期间面临的困难挑战要多得多。所以，在此再次祝贺任雪峰博士克服困难、不畏艰难，最终成功转型。

其次，这本专著的选题十分重要，将研究焦点置于活生生的非遗传承人的成长历程上，在某种程度上推动了非遗传承研究对象的转向。马头琴是蒙古族传统的拉弦乐器，因琴杆上端雕有马头而得名，蒙古语称之为"Morin Khur"（莫林胡尔），经过数百年的发展而不断演变。马头琴音乐深沉粗犷、激昂悠扬，能形象地描绘出蒙古族在广阔草原上逐水草而居的游牧生活。马头琴不仅是蒙古族人民喜爱的乐器，更是他们精神世界的展示载体，具有深厚的历史文化底蕴和独特的艺术魅力。2006年，蒙古族马头琴音乐被列入第一批国家级非物质文化遗产名录。教育是文化传承的一种活动，学校教育是对文化选择、传承与创新的活动。从应然角度来看，作为全人类共同文化智慧结晶的"非遗"的传承与创新理应在各级各类教育中占据一席之地。但从实然角度观察，在目前学校教育体系中，除了在大学、研究生阶段开设相关专业，中小学的课程体系中非遗文化类课程少而又少，即使有也以校本课程的形式出现，近几年出现逐渐衰退的迹象。令人欣慰的是，在世界马头琴演奏大师齐·宝力高的带领下，马头琴演奏作为非遗传承走上了一条专业艺术教育的道路。2011年内蒙古锡林郭勒职业学院成立当时全国唯一的马头琴专业高等院校——齐·宝力高国际马头琴学院；2021年，内蒙古鄂尔多斯伊金霍洛旗齐·宝力高国际马头琴音乐学校在鄂尔多斯市成立；目前内蒙古呼伦贝尔市海拉尔区的第三所国际马头琴学校也在筹建中。除了高等专业艺术教育、普通教育中小学校的校本课程，社区非遗教育传承发挥着高校、中小学校所不能替代的作用，如呼和浩特马头琴艺术综合体于2023年底创办，作为内蒙古"非遗"马头琴传承基地，该综合体通过开设传承师资班和游学班，采用线上线下相结合的方式开展马头琴艺术的教育传承活动。随着非遗的教育传承实践的开展与深入，相关研究也逐步展开。2011年《中华人民共和国非物质文化遗产法》的颁布与实施，标志着我国"非遗"事业及其研究进入了以"保护"与"传承"为主题的"后非遗"时代。尤其是2015年文化和旅游部、教育部、人力资源社会保障部启动中国非物质文化遗产传承人群研修研习培训计划之后，"非遗"传承教育和可持续发展问题日益成为热点。"非遗"的传承教育研究主要集中于意义探析与路径研究两个方面，而对作为"非遗"传承的关键主体——传承人的成长经历与生命历程的研究还有待深入。任雪峰博士的专著在这方面做了新的、有意义的尝试。他的专著将一个民族"非遗"代表——马头琴及其演奏的传承置于一个充满张力的场域——传统与现代的冲突与整合，不同于以往的研究，他把"非遗"传承研究的话语从意义阐述、困境解析、传承路径等宏大叙事转向传承主体即传承人的微观生命历程之上。正如其在文献综述中所言，本研究试图摆脱以往注重"文化本体"而忽视作为文化"承载者""传递者"的人的研究，试图摆脱目前研究忽视与文化相关的生命本身研究的尴尬局面，将研究视角从宏观的"文化的整体性"研究转向微观的具体的人的研究，以此突出"马头琴手"在马头琴文化传承、艺术教育与人才培养中的主体性地位。

最后，就"非遗"研究而言，该研究成果在研究方法与分析框架等方面做了新的探索，尝试从多学科的视角，采用混合研究的方法，以教育叙事的话语来分析马头琴非遗文化"承载者""传递者"——"马头琴手"的专业成长轨迹。正如彭兆荣先生认为的那样，非物质文化遗产所遵循的原理是民间文化与民俗事象。就大的学科范畴而言，都属于文化人类学。非物质文化遗产包含着多样性、活态性、民间性、地方性、族群性，这与文化人类学研究颇为契合。他主张将人类学基本方法——田野工作（field work），重要原则——参与式观察（participant observation），两种视角——"主位（emic）-客位（etic）"，与众不同的整体研究（holistic research）与民族志（ethnography）范式等鲜活地应用于非物质文化遗产的研究上，应以多元视角、多方法整合为原则，实现整合创新。在本研究中，任雪峰博士将艺术学的专业成长故事、文化人类学的田野调查与民族志写作以及教育学的叙事研究有机地结合在一起，突破了过去"主客二分"式或者"原子论"式思维方式和单一学科研究的局限性，建立了一个"多重三角立体"式的思维范式与分析框架。首先，作者围绕马头琴手的专业成长，按照"时间—空间—关系"维度建立一个三维叙事空间。其次，在时间之维，沿着"准备—规训—发展"三段演进历程展开叙述；在空间之维，围绕"原生—学校—职业"三个场域渐次展开论述；而在关系之维，则从"自在—他在—自主"三重关系进行解释。最后，终止于"过程—要素—评价"的三维反思。这种三维叙事分析框架的建立及使用，在某种程度上，在非遗研究方法论方面具有整合式创新的意义。

总之，任雪峰博士的这部力作，不仅使其自身从一个专业艺术教育的实践工作者成功转型为一个艺术教育的理性研究者，而且在"非遗"研究对象的转向以及研究分析框架的建立等方面进行了一些新的尝试，具有一定的创新意义。当然，本研究涉及教育学、文化学、民族学、人类学等多学科的理论与方法，虽然作者对这些多学科研究方法进行了有益的整合，但鉴于学科的分野、分歧以及学科交叉的适切性，由此引发的问题肯定会存在。另外，基于自幼接受的艺术熏陶与多年正规专业训练，作者在研究过程中游走于主位与客位之间也在所难免，在成果表述与话语表达方面也会受到影响。希望作者在今后的研究中不断走向成熟，相信多年的艺术教育工作经验加上博士期间接受的理性训练所形成的双轮驱动，会推动他的研究以及职业发展更上一层楼。

是以为序。

陈巴特尔

南开大学周恩来政府管理学院

2024 年 10 月于天津

前　言

马头琴艺术作为草原游牧文化中极具代表性的精神产品之一，不仅彰显着中华优秀传统文化的共性价值，同时也展现着自身的独特魅力，其发展向来备受青睐和关注。然而，随着现代化进程的加快、外来文化的强势输入以及传统文化传承方式的解构，马头琴艺术的传承与保护面临着因空间置换而导致的传统文化"脱域"。事实上，文化的传承和保护始终离不开"人"。因此，关注马头琴艺术传承主体的"马头琴手"及其专业成长问题，不仅是对马头琴艺术传承与保护的科学研判，也是对马头琴艺术教育与人才培养的现实观照，更是对中华优秀传统文化创新性发展、创造性转化的重要应用。

基于此，本研究结合相关文献综述，确定以"马头琴手专业成长"为主题，以"马头琴手"成长过程中"经历了什么""成长了什么""怎么成长的"为"问题域"，在遵循"自下而上"的质性研究范式的基础上，采用探究式的叙事研究方法，综合运用深度访谈、参与观察、实物搜集、文献梳理等多种具体研究方式，对50位"马头琴手"的专业成长故事进行再现与"深描"，旨在全面探究"马头琴手"专业成长的具体过程、具体要素及具体路径，希冀能为正在学琴或将要走上学琴之路的人提供必要的经验借鉴，为马头琴文化传承与保护、马头琴艺术教育与人才培养提供具体的实践参考。

本研究主要从四个部分展开：第一，通过对"马头琴手"专业成长的相关概念辨析和"问题域"的确证，借助"三维叙事空间"的"时间""空间""关系"三个维度和"生命历程理论"的"时空背景""关键事件""重要他人""主观能动"四个指向，确立了"3+X+N"的基本叙事框架；第二，根据质性研究的基本范式和叙事研究的理论基础，选定50位"马头琴手"作为研究对象，通过深度访谈、参与观察等具体方法，广泛搜集他们的专业成长故事，并对"故事"进行编码、归类及概念化处理；第三，依照"三维叙事空间"逻辑框架，从"时间""空间""关系"三个维度，全面再现"马头琴手"专业成长的实然之境；第四，基于"琐碎叙事"，从过程、要素和路径三个维度对"马头琴手"专业成长及"问题域"进行了全面总结和系统反思。

通过叙事研究，本研究的主要发现如下。

第一，从时间维度来讲，"马头琴手"专业成长必然需要经历一个漫长而艰辛的过程，并表现出明显的阶段性、进阶性和持续性。首先，就阶段性而言，"马头琴手"专业成长过程明显经历了准备、规训和发展三个不同的阶段。其次，就进阶性而言，由于马头琴学习包含基本功、技术技巧、作品风格和情感内涵四个维度，而这四个维度有一定的内在规定性，也就是说，前一项是后一项的基础。因此，在具体的学习过程中，必须遵循先易后难的基本规律。最后，就持续性而言，弓弦类乐器本身的难以把握性、基本功与技术技巧的难以习得性，以及音乐作品风格与情感内涵的隐匿性，往往使"马头琴手"必须持续地学习，才能练就"一身真功夫"，突破专业瓶颈，并维持一定的专业水准，最终实现由"生"到"熟"、由"熟"到"专"的飞跃。

第二，从空间维度来看，"马头琴手"专业成长经历了原生、学校和职业三大"场域"，并通过地方性知识、专业性知识和实践性知识的习得，最终实现艺德"知识"与"能力"的全面发展。事实上，"马头琴手"本身就是一个复合身份概念、一个角色丛，不仅指专业意义上的"马头琴手"，也指社会意义上的"马头琴手"。作为"专业人"，他们对待艺术的价值观念、完备的专业知识结构、超群的专业演奏能力往往是他们立足行业的重要保障。而作为"社会人"，他们的道德品行、行为规范、处事能力往往是他们行走社会的关键因素。因此，"马头琴手"只有坚持艺德"知识"与"能力"的全面发展，才能具备"专业"与"社会"的双重能力，才能游刃有余地行走于复杂多变的社会环境。

第三，从关系维度来看，"马头琴手"专业成长必然发生于与不同主体的交往互动之中。这些主体不仅包括外部世界的环境、教育和文化，也包括他者世界的父母、老师、同学、同事、同行等，还包括内在世界的天赋、意愿、愿景等。作为教育研究，本研究致力于从教育视角审视"马头琴手"的专业成长问题。不难发现，"马头琴手"专业成长必须立足于"开放"与"创设"的教育环境、"灵活"与"规范"的教育方式和"独擅"与"科学"的教育内容，也正是在与这些关键要素的交往互动过程中，"马头琴手"才能不断形塑自身道德品质，不断完善自身知识结构，不断提升自身专业能力。

需要说明的是，作为一项教育叙事研究，本研究无意为"马头琴手"专业成长搭建一个完整的理论体系，而是侧重从"马头琴手"专业成长的故事中获得经验性反思。因此，本研究若能为正在学琴或即将走上学琴之路的人提供一些价值参考，若能引发教育部门、文化部门以及更多学者关注"马头琴手"的境遇，关注马头琴艺术教育与人才培养的现状，关注马头琴艺术传承与保护的困境，便是"意外之喜"。

CONTENTS 目 录

绪　论

一、研究背景

（一）传承和保护中华优秀传统文化是新时代国家的战略选择

在漫长的历史进程中，中华民族积淀出形式多样、价值巨大的物质文化和精神文化财富，这些文化财富蕴含着中华民族深沉的价值追求，代表着中华民族独特的精神标志，是中华民族赖以维系的丰厚滋养。

中华人民共和国成立伊始，党和政府便非常重视对中华优秀传统文化的传承和保护工作，并将其写入《中国人民政治协商会议共同纲领》中。之后，《中华人民共和国宪法》《中华人民共和国非物质文化遗产法》等法律法规的实施，明确了中华优秀传统文化传承与保护的基本法律依据和准则。党的十八大以来，以习近平同志为核心的党中央多次重申中华优秀传统文化的传承和保护的重要性，指出"中华优秀传统文化是中华民族的突出优势，是我们最深厚的文化软实力"[1]，"没有中华文化繁荣兴盛，就没有中华民族伟大复兴"[2]，"必须结合新的时代条件传承和弘扬好"[3]。可见，传承和保护中华优秀传统文化成为国家的战略选择，对维护国家安全、增强国家软实力、推进国家治理体系和治理能力现代化具有重要意义。

近些年，随着《关于实施中华优秀传统文化传承发展工程的意见》《中华优秀传统文化传承发展工程"十四五"重点项目规划》等文件相继出台，中华

---

① 习近平谈治国理政：第一卷 [M]. 北京：外文出版社，2018：55.
② 习近平. 在文艺工作座谈会上的讲话 [N]. 人民日报，2015-10-12（02）.
③ 中共中央关于党的百年奋斗重大成就和历史经验的决议 [N]. 人民日报，2021-11-17（001）.

优秀传统文化的价值吸引力、精神感召力日益彰显。从宏观层面上讲，传承和保护中华优秀传统文化要构建与国际保护政策相接轨、与国内保护实际相适应的完备的法律、政策体系；从中观层面上讲，传承和保护中华优秀传统文化需要关注不同类型、不同区域、不同时期的传统文化表达形式，为类型多样的传统文化形式、载体提供全面保护等；从微观层面上讲，传承和保护中华优秀传统文化不仅需要文化保护、思想宣传、民族工作部门的通力协作，还需要教育部门、社会组织及有识之士的广泛参与和通力协作。基于此，立足于时代呼唤、立足于我国实际、立足于"本土性"文化资源开发，积极推动中华优秀传统文化传承与保护，是对新时代增强国家文化软实力的科学研判，也是坚持"推动中华优秀传统文化创造性转化、创新性发展"①的现实需求。

（二）马头琴文化传承与保护面临时代考验

当前，我们正经历"百年未有之大变局"②，经济社会的急速发展，带动了多种文明的交流交往交融。传统艺术在多重文明的包围下，常常被理解为"落后""跟不上潮流"，其蕴含的价值得不到挖掘和发挥。此外，由于文化市场的多元化，不少人将热情和兴趣转向更为便捷、更容易获得效益的行业，导致传统艺术常常被遗忘在"地球村"的各个角落。再者，传统艺术的技艺习得通常耗时较长、受众面较窄、创新模式较少，加之传统艺术传承环境的变化等因素，导致"大量传承人缺失，继承人的资质得不到有效保障"③。

2006年，随着马头琴音乐入选第一批国家级非物质文化遗产名录，对马头琴文化传承的思考和研究进入了一个新的历史时期。作为草原游牧文化中最具代表性的"精神产品"之一，马头琴不仅彰显着独特的文化价值，也面临着巨大挑战。时至今日，"'传统型'与'现代型'的联系与矛盾，'民族性'与'民间性'之间边界的模糊，传承方式面对现代文化时的尴尬，保护传承与创作与创新之间的矛盾，表演、教学与之后的理论研究现状之间的矛

---

① 中共中央关于党的百年奋斗重大成就和历史经验的决议 [N].人民日报，2021-11-17（001）.
② 习近平谈治国理政：第三卷 [M].北京：外文出版社，2020：428.
③ 陈华文.论非物质文化遗产生产性保护的几个问题 [J].广西民族大学学报（哲学社会科学版），2010（5）：87-91.

盾等"① 仍然是制约马头琴文化传承的"致命问题"。其中,"人"是马头琴文化传承中的关键要素,正如习近平总书记曾多次强调的那样:"国家发展靠人才,民族振兴靠人才。"②"要坚持创新是第一动力,人才是第一资源的理念"③。马头琴为人所创造,同时也为人所享用,人是马头琴文化传承的出发点与归宿。

"马头琴手"作为马头琴文化传承中的"利器",是推动马头琴艺术传承和发展的"引擎"。只有拥有一大批优秀的马头琴艺术人才,才能实现马头琴文化和技艺的代际传递,才能促进马头琴文化与艺术的交流与互动。因此,关注"马头琴手"的专业成长,是对马头琴文化传承的现状和未来发展方向的现实观照。

(三)马头琴艺术教育与人才培养面临的现实困境

夸美纽斯在其著作《大教育论》中说:"人若受到真正的教育,他就是个最温良、最神圣的生物。相反,他若没有受过教育,或者受了错误的教育,他就是一个世间最难驾驭的家伙。人只有遵照一个人的行为,他才能成为一个人,只有接受教育,人才能是真正意义上的人。"④可见,教育就是使每个学生生命个体成为自己。正如《中国教育现代化 2035》提出:"一流的人才培养与创新能力是衡量教育现代化水平的重要标准。要通过立德树人实现思想和价值引领,以培养担当民族复兴大任的时代新人为目标。"⑤这是新时代人的发展的根本动力和目标。可以说,教育是"为人"的社会活动,就是帮助学生找寻自己、发现自己、激发自己,最终成为自己的"舵手"。

可见,教育应该"关心每个学生,促进每个学生主动地、生动活泼地发展,尊重教育规律和学生身心发展规律,为每个学生提供适合的教育""关注学生不同特点和个性差异,发展每一个学生的优势潜能"⑥。因此,教育应当发

---

① 通拉嘎. 繁荣与隐忧:谈马头琴作为非物质文化遗产的保护与传承 [J]. 内蒙古大学艺术学院学报, 2009(4):5-9.
② 深入实施新时代人才强国战略　加快建设世界重要人才中心和创新高地 [N]. 人民日报, 2021-09-29(001).
③ 习近平. 在庆祝改革开放 40 周年大会上的讲话 [N]. 人民日报, 2018-12-19(002).
④ 夸美纽斯. 大教育论 [M]. 傅任敢, 译. 北京:教育科学出版社, 2014:26.
⑤ 中国教育现代化 2035[N]. 人民日报, 2019-02-24(001).
⑥ 国家中长期教育改革和发展规划纲要(2010—2020 年)[N]. 人民日报, 2010-07-30(013).

挥自身独特的功能，尊重受教育者及其个性，唤醒教育对象的主体意识，倡导人文关怀，实施个性化教育，充分挖掘并培育教育对象的优良个性品质，实现受教育者个性和谐健康发展的育人目标。

然而，当下教育"知识本位，学科智育"盛行，人被禁锢在书本知识之中，忽略了"人道与人性"的养成，以及"德性与情感"的熏陶，造成了单一、非全面、压抑的人。具体来讲，当前教育培养的是社会学意义上的"公民"、哲学意义上的"知识人"、经济学意义上的"劳动者"、文化学意义上的"传承者"，然而，却忽视了教育场域中"鲜活的人、具体的人"这个逻辑基石，造成了"人"的"空场"和"脱域"。

究其原因，首先，作为"民间艺术"和"地方性知识"的马头琴，不断剥离"原生语境"，置换到学校教育空间后，虽然取得了诸多骄人的成绩，但也出现了诸多"水土不服"的情况。此外，当前马头琴艺术教育与人才培养体系绝大多数是从西方"移植"而来的，随着"专业化"进程不断深入，这些"洋理论""洋方法"脱离了中国的"气候"和"土壤"，不管是教育形式、教育方法，还是教育目标都出现了诸多"异化"现象。导致马头琴艺术人才培养"趋同化""标准化"，违背了"以人为本"的教育理念，很大程度上限制了"马头琴手"的个性化发展。

（四）亲身经历引发对"马头琴手"的关注

笔者出生于内蒙古呼和浩特市一个戏曲之家，奶奶是当地小有名气的戏曲演员，全家人都对传统戏曲有着浓厚的兴趣，其中不乏在传统戏曲与艺术相关领域颇有建树的亲长。因此，笔者自小便深受传统戏曲文化的浸润，为自己的学艺之路奠定了丰厚的基础。

笔者从有记忆开始，就对戏曲特别敏感，据家人说，数数都是用奶奶的"泡子"①学会的。8 岁时，父亲买了一台 VCD 机和一些知名艺术家的光碟，每逢年节，就会有很多同村的人来家里观看，而笔者就躺在炕上玩耍，不知不觉

---

① 戏曲旦角头面的一种，通常戴在额头与鬓边。根据人物需要，青衣、花旦、武旦戴七个，老旦戴一个。

中，已可以熟记二十余部戏曲的旋律和唱词。18 岁时，笔者投身于民族声乐的学习中。此后，分别在西南民族大学、四川音乐学院接受了七年系统的民族声乐专业教育，2014 年，进入中南民族大学并从事艺术教育工作。

一路走来，笔者不仅结识了不少马头琴演奏家、教师及乐手，也对传统师徒制教育和现代专业教育的"观照"逐渐有了比较清晰的认知，对两种人才培养模式的困境和优势产生了较为深刻的体验，逐步尝试从一个"局内人"向"局外人"视野的拓展。尤其是在进入民族教育工作、学习和研究领域之后，笔者以更为广阔的视角去关注"马头琴手"的专业成长之路。这正与民族学研究重视"自观"与"他观"不谋而合。多年的参与观察使笔者深刻领悟到"学艺，从来也不是一条平坦的路"，各中悲喜，冷暖自知。因此，作为一个"局内人"，笔者可以从"自观"的角度，去体味、感知"马头琴手"专业成长历程中的"喜"与"忧"，当然也会产生天然的共情。

2020 年，笔者进入博士研究生阶段之后，通过对民族学、人类学、教育学等知识的学习和掌握，加之以往对艺术学知识的积淀，根据导师的指导和建议，充分发挥多学科教育背景的优势，希望能够实现从"局内人"到"局外人"的角色转变，从"感性认识"到"理性研判"的思维转换，以"自观"与"他观"的双重视角，对"马头琴手"专业成长中"所遇到的""所经历的""所体验的"进行理性认识和思考。

基于此，笔者努力尝试视角和身份的互嵌，力求从更细致、更广泛的视角，分析"马头琴手"的专业成长历程及其所遇到的问题，以多学科视角对"马头琴手"及其专业成长问题进行整体性、全景性、系统性把握，以期为正在学琴或即将走上学琴之路的人提供相应的经验参考。

二、文献综述

尽管叙事研究的精髓在于从现象中发现与之相对应的规律，但过于严密的理论构架和文献梳理会为研究者圈定一个思维框架，在一定程度上限制了研究者的思路和学术创新。但笔者始终认为，即便在教育叙事研究中，也不可缺少对相关文献的梳理，这不仅可以为本研究找到合适的逻辑起点，同时也可以从前人的研究中汲取更多灵感，从而促进自我研究的突破。因此，笔者对文献的梳理，并非漫无目的的"大海捞针"，而是聚焦研究主题和内容进行的。基于此，本研究中的文献梳理主要集中于三部分：其一是关于马头琴的相关研究，其二是关于"马头琴手"专业成长的相关研究，其三是关于教育叙事的相关研究。

（一）关于马头琴的相关研究

笔者通过文献梳理发现，国内外关于马头琴的研究成果主要集中在马头琴的起源与历史变迁研究、马头琴琴制改革与制作研究、马头琴演奏技法研究、马头琴艺术教育与人才培养研究、马头琴文化传承研究以及马头琴与草原游牧文化的关系研究六个方面。

1. 关于马头琴起源与历史变迁的研究

马头琴的起源一直是一个备受争议的话题。1929 年，丹麦探险家亨宁·哈士纶所著的《蒙古的人和神》①一书中，最早出现了现代马头琴的相关描述和照片。而现有研究对马头琴的起源与历史变迁主要有三种学说，即"日本说""故事说""本土进化说"。

第一，就"日本说"来看，20 世纪初，日本女学者鸟居君子在对喀喇沁王府与其他蒙古族聚居地进行实地考察的基础上，撰写了《从土俗学上看蒙古》②一书，书中在描述蒙古族传统乐器时，首次用"马头琴"这一称谓来描述马尾类胡琴。此后，有些学者在自己的研究中引用了这种说法，但实际上，这种说法并未得到广泛认可。

第二，"故事说"。长久以来，在草原上流传着一个动人的故事——"苏和的白马"，故事中说，"白马和牧民苏和一起长大，感情甚好，白马死后，苏和就用马骨做琴柱，并把上面雕成马头，用马皮蒙琴筒，马筋做琴弦，马尾做琴弓，制成了草原上第一把马头琴"③。虽然这个故事在草原人民中广为流传，也

---

① 亨宁·哈士纶.蒙古的人和神 [M].徐孝祥，译.乌鲁木齐：新疆人民出版社，2010：243.
② 鸟居君子.从土俗学上看蒙古 [M].赛音朝格图，娜拉，译.呼和浩特：内蒙古人民出版社，2016：19.
③ 李映明.马头琴来历 [J].乐器，1985，（6）：23-24.

常被文学和影视作品加工和演绎，但缺乏学理依据。

　　第三，"本土进化说"。这是目前接受度和认可度最高的一种说法。多数学者认为，马头琴与草原游牧文化相互依存，在漫长的历史变迁中，马头琴见证了草原文化从传统走向现代的过程。有的学者认为，马头琴最早被称为"古老的木勺子"，经历了"唐代的'胡雷'、宋代的'勺子胡兀日'、元代的'胡兀日'、清代的'潮尔'"①，最终在民国初年演变为马头琴。当然，还有一些学者总结了现代马头琴的发展世系，例如，苏赫巴鲁将马头琴的演变总结为"火不思—胡琴（忽雷）—潮尔—马头琴"②，柯沁夫将马头琴的演变总结为"火不思—马尾胡琴（火不思式的潮兀尔、弓弦苏古笃）—胡琴（忽雷式潮兀尔、叶克勒）—马头琴"③，包腾和等将马头琴的演变总结为"马尾胡琴—传统马头琴—现代马头琴"④。此外，学者在对马尾类胡琴的历史考察中发现，马尾类胡琴、潮尔、马头琴并非截然不同的乐器，而是"同宗同源"和"同源异流"的关系。"胡琴"是弓弦类乐器的统称，最早出现在 11 世纪游牧民族党项人建立的西夏王朝，宋代称之为"马尾胡琴"⑤。另外，马头琴和潮尔的区别在于"类"与"个"的区别，"'类'的层面上虽然有许多共同之处，但'个'的层面上却是千差万别，这种区别不仅表现在乐器形制、定弦、演奏法诸方面，而且历史、流行地区及音乐审美表现方面都有着很大差异"⑥⑦。国家级非物质文化遗产传承人布林先生从历史纵向的角度出发，认为"马尾类胡琴的称谓和莫林胡尔，即马头琴"⑧。由此可见，"本土进化说"是目前国内外相对认可的一种说法。

---

① 乌格吉勒图 . 蒙古族音乐史 [M]. 龙梅，乌云图巴，译 . 沈阳：辽宁民族出版社，2006：169.
② 苏赫巴鲁 . 火不思：马头琴的始祖　蒙古古乐考之一 [J]. 乐器，1983（5）：6-7.
③ 柯沁夫 . 马头琴源流考 [J]. 内蒙古大学学报（人文社会科学版），2001（1）：69-76.
④ 包腾和，侯燕 . 同源分流：现代马头琴与潮尔琴关系再探讨 [J]. 内蒙古艺术学院学报，2019（2）：111-118.
⑤ 贾嫚 . 胡琴源流新考 [J]. 音乐研究，2019（3）：56-66.
⑥ 博特乐图 . 牧歌起时，彼相和：草原情话马头琴 [J]. 乐器，2006（8）：49-51.
⑦ 郝笑男 . 争鸣 证明 正名：抄儿与马头琴关系辨析 [J]. 内蒙古大学艺术学院学报，2007（3）：15-22.
⑧ 布林 . 再论蒙古族马尾胡琴类乐器 [J]. 内蒙古艺术学院学报，2020，17（3）：53-60.

2. 关于马头琴琴制改革与制作的研究

现有研究中,关于马头琴的琴制与制作的研究成果主要集中在制作材料、制作工艺、造型艺术三个方面。

就制作材料来说,马头琴制作材料对其"共振与发音产生巨大的影响,木材的吸湿能力影响马头琴发音的稳定性"①,从而影响马头琴的"艺术表现力和艺术感染力"②。就制作工艺来说,由于工业化的成熟与发展,马头琴的制作技艺"逐渐被现代技术取代,逐步走入'半机械化'的时代"③,这种现代性的制作技艺"忽视了制琴师与演奏者的互动与联系,也就忽视了作为一个制琴师赋予该传统工艺的个性化特征,忽视了作为个体的演奏者及其实践赋予该手工艺制品的艺术内涵"④。从造型艺术来看,马头琴的造型和装饰体现了草原游牧文化特征的传统性与现代性,具体来说,马头琴的造型艺术"不仅体现了传统乐器独一无二的民族特色,同时也体现了传统与现代的完美融合"⑤。

已有研究显示,学者主要关注马头琴的选材、工艺和造型。第一,马头琴制作材料的选择应该慎之又慎,材料不仅影响马头琴发音的稳定性,还影响马头琴的艺术表现力。第二,应该保留马头琴的传统手工制作技艺,机械化和半机械化的制作难以保证马头琴的传统性和民族性。第三,马头琴的造型和装饰应与草原游牧文化相得益彰,其形成过程是现代蒙古族音乐与文化形成和发展的重要标志和象征。

3. 关于马头琴演奏技法的研究

演奏技法是马头琴的核心要素之一。现有研究中,对马头琴演奏技法的研究主要有"三分法"和"五分法"之说。

---

① 胡亮,石春轩子,樊凤龙.继承与创新:马头琴与四胡乐器制作工艺创新研究 [J].齐鲁艺苑,2018(3):27-33.
② 白艳,郭永华,邓魏,等.马头琴从传统到现代的工艺演变 [J].民族音乐,2019(4):26-29.
③ 赛吉拉胡."传统马头琴"制作技艺的田野调查 [J].乐器,2017(11):30-33.
④ 刘婷坤,胡阿菁,仪德刚.工匠与琴师的互动:马头琴制作工艺的流变 [J].中国科技史杂志,2020(1):89-98.
⑤ 师毅聪,高晓霞.马头琴的游牧文化特征 [J].内蒙古农业大学学报(社会科学版),2017(3):137-141.

其中，持"三分法"观点的学者认为，马头琴的演奏技法分为"正四度定弦演奏法、五度定弦演奏法和反四度定弦演奏法"①，或者"实音演奏法、五度定弦演奏法和反四度定弦演奏法"②。其中，反四度定弦演奏法又分为泛音演奏法和单音定弦演奏法两类。持"五分法"观点的学者认为，马头琴的演奏技法分为"潮尔定弦胡尔演奏法、潮尔定弦或黑力定弦厄鲁特演奏法（也称土尔扈特演奏法）、察哈尔定弦泛音演奏法、博尔赤斤定弦泛音演奏法、博尔赤斤定弦图布尔演奏法（即反四度定弦顶指演奏法）"③，或者"科尔沁潮尔演奏法、马头琴实音演奏法、马头琴泛音演奏法、察哈尔演奏法和额鲁特定弦土尔扈特演奏法"④，以上两种分类法仅仅是表述上的差异，实质上并没有特别明显的区别。

可以看出，现有研究既是对马头琴大师桑仍关于马头琴演奏技法的继承，也是对其演奏技法的发展。不管是"三分法"还是"五分法"，都是对已有马头琴演奏技法的归纳。作为一种个性化极强的乐器，马头琴的演奏技法因人而异，在继承传统演奏法的同时博采众长，并从二胡、小提琴、大提琴等其他中西方弓弦类乐器中"取其精华而自用"。

4. 关于马头琴艺术教育与人才培养的研究

现有研究中，关于马头琴艺术教育的研究主要集中在学校教育层面，主要关注马头琴的教学内容、教育保障、影响要素三个方面。

第一，就马头琴艺术教育的内容来看，学者的看法相对一致，主要包括理论基础、专业技能和实践能力三部分。具体而言，马头琴的教育内容包括"定弦法、演奏法、五线谱"⑤和"专业理论、演奏技艺、科研能力"⑥，重视基础与实践并重，以提升马头琴专业学生的综合能力。

---

① 达瓦.马头琴的传统演奏法 [J].人民音乐，1983（12）：41-42，28.
② 包洪声.马头琴传统演奏法在当代的演绎分析 [J].戏剧之家，2021（21）：72-73.
③ 布林巴雅尔.概述马头琴的渊源及其三种定弦五种演奏法体系 [J].内蒙古艺术，2010（2）：123-128.
④ 萨切荣贵.蒙古族马尾胡琴类乐器传统演奏法的当代保护与传承 [J].人民音乐，2019（11）：58-60.
⑤ 敖日格乐.马头琴实践教学体系与实践教学内容改革探析 [J].黄河之声，2016（2）：2.
⑥ 纳·格日乐图，张劲盛.扎根传统音乐沃土　培育民族器乐精英：蒙古族著名马头琴演奏家、教育家纳·呼和的艺术人生 [J].内蒙古艺术，2015（2）：117-121.

第二，就马头琴艺术教育的保障来看，学者们主要从宏观和中观两种视角进行审视。从宏观角度来看，马头琴教育应该"转变传统的落后教学观念、提高教学实践的重要性、提高民族文化的传承程度、弘扬民族精神气"①，并"实施特殊的民族教育政策、建立多元一体的课程体系和教育评价制度，逐步将马头琴艺术教育纳入国民教育体系"②；从中观角度来看，马头琴的教育保障"应该建立科学的教学体系，以培养专业型人才为己任，在教学过程中应注重学生的基础演奏能力和舞台表现力"③。由此可见，目前关于马头琴的教育保障的研究缺乏对具体层面的研究。

第三，就马头琴艺术教育的影响因素来看，目前的研究主要集中在"环境""制度"和"人"三个方面。其中，有学者认为，影响马头琴艺术教育的重要因素包括"政府、学校、家庭"④；有的学者则认为，"教师专业水平不高、教学缺乏规范性和家长对音乐教育缺乏重视程度"⑤，也对马头琴艺术教育产生了极大的影响；还有的学者关注到"马头琴演奏家对马头琴艺术教育的价值和意义"⑥。

现有研究显示，马头琴艺术教育已经受到一些学者的关注，他们指出马头琴艺术教育应该重视传统与现代的融合，重视家庭、学校、教师对马头琴艺术教育的影响，重视教育政策、教育理念对马头琴艺术教育的支持作用。此外，还有学者提出马头琴艺术教育"应该培养服务于基层群众文化的初级人才，实行专业技能培养与思想素质相结合、课堂教学与艺术实践相结合、艺术创新与民族文化传承相结合的马头琴艺术人才培养模式"⑦。这为本研究提供了有益的参考。

---

① 赵英华. 马头琴教学改革探讨 [J]. 艺术评鉴，2016（11）：147-149.
② 张鹏. 现代国民教育体系下的少数民族教育与文化传承 [D]. 北京：中央民族大学，2013.
③ 麦拉苏. 简议马头琴演奏在学校教学中的传承 [J]. 音乐时空，2015（22）：168.
④ 张鹏，刘明新. 现代国民教育体系下的民族艺术教育与文化传承：以内蒙古准格尔旗民族中学马头琴教育为例 [J]. 民族教育研究，2012（06）：107-110.
⑤ 麦拉苏. 简议马头琴演奏在学校教学中的传承 [J]. 音乐时空，2015（22）：168.
⑥ 万·希诺. 永不消逝的琴音：马头琴演奏家桑都仍和他的马头琴演奏艺术 [J]. 内蒙古艺术学院学报，2020（2）：148-154.
⑦ 何苗. 职业教育背景下的蒙古族马头琴文化传承研究 [J]. 黑龙江民族丛刊，2019（5）：147-152.

5. 关于马头琴文化传承的研究

2006 年，蒙古族马头琴音乐入选第一批国家级非物质文化遗产名录，标志着马头琴文化传承进入了一个新的历史时期。尽管有关马头琴文化传承的研究出现了明显的上升趋势，但由于总体关注群体较小，研究的数量和质量仍不尽如人意。研究成果主要集中在马头琴文化的传承现状、传承理念、传承路径和传承人四个方面。

第一，就马头琴文化传承的现状来看，学者们一致认为存在喜忧参半的现象。"喜"的是"传承人不断增多，开设马头琴专业的高校不断增多，各类马头琴比赛增多和相关的研究成果不断增多"[①]，"忧"的则是"传统演奏技法的丢失、一味追求西方音乐、商业化和娱乐化倾向突出、创作曲目偏少、推崇蒙古国马头琴音乐"[②]。另外，马头琴文化传承和发展还面临诸多困境。例如，有的学者认为，马头琴文化传承的现状表现为"'传统型'与'现代性'的联系与矛盾、'民族性'与'民间性'之间边界的模糊、传承方式面对现代文化时的尴尬、保护传承与创作创新之间的矛盾、教学与表演与理论研究现状之间的矛盾"[③]；有的学者认为，"文化冲突、保障不足和师资力量薄弱等问题"[④]是制约马头琴文化传承与保护的重要因素；还有的学者则从"经济、交通、区位、信息、技术以及资金等方面"[⑤]论述了马头琴文化传承与保护受到的影响。这些因素都对"马头琴文化传承与保护的'本土经验'梳理和总结"[⑥⑦]产生了巨大的影响。

第二，就马头琴文化传承的理念来看，学者们的看法具有高度一致性。具

[①] 刘婷婷. 试析马头琴传承中的喜与忧（上）[J]. 内蒙古大学艺术学院学报，2016（4）：62-70.

[②] 刘婷婷. 试析马头琴传承中的喜和忧（下）[J]. 内蒙古大学艺术学院学报，2017（1）：70-73.

[③] 通拉嘎. 繁荣与隐忧：谈马头琴作为非物质文化遗产的保护与传承 [J]. 内蒙古大学艺术学院学报，2009（4）：5-9.

[④] 孙慧敏. "非遗"视角下"杜尔伯特"马头琴的保护现状与优化发展研究 [D]. 哈尔滨：哈尔滨音乐学院，2021.

[⑤] 白萨日娜. 马头琴文化遗产的保护、传承与发展探究 [J]. 今古文创，2021（44）：87-88.

[⑥] 张劲盛. 非物质文化遗产视域下蒙古族马头琴的保护与传承现状综述（一）[J]. 乐器，2021（5）：26-28.

[⑦] 张劲盛. 非物质文化遗产视域下蒙古族马头琴的保护与传承现状综述（二）[J]. 乐器，2021（6）：27-29.

体来讲，马头琴作为一种根植于民间的艺术形式，既具有民族性和民间性，同时也具有时代性和开放性。还体现出“本体为源、博采广纳、融会古今、多元发展的现代表现张力”①。因此，应当将马头琴文化传承“上升到国家精神文明建设的层面上去，建设一个将经济、政治、环境、社会与文化发展有机结合的统一体”②。一方面要“保护好这些文化艺术赖以生存、发育、发展的环境”③；另一方面要“依托历史文化、民族文化、宗教文化、生态文化等特色文化资源，借助政府抓、企业投、民间促，深度挖掘马头琴的艺术价值和文化价值”④。因此，马头琴文化传承应该秉持“继承、发展、融合、创新”和“尊重传统、开放包容”的理念⑤，“绝不能把所谓的发展建立在对原生形态的破坏之上”⑥，“应全面融入现代音乐表现体系，呈现出鲜活的现代品质”⑦。在当代全球化背景下和经济发展过程中，马头琴文化传承要“接通传统文化符号与现代的轨道，赋予传统文化符号以现代气息”⑧。

第三，就马头琴文化传承的路径来看，大体上可以分为“家族传承、拜师学艺和学校传承”⑨三种，然而，对这三种传承路径的相关研究缺乏应有的重视，也鲜见具体的策略。有学者则认为，马头琴文化传承应当“建立科学的保护理念和保护原则、提高对地方文化遗产保护的自觉意识、增强文化部门工作人员的使命感和责任感、建立健全保护机制、加强人才培养和队伍建设、重视艺术创新、提高‘自我造血’”⑩等。有学者认为，马头琴文化传承应当“重

① 刘玥. 多元共生：“首届中国·内蒙古马头琴艺术节”系列音乐会综述 [J]. 中国艺术时空，2019（6）：65-69.
② 张立明. 从文化传承角度论马头琴的生存发展之路 [J]. 职业技术，2011（1）：95.
③ 布林. 再论蒙古族马尾胡琴类乐器 [J]. 内蒙古艺术学院学报，2020（3）：53-60.
④ 牧人. 努力提升民族地区文化核心竞争力 [J]. 内蒙古宣传思想文化工作，2014（2）：35-37.
⑤ 包青青. “全球视野下马头琴艺术的传承与传播”国际学术论坛综述 [J]. 中国艺术时空，2019（6）：59-64.
⑥ 博特乐图. 牧歌起时，彼相和：草原情话马头琴 [J]. 乐器，2006（8）：49-51.
⑦ 博特乐图. 现代化语境下长调、马头琴、呼麦变迁之比较 [J]. 中国艺术时空，2019（6）：51-58.
⑧ 包青青. “全球视野下马头琴艺术的传承与传播”国际学术论坛综述 [J]. 中国艺术时空，2019（6）：59-64.
⑨ 关健. 蒙古族马头琴传承中的教育功能 [J]. 赤峰学院学报（汉文哲学社会科学版），2010（1）：147-148.
⑩ 张煜晨. 马头琴文化遗产的保护、传承与发展探究 [D]. 厦门：厦门大学，2019.

视马头琴艺术的文化内涵、传承教育方式、保护传承氛围、乐曲创新"①。还有学者认为，马头琴文化传承应充分发挥人的作用，一方面"建立完善的'非遗'传承人培养和动态评估机制、培养学生对马头琴传承的'文化自觉'、提高非物质文化遗产工作专业化水平"②，以"歌舞团、乌兰牧骑等专业艺术团体为基地，从专业的角度进行传承、创作、演绎，赋予马头琴艺术以鲜活的生命力"③；另一方面"应该培养一批具有发展潜力的小传承人，让他们深入了解马头琴音乐文化，体验民族传统音乐的魅力"④助力马头琴艺术文化在当代的传承与发展。有学者重视马头琴与其他音乐形式的融合，认为马头琴文化传承可以"通过与史诗、长调、呼麦、古琴、大提琴、吉他、短调、好来宝、四胡等表现形式以及各类乐队形式的融合"⑤，甚至是与旅游项目相结合，以"源头开发、资源联动、关系协调"⑥促进马头琴音乐文化良性、和谐发展。此外，现代技术的更迭和完善，尤其"VR 等现代技术的应用"⑦为马头琴文化传承提供了新的可能和机遇，拓宽了马头琴文化保护和传承的路径。

第四，就马头琴文化传承人来看，目前的研究集中于齐·宝力高、布林、纳·呼和、仟·白乙拉等几位"非遗"传承人和演奏家。学者们主要关注的问题包括两个部分，一是"'传承人'的责任与义务"⑧，二是传承人的艺术风格。其中，有的学者通过齐·宝力高的艺术生涯中的几个重要事件展现了"马头琴大师齐·宝力高对马头琴艺术的热爱与追求，也反映出作为'文化代言人'的使命和担当"⑨，以及"非遗传承人对马头琴艺术的保护与发展起到的重要作

---

① 白萨日娜.马头琴文化遗产的保护、传承与发展探究[J].今古文创，2021（44）：87-88.
② 孙慧敏."非遗"视角下"杜尔伯特"马头琴的保护现状与优化发展研究[D].哈尔滨：哈尔滨音乐学院，2021.
③ 刘洋君.新疆马头琴音乐传承与发展[J].新疆艺术学院学报，2019（2）：25-29.
④ 萨切荣贵.马头琴教学中培养学生学习音乐的兴趣对策研究[J].艺术品鉴，2019（21）：353-354.
⑤ 包青青."全球视野下马头琴艺术的传承与传播"国际学术论坛综述[J].中国艺术时空，2019（6）：59-64.
⑥ 吕华鲜，杜娟.生态文明视野下的旅游开发与非物质文化遗产保护：以蒙古族马头琴音乐文化为例[J].黑龙江民族丛刊，2009（1）：133-136.
⑦ 其乐木格.VR 技术对马头琴文化的保护与传承研究[J].赤峰学院学报（汉文哲学社会科学版），2019（7）：16-18.
⑧ 雷达，冯卉.生命的源泉　不懈的追求：记马头琴演奏家齐·宝力高[J].人民音乐，2016（7）：4-7.
⑨ 孟建军.飞弓白乙拉：访马头琴演奏家仟·白乙拉[J].乐器，2005（11）：124-126.

用"①。有的学者则从"成长的环境、家庭的影响以及学校的教育"②以及"关键事件、关键人物和自我成长的意识"③六个方面论述了年轻马头琴手的成长之路。

总的来说，虽然马头琴文化传承备受关注，但还是存在诸多问题。目前关于马头琴文化传承的研究主要集中在宏观层面的体制与机制等方面，对作为文化传承的载体和"枢纽"的人的关注还有待加强。具体研究表现出三大特征：一是关于马头琴文化传承研究的内容不够深入；二是关于马头琴文化传承研究的视角较为宏观；三是关于马头琴文化传承的研究对人的关注度不高。

6. 关于马头琴与草原游牧文化关系的研究

任何一种文化形式的生成与生长都与相应的社会历史、自然环境等背景有着密切的联系。马头琴作为草原游牧文化的典型代表之一，与"蒙古人世世代代、生生相息的草原、骏马、草原牧歌等在对象化实践活动息息相关"④马头琴不管是形制构造，还是音乐特质，都展现出"蒙古族人民热情的生活态度"⑤，蕴含着人与自然自由完美地结合的共同审美特征，体现了"马头琴与草原游牧民族的存在共生关系"⑥。

（二）关于"马头琴手"专业成长的相关研究

鉴于当前学界有关"'马头琴手'专业成长"的相关研究成果较少，为获得更多、更深、更广的经验借鉴，本研究将以"专业成长"为基点，在梳理已有相关研究的同时，采用"上位"借鉴和"平行"借鉴的方式，从"专业成长要素""专业成长方式""专业成长的影响因素"三个维度进行相关文献梳理。

1. 关于专业成长要素的相关研究

目前，由于专业不同和研究视角不同，对艺术人才成长要素的研究较为分

---

① 色仁道尔吉.潮尔艺术大师色拉西与当代马头琴艺术教育 [J].内蒙古民族大学学报，2007（6）：113-114.
② 孟凡玉.大草原的底色：齐·宝力高和他的马头琴艺术 [J].人民音乐，2007（4）：46-49.
③ 张劲盛.炫动舞台的"和平之星"：记青年马头琴演奏家苏尔格 [J].内蒙古艺术，2017（2）：119-120.
④ 晨炜，林声.马头琴音乐人文精神意蕴的历史探寻 [J].中国音乐，2009（3）：75-78，149.
⑤ 昂沁夫.马头琴的文化解析 [J].赤子（上中旬），2016（21）：50.
⑥ 李红梅.马头琴及其音乐与蒙古族草原文化 [J].内蒙古师范大学学报（哲学社会科学版），2003（5）：96-98.

散，并没有形成定式，因此，根据艺术人才成长的规律和本研究的需要，本部分从艺德、知识、技艺三个方面进行相关文献梳理。

（1）关于艺德的相关研究

所谓艺德，是指"文艺工作者所应该具备的道德素养"[①]。现有关于艺德的研究主要集中在艺德的概念、艺与德的关系、艺德的构成要素及艺德的标准四个维度。

第一，就艺德的概念而言，相关研究主要集中在艺术工作者的思想品德、职业道德、行为规范等方面。具体来说，有的学者重视艺德的思想品德属性，认为艺德是"艺术从业者的思想信念、价值追求、道德品质、法律素质、人文素养、敬业态度等方面的思想品德"[②]；有的学者重视艺德的职业道德属性，认为艺德是"文艺工作者的职业操守，是衡量其品行高下的根本尺度"[③]，是从艺者的"世界观、人生观在艺术生产、艺术实践、艺术创作过程中的反映，它包括从艺人员的文学修养、思想情操、社会责任感、敬业精神和人格力量等"[④]；还有的学者从艺德的内在规定性出发，认为艺德是"艺术工作者的行为准则"[⑤]。

第二，就艺与德的关系而言，主要体现为艺与德的高度统一和深度融合。古往今来，关于艺与德的关系的讨论从未停止，《礼记·乐记》中有曰，"乐者，通伦理者也"[⑥]。这是儒家赋予"乐"丰富的伦理内涵，阐释了传统文艺的道德属性，指出传统文艺与伦理道德的互融性；"德成而上，艺成而下"[⑦]表明德是修养，属第一位，艺是表现，属第二位。有的学者认为艺与德是辩证统一的关系，这一观点"打通了艺与德的内在融合以及互化通道，提供了由德向艺的实践转化途径，强调艺与德的和谐统一、融合一体"[⑧]。此外，在中国传统伦

---

① 习近平. 在文艺工作座谈会上的讲话 [N]. 人民日报，2015-10-15（2）.
② 陈平，陈泽黎. 艺术院校大学生艺德修养的现状、成因与对策 [J]. 思想理论教育导刊，2014（8）：116-118.
③ 刘金祥. 论影视演员艺德建设 [J]. 当代电视，2018（9）：16-17.
④ 王合光. 谈艺术院校学生艺德的培养 [J]. 艺海，2013（3）：98-99.
⑤ 吴同，仲社. 艺术院校学生艺德培养途径探析 [J]. 开封教育学院学报，2018（10）：149-151.
⑥ 蔡仲德. 论孔子的礼乐思想 [J]. 音乐探索，1986：9.
⑦ 云飚. 乐者，德之华也 [J]. 人民音乐，1982（7）：21-23.
⑧ 岳音. 先秦儒家的"艺德观"构建论析 [J]. 山东社会科学，2020（8）：110-117.

理思想中，艺与德是相伴相生的，二者共同"保障了传统文艺的蓬勃发展"①。

第三，就艺德的构成要素来看，主要集中在思想道德和品质两个层面。具体来说，有的学者认为，艺德的构成要素包括"道德和良心"②；有的学者认为，艺德包括"不懈追求的、有着无尽提升性的、审美的人生境界、高尚的道德情操、虚心的学习态度、牢固的群众观念、自觉的奉献精神和淡泊名利的思想"③；还有的学者则认为，艺德包括"艺术工作者所应具有的道德修养、艺术作品的伦理向度和艺术工作者的道德素养"④。此外，国家层面也对艺德的构成要素有所规定，2012 年 3 月，由中国文学艺术界联合会发布的《中国文艺工作者职业道德公约》明确指出："坚持爱国为民、弘扬先进文化、追求德艺双馨、扎根人民生活、热心公益事业、倡导宽容和谐、模范遵纪守法"是新时代艺德的主要构成要素。

第四，就艺德的标准而言，《礼记·乐记》记载"乐者，德之华也"，这表明艺的感性体验与德的精神境界是有机统一的整体。也就是说艺术工作者"既要具备良好的艺术专业素养和高度的创新精神，更要有高尚的道德使命感和良好的艺德修养"⑤，这是对"德艺双馨"的高度概括，也是艺术工作者的行为准则和执着追求。习近平总书记在全国文艺工作座谈会上提出，"广大文艺工作者要做真善美的追求者和传播者，把崇高的价值、美好的情感融入自己的作品，引导人们向高尚的道德靠拢，不让廉价的笑声、无底线的娱乐、无节操的垃圾淹没我们的生活"⑥。习近平总书记的讲话更加明确了"德艺双馨"的标准，文艺工作者应该做到继承和发扬前辈艺术家爱党爱国、服务人民的优良传统，始终把党和人民的事业放在心中最高位置，树立高远的理想追求和饱满的家国情怀，牢记自身肩负的文化责任和社会担当。坚持严于律己，常怀敬畏之心；坚持勤于学习，提高认知水平；悉心创作，坚守艺术理想；秉持初心，践行德艺兼修。

综上所述，现有关于艺德的研究，虽然从体量上来讲并不大，但从内容上看却较为全面，不论是概念、关系、要素还是标准，都有了清晰的界定。所谓

---

① 任灿 . 我国传统艺德思想浅析 [J]. 大众文艺，2021（24）：216-217.

② 云飏 . 乐者，德之华也 [J]. 人民音乐，1982（7）：21-23.

③ 康式昭，王能宪 . 谈谈艺德建设及对演艺人员的管理 [J]. 求是，1995（24）：22-26.

④ 仲社 . 论艺德 [J]. 南京艺术学院学报（美术与设计版），2014（1）：122-125.

⑤ 管斌 . 艺术院校学生艺德养成探析 [J]. 江苏社会科学，2010（S1）：3.

⑥ 习近平 . 在中国文联十大、中国作协九大开幕式上的讲话 [M]. 北京：人民出版社，2016：2.

"先学做人，再论学艺"，艺德的养成是艺术教育和艺术人才培养中最重要的一部分，也是最容易被忽视的一部分。国家层面出台了相关的规章制度，明确了艺德的要素以及艺术人才培养的标准。这为我国艺术人才培养和艺术教育目标的实现提供了清晰的航标，也为本研究提供了有益的参考。

（2）关于知识的相关研究

在学界，知识的划分方式多种多样，但无论采用哪种划分方式，其依据主要源自英国著名物理化学家、思想家波兰尼（Michael Polanyi），在他看来，知识可以分为"'显性知识'（Explicit knowledge）与'缄默知识'（Tacit knowledge）"[1] 两个维度。根据现有研究，无论是显性知识，还是缄默知识，相关研究主要集中在概念、特点、表达载体、传递方式四个方面。

第一，显性知识，又称"可表达的知识"[2]。就其概念而言，国内外学者对其有不同的表述，他们认为，显性知识就是那些"以概念、命题、公式或者图形的形式来进行陈述、书面呈现给人们的知识"[3]，是能够"用明晰的语言文字表达明确的意义，并能够被人们掌握和理解的，具有客观性、普适性特征的知识"[4]，在具体的教学环境中，显性知识是一种"可用于课堂书面教学的知识"[5]。就传递方式而言，显性知识是可以"用书面文字、图表或数学公式表达出来的可以实现编码"[6] 的知识，是一种"以编码的形式发送、接受的"[7] 的知识。因此，有学者将显性知识的传递总结为"知识的转移途径有语言调制方式和连接学习方式两种"[8]。就获取方式而言，显性知识可以通过"一整套文本符码系统被接受者直观地感知和获取"[9]。就表达载体而言，显性知识的表达主要通过

① 石中英.教育哲学[M].北京：北京师范大学出版社，2007：89.
② SVEIBY K E.Tacit knowledge[A]// CORTADA J W，WOODS J A.The Knowledge Management Yearbook 1999-2000 Butterworth-Heinemann，1999：18-27.
③ 迈克尔·波兰尼.个人知识[M].许泽民，译.贵阳：贵州人民出版社，2000：150.
④ 刘小红.默会知识视野下的音乐教学观[J].中国音乐，2021（1）：184-189.
⑤ 李必新，唐林伟.职业教育课程知识分类：依据、形态及表达[J].中国职业技术教育，2021（23）：46-53，63.
⑥ 陈洪澜.知识分类与知识资源认识论[M].北京：人民出版社，2008：177.
⑦ 王开明，万君康.论知识的转移与扩散[J].外国经济与管理，2000（10）：2-7.
⑧ 汪应洛，李勖.知识的转移特性研究[J].系统工程理论与实践，2002（10）：8-11.
⑨ 郑石.显性知识与隐性知识：网络综艺节目中知识生产的双维思考[J].青年记者，2020（15）：73-74.

"符号系统、物质材料和人造物"① 来实现，其中，符号系统包括语言符号系统和文字符号系统；物质材料载体主要包括教材、图书等；人造物包括软件产品和技术等。

第二，缄默知识，又称"隐性知识"②、"默会知识"③，就其概念而言，隐性知识就是那些"不能通过语言文字符号清晰表达或直接传递给人们的"④，"不能用语言文字所阐述的"⑤，"无法用精确定义和明确内涵表述的，需要在特定情境中才能感悟、领悟的'只可意会不可言传'"⑥ 的知识。这类知识"多体现在经验性技能和心智感官性认知模式中"⑦。就其分类而言，有学者将其分为技术和认知两个维度，其中，"技术被视为诀窍的某种非正式的个人技能或手艺；认知包括深植于我们并且信以为真的信念、价值观、图式、心智模式"⑧。就其特征而言，隐性知识具有"情境性、文化性和层次性"⑨，非公正性、非批判性"⑩，"个人性、内隐性、非逻辑性、实践性"⑪，"个体差异性"⑫，"个体化、难以言传性"⑬，"私有性、复杂性和主体排他性"⑭。就其表达载体而言，隐性知识"高度个人化的、难以形式化的或沟通的、难以与他人共享的知识，通常以个人经验、印象、感悟、团队的默契、技术诀窍、组织文化、风俗习惯

① 李必新，唐林伟.职业教育课程知识分类：依据、形态及表达 [J].中国职业技术教育，2021（23）：46-53，63.
② 迈克尔·波兰尼.个人知识 [M].许泽民，译.贵阳：贵州人民出版社，2000：150.
③ NONAKA I, KONNO N.The concept of "Ba"： building a foundation for knowledge creation[J].California Management Review，1998（3）：40-54.
④ 迈克尔·波兰尼.个人知识 [M].许泽民，译.贵阳：贵州人民出版社，2000：150.
⑤ 陈洪澜.知识分类与知识资源认识论 [M].北京：人民出版社，2008：177.
⑥ 刘小红.默会知识视野下的音乐教学观 [J].中国音乐，2021（1）：184-189.
⑦ 郑石.显性知识与隐性知识：网络综艺节目中知识生产的双维思考 [J].青年记者，2020（15）：73-74.
⑧ NONAKA I, KONNO N.The concept of "Ba"： building a foundation for knowledge creation[J].California Management Review，1998（3）：40-54.
⑨ 石中英.缄默知识与教学改革 [J].北京师范大学学报（社会科学版），2001：3.
⑩ 么加利.缄默知识视域下少数民族文化的教育传承研究 [J].内蒙古社会科学（汉文版），2016（4）：165-173.
⑪ 李白鹤.默会维度认识理想的重建 [M].北京：中国社会科学出版社，2009：29-44.
⑫ 王业平."缄默知识"在声乐教学领域的功效探讨 [J].高教探索，2016（S1）：102-103.
⑬ 孙露.缄默知识视角下的教学 [J].中国教育学刊，2015（7）：93-97.
⑭ 赵士英，洪晓楠.显性知识与隐性知识的辩证关系 [J].自然辩证法研究，2001（10）：20-23，33.

等形式存在，而难以用文字、语言、图像等形式表达清楚"①。就其传递方式而言，隐性知识的"情景依附性"②决定了隐性知识可以在具体的"场景"③或情境中，通过"人脑和身体"④以及"直觉、想象力、研究技巧和合作能力等"⑤方式将知识传递给他人。

总体来看，目前关于显性知识和缄默知识的研究比较深入。综合以上研究来看，显性知识可以被视为那些看得见、摸得着的知识，而缄默知识则是那些需要感悟、体会的内隐性知识。本研究中涉及的"马头琴手"专业成长过程中所习得的知识既有显性知识，又有缄默知识。其中，显性知识是可以用乐谱、书籍、文章等具体记录和呈现的知识，而对于传统民间音乐而言，更多的知识是暗含和内隐于文化持有者精神里的、不易习得的知识，如音乐感觉、音乐表现力等。因此，本部分对知识的相关研究的梳理，更进一步明确了知识的生成过程、特点以及知识的传递方式等，为本研究探究"马头琴手"专业成长要素以及"马头琴手"知识的习得和传递提供了较为充分的借鉴。

（3）关于技艺的相关研究

技艺是"以传统为依据，由某一群体或一些个体所表达，并被认为是符合社区期望的作为其文化和社会特性的表达形式，其准则和价值通过模仿或其他方式口头相传"⑥。亚里士多德（Aristotle）从"普适性"角度阐述了技艺对人的重要性，他认为"有技艺的人比有经验的人更智慧，有统治性技艺的人比有实用性技艺的人更智慧"⑦。

就现有研究来看，马头琴演奏技艺可以概括为"三分法"和"五分法"两种类型。其中，"三分法"包括"正四度定弦演奏法、五度定弦演奏法和反

---

① 方明. 缄默知识论 [M]. 合肥：安徽教育出版社，2004：136.
② 高峰. 缄默知识理论与情境性教学 [J]. 思想政治课教学，2017（6）：36-39.
③ 郑石. 显性知识与隐性知识：网络综艺节目中知识生产的双维思考 [J]. 青年记者，2020（15）：73-74.
④ 李必新，唐林伟. 职业教育课程知识分类：依据、形态及表达 [J]. 中国职业技术教育，2021（23）：46-53，63.
⑤ 克劳斯·迈因策尔. 复杂性中的思维：物质、精神和人类的复杂动力学 [M]. 北京：中央编译出版社，1999：114-121.
⑥ 张耕. 民间文学艺术的知识产权保护研究 [M]. 北京：法律出版社，2008：8.
⑦ 亚里士多德. 形而上学 [M]. 吴寿彭，译. 北京：商务印书馆，1997：79.

四度定弦演奏法”①，或者“实音演奏法、五度定弦演奏法和反四度定弦演奏法”②。“五分法”包括“潮尔定弦胡尔演奏法、潮尔定弦或黑力定弦厄鲁特演奏法（也称土尔扈特演奏法）、察哈尔定弦泛音演奏法、博尔赤斤定弦泛音演奏法、博尔赤斤定弦图布尔演奏法（即反四度定弦顶指演奏法）”③，或者“科尔沁潮尔演奏法、马头琴实音演奏法、马头琴泛音演奏法、察哈尔演奏法和厄鲁特定弦土尔扈特演奏法”④，以上两种分类法仅仅是表述上的差异，实质上并没有特别明显的区别。

2. 关于专业成长方式的研究

一般而言，艺术人才成长的方式主要包括传统艺徒制和专业教育两种。当然，随着时代进步和教育发展，有些学者认为还存在一种新型人才培养模式，即现代艺徒制。对相关文献进行梳理发现：目前关于人才成长方式的研究主要集中在传统艺徒制、专业教育（学校教育）和现代艺徒制三个方面。

（1）关于传统艺徒制的研究

传统艺徒制是一种传统艺术人才培养模式。对现有文献进行梳理发现，关于传统艺徒制的研究基本聚焦于师徒关系、教学内容、教学方式、教育形式和目标以及困境与优势等方面。

第一，就师徒关系而言，传统艺徒制中的师徒关系“通过拜师仪式得以正式确立”⑤。有学者认为，传统艺徒制的师徒关系“如‘父子’般亲密”⑥，二者之间“不仅是传艺，更重要的是人生观、价值观影响和塑造”⑦，双方是“以发展为动力，以自愿为原则，以教学活动及科研活动为形式”⑧的平等关系。双

---

① 达瓦.马头琴的传统演奏法 [J].人民音乐，1983（12）：41-42，28.
② 包洪声.马头琴传统演奏法在当代的演绎分析 [J].戏剧之家，2021（21）：72-73.
③ 布林巴雅尔.概述马头琴的渊源及其三种定弦五种演奏法体系 [J].内蒙古艺术，2010（2）：123-128.
④ 萨切荣贵.蒙古族马尾胡琴类乐器传统演奏法的当代保护与传承 [J].人民音乐，2019（11）：58-60.
⑤ 王巾轩.师徒制下的武术文化传承：基于吴式太极拳师徒传承的个案研究 [J].上海体育学院学报，2014（4）：89-94.
⑥ 刘进成，韩波.师徒制教育对艺术设计专业教学的启示 [J].南昌教育学院学报，2013（5）：45-47.
⑦ 毛建国.传统“师徒制”的现代处境 [J].中国报业，2016（19）：90.
⑧ 范蔚，廖青.基于教师专业发展的“师徒结对”的内涵及特征 [J].教育导刊，2012（9）：45-47.

方"共享和支持性领导、共同的价值观和愿景、共享的个人实践、共同学习和应用、支持性条件"①。然而，这样的师徒关系也存在一定的矛盾，主要表现在"开展周期长，教师对自身的认知度低；师傅对徒弟紧密度高，徒弟对师傅紧密度低；师徒制对徒弟帮助较大，师傅获益较少；师徒关系的构建缺乏评价反馈机制"②等问题上。

第二，就教学内容而言，有的学者认为，传统艺徒制的教学内容包含"品德和技术"③；有的学者认为，传统艺徒制的教学内容包含"技艺和经验"④；还有的学者认为，传统艺徒制的教学内容包含品德、知识和技艺三个部分。⑤具体来讲，传统艺徒制的教学内容可概括为"理论知识、基本功和实践知识"⑥、"技艺、经验等与职业密切相关的实践知识"⑦、"基本功和技能"⑧、"技能和诀窍"⑨、"绝技"⑩、"工技招式和人格风范"⑪、"经验、智慧和劳动的结晶"⑫、"传递那些具有系统性、逻辑性、确定性的显性的技术知识外，还可以传递大量的默会知识"⑬。就传递方式而言，王达三曾将传统"艺徒制"概括为"心手脑、注重创造能力培养的完全教育"⑭。

---

① 周钰洁.基于专业学习共同体的中小学教师师徒制研究[D].重庆：西南大学，2018.
② 王雅慧，孙彬，郭燕巍，等.基于课堂教学行为大数据的师徒制关系构造模型[J].电化教育研究，2019（3）：83–89.
③ 王巾轩.师徒制下的武术文化传承：基于吴式太极拳师徒传承的个案研究[J].上海体育学院学报，2014（4）：89–94.
④ 刘进成，韩波.师徒制教育对艺术设计专业教学的启示[J].南昌教育学院学报，2013（5）：45–47.
⑤ 伍斐.浅析西方美术教育中的艺徒制[J].美术大观，2006（10）：28.
⑥ 何小飞，卢继海.中国古代艺徒制及其对现代职业教育的启示[J].科教导刊（上旬刊），2010（21）：90–91.
⑦ 汤书波，张媛媛.高职院校专业建设适应区域产业发展的路径与策略研究：以云南省为例[J].中国职业技术教育，2019（2）：73–81.
⑧ 何小飞，卢继海.中国古代艺徒制及其对现代职业教育的启示[J].科教导刊（上旬刊），2010（21）：90–91.
⑨ 赵昌木.创建合作教师文化：师徒教师教育模式的运作与实施[J].教师教育研究，2004（4）：46–49，20.
⑩ 袁莉萍，曹育红.智慧云环境中的"师徒制"艺术传承教学模式研究[J].高教探索，2017（2）：64–67.
⑪ 吕品田.以学历教育保障传统工艺传承：谈高等教育体制对"师徒制"教育方式的采行[J].装饰，2016（12）：12–15.
⑫ 叶梓.传统艺徒制对现代学徒制的构建探讨[J].就业与保障，2020（14）：37–38.
⑬ 吴言.师徒制：高技能人才培养制度建设的一个向度[J].职业技术教育，2008（19）：1.
⑭ 章传文，张珍.王达三的"艺徒制"思想与当代价值[J].职业技术教育，2018（21）：61–65.

第三，就教学方式而言，有的学者认为，传统艺徒制的教学方式主要依靠"师徒面授"①的形式，"师傅使用口诀教学生"②，也就是"师傅通过口传心授、具体指点、亲手操演施教，学生通过身体力行、悉心领会、反复操练掌握知识和技能"③。有的学者则认为，传统艺徒制采用"家族化的门风派别、民间的师徒传承、宫廷机构的培训和观摩自学"④等方式实现知识与技艺的传递。总之，传统艺徒制的教学方式是融"'职业实践''言传身教''能力考评''德育观念'"⑤为一体的教育方式，对现代教育有着重要的启示。

第四，就教学形式和目标而言，传统艺徒制是"学徒边从事劳动边接受师傅关于操作技艺教育的一种教育形式"⑥。有的学者将这种形式分为两种类型，即"家庭传习与叩头拜师"⑦和"世袭家传和拜师授徒"⑧；也有学者将其分为四种类型，即"家族化的门风派别、民间的师徒传承、宫廷机构的培训和观摩自学"⑨，或者"家族门第派别、民间的师徒传承、宫廷艺匠机构的培训和学校教育"⑩。无论怎么分类，其核心指向都具有一致性，也就是说，传统师徒制主要是"通过师带徒的方式实现技艺和经验的传授"⑪，是"经验丰富的师傅带领着徒弟以'一对一'的指导方式通过一段时间的共同实务操作，使徒弟能够充分领会师傅所拥有的专业素养并具备独立操作的能力"⑫。因此，传统师徒制以"培养'手脑合作，注重创造力''养成根基坚实而又有效的知识能力'以及

① 吴杨波.师徒制：中国现代美术教育的乡愁 [J].美术观察，2017（10）：26-27.
② 叶梓.传统艺徒制对现代学徒制的构建探讨 [J].就业与保障，2020（14）：37-38.
③ 吕品田.以学历教育保障传统工艺传承谈——高等教育体制对"师徒制"教育方式的采行 [J].装饰，2016（12）：12-15.
④ 伍斐.浅析西方美术教育中的艺徒制 [J].美术大观，2006（10）：28.
⑤ 张秀丽.中国古代艺徒制对构建现代学徒制的启示 [J].北京财贸职业学院学报，2015（3）：51-55.
⑥ 张秀丽.中国古代艺徒制对构建现代学徒制的启示 [J].北京财贸职业学院学报，2015（3）：51-55.
⑦ 高文超，陈杰.传统戏曲师徒制的存在基础与当代困境 [J].戏剧之家，2018（33）：37.
⑧ 何小飞，卢继海.中国古代艺徒制及其对现代职业教育的启示 [J].科教导刊（上旬刊），2010（21）：90-91.
⑨ 伍斐.浅析西方美术教育中的艺徒制 [J].美术大观，2006（10）：28.
⑩ 陈文.中国式艺徒制 [J].中华手工，2008（3）：26-27.
⑪ 汤书波，张媛媛.高职院校专业建设适应区域产业发展的路径与策略研究：以云南省为例 [J].中国职业技术教育，2019（2）：73-81.
⑫ 高俊杰，李婧."师徒制"职教培养模式不过时 [J].教育与职业，2011（22）：88.

'培养国民爱国情怀，增进青年服务德行与智能'的实科人才"①为目标，实质上是一种"精英化教育、强调文化的代际延续"②。

第五，就困境和优势而言，时至今日，传统艺徒制依然是人类历史进程中延续时间最长、影响范围最广的艺术人才培养模式，其发展过程中不可避免地存在一些不尽如人意的现象。"培养周期较长、制度化色彩淡薄"③、"教学内容单调、缺乏系统性，传承理念保守和封闭"④、"随机性、封闭性、单一性、缺乏标准化"⑤等问题所导致的师傅的个人"专制化"和"教育效率低"⑥一直是影响其发展的难题。当然，传统艺徒制并非一无是处，其优势也是不言而喻的，尤其是"师徒结对""口传心授"的方式，重视"知识的'独创性'和'专一性'"⑦，"以人为本，因材施教，具有切合传统手工技艺特点及传承要求，兼顾规范与个性、技术与人文、理性与情感的适应性、开放性和包容性"⑧等特质，有利于"师徒关系的维系"⑨，有利于"在传'形'的同时体会神韵"⑩，有利于"培养的学生具有综合素质较高、富有创造精神等特质"⑪，有利于"人格、修养、艺术观等，会随着艺术技巧一道完成传递"⑫，有利于"隐性知识的传递和习得"⑬，有利于"创造价值的同时获得技术技能"⑭，有利于"培养精益求精和追

① 郑英.职业教育工厂化与艺徒化 [J].教育与职业，1935（6）：88-89.
② 刘进成，韩波.师徒制教育对艺术设计专业教学的启示 [J].南昌教育学院学报，2013（5）：45-47.
③ 孙立家.中国古代职业教育的主要教育形式：艺徒制 [J].职业技术教育，2007（7）：72-75.
④ 罗建.慕课对音乐类非物质文化遗产师徒制的启示：以沱江船工号子为例 [J].黄河之声，2021（13）：117-119.
⑤ 王巾轩.师徒制下的武术文化传承：基于吴式太极拳师徒传承的个案研究 [J].上海体育学院学报，2014（04）：89-94.
⑥ 孙立家.中国古代职业教育的主要教育形式：艺徒制 [J].职业技术教育，2007（7）：72-75.
⑦ 袁莉萍，曹育红.智慧云环境中的"师徒制"艺术传承教学模式研究 [J].高教探索，2017（2）：64-67.
⑧ 吕品田.以学历教育保障传统工艺传承：谈高等教育体制对"师徒制"教育方式的采行 [J].装饰，2016（12）：12-15.
⑨ 孙立家.中国古代职业教育的主要教育形式：艺徒制 [J].职业技术教育，2007（7）：72-75.
⑩ 刘富琳.中国传统音乐"口传心授"的传承特征 [J].音乐研究，1999（2）：71-77.
⑪ 周剑.我国古代"艺徒制"及其对职业教育发展的影响 [J].高等职业教育，2012（5）：70-73.
⑫ 吴杨波.师徒制：中国现代美术教育的乡愁 [J].美术观察，2017（10）：26-27.
⑬ 王巾轩.师徒制下的武术文化传承：基于吴式太极拳师徒传承的个案研究 [J].上海体育学院学报，2014（4）：89-94.
⑭ 叶梓.传统艺徒制对现代学徒制的构建探讨 [J].就业与保障，2020（14）：37-38.

求完美极致的‘工匠精神’，有利于培养出独特的艺术人才，有利于流派的发展壮大和培养对艺术的挚爱之情”[1]。

（2）关于专业教育的研究

“专业教育”是一种现代艺术人才培养模式。顾明远先生将“专业教育”定义为：“根据社会职业分工、学科分类、文化科学技术发展状况及经济建设与社会发展需要划分各个学科和专业，高等学校根据此制定专业培养目标和专业教育计划，组建专业课程体系，为国家培养、输送所需的各种专门人才，学生亦按学科和专业的分割来进行学习，形成自己在某一专业领域的专长，为未来的职业活动做准备。”[2]根据现有文献梳理，关于艺术专业教育的研究主要集中在师生关系、教学内容、教育目标以及困境与优势等维度。

第一，就师生关系而言，所谓师生关系，就是指教师与学生间的“联系性的关系”[3]。有的学者将专业教育中的师生关系看作一种“业务关系、伦理关系、情感关系”[4]，强调师生间的相互理解和相互支持。因此，专业教育的师徒关系主要呈现出“理性、选择性、话题性、规范性、目的性和此时此地性”[5]，“复杂性、多维性、情境性和发展性。师生关系存在着疏离化、功利化和庸俗化等倾向”[6]以及“教育性、独立性、自由性、创造性、精神性”[7]等独特属性。有的学者认为“师生关系良好发展的关键在于教师。教师应该与学生平等对话，给学生以足够的信任，要热爱学生”[8]，这种说法显然存在片面性，当然，造成这样的“片面”也不是没有原因的，“教育教学惯性化、心理情感复杂化、人际关系单一化、道德责任悬空化”[9]都对师生关系产生了重要的影响，某种程度上造成了师生关系的“异化”，而这种“异化”不管是对师生关系的维护，还是对

① 李春颖.从艺校教学到师徒传承：兼论恢复柳琴戏师徒传承模式的价值和意义 [J].黄钟（武汉音乐学院学报），2016（4）：119-124，131.
② 顾明远.教育大辞典 [M].上海：上海教育出版社，1999：642.
③ 迟艳杰.师生关系新探 [J].课程·教材·教法，2020（09）：48-54，73.
④ 王本陆.关于教学工作中师生关系改革的思考 [J].课程·教材·教法，2000（5）：47-50.
⑤ 曹永国.师生关系：从相处到相依：后现代性批判 [J].教育理论与实践，2004（17）：37-41.
⑥ 桑锦龙.我国高等学校师生关系的特点及治理 [J].教育研究，2021（1）：96-103.
⑦ 王严淞.大学师生关系：概念、特性与维度 [J].河北大学学报（哲学社会科学版），2020（5）：73-80.
⑧ 田冰洁.现代教育中的新型师生关系 [J].河南科技，2010（17）：43.
⑨ 张丽敏.从异化到和谐：大学师生关系的理性回归 [J].社会科学战线，2020（9）：276-280.

教育教学的正常运行以及知识与技艺的传递和习得都产生了极大的负面影响。应该说，专业教育领域中的师生间应该是一种"整体性的、教育性的、共生性的'共同体'"①关系，是一种"保持民族平等、相互交流和富有人情味的"②的关系。

第二，就教学内容而言，现有研究的表述呈现多样化，有的学者认为专业教育的内容包括"专业技能和理论知识"③、"课程学习、应用研究、实地工作"④，或者包括"基础实践教学（基本功训练）、专业实践教学（校内艺术实践）、综合实践教学（项目课程教学、毕业实习）和创新性实践教学（毕业设计）"⑤。不同的专业，规定的内容有所不同，在艺术教育领域中，内容包含"理论和艺术成果"⑥两个方面。除此以外，还有学者认为，专业教育的内容分为学术和职业两个维度，其中，"在学术维度上，专业教育必须以文理教育为基础，以探究专业领域内普遍的理论知识为追求，重学轻术，创立理论比传授技能更为重要。在职业维度上，专业教育注重实践经验和基本技能的培训以及对特有的职业信念和职业伦理的培养"⑦。此外，就专业教育内容的传授方式而言，有的学者进行了相应的探讨，认为专业教育"一方面强调'做中学'，另一方面强调以学术化的方式"⑧进行知识和内容的传递；还有的学者则认为，在专业教育中，应通过"教师亲自指导"⑨来实现专业知识的传递。

第三，就教育目标而言，专业教育的目的在于培养"某些特定职业领域的从业者"⑩，在此过程中，专业教育一方面强调"对学生进行特殊的心智训练，

① 李军.异化的师生关系："解构"与"建构"[J].陕西师范大学学报（哲学社会科学版），2014（4）：140-147.
② 韩英杰.现代教育中师生关系的构建[J].教育教学论坛，2010（2）：137.
③ 余东升，郭战伟.专业教育：概念与历史[J].高等工程教育研究，2019（3）：116-120.
④ FOREST J J, KINSER K. Higher education in United States: an encyclopedia[M]. Santa Barbara: ABC—CLIO, 2002.
⑤ 张向荣.新形势下音乐专业教育要有新思维[J].大舞台，2013（9）：223-224.
⑥ 陈斯倩.艺术教育的专业化及其通识性分析[J].赤子（上中旬），2015（15）：128.
⑦ FOREST J J, KINSER K. Higher education in United States: an encyclopedia[M]. Santa Barbara: ABC—CLIO, 2002.
⑧ 余东升，郭战伟.专业教育：概念与历史[J].高等工程教育研究，2019（3）：116-120.
⑨ 李美群，胡远慧，朱虹.音乐专业教育研究与教学实践[M].广州：暨南大学出版社，2017.
⑩ FOREST J J, KINSER K. Higher education in United States: an encyclopedia[M]. Santa Barbara: ABC—CLIO, 2002.

培养学生特殊的分析性思维，以解决他们从业时将会碰到的典型问题；帮助学生掌握从业所需的专业知识；帮助学生掌握从业技能；帮助学生理解专业职责和道德操守"①，其目的在于"根据社会发展需求，注重学生创新实践能力的培养，提高学生的综合素质，培养'一专多能'的复合型人才"②，在艺术教育领域中，专业教育则以培养"高端型艺术人才"③为目的。

第四，就困境和优势而言，目前，随着教育现代化程度的加深，学科与专业设置越来越清晰，专业教育面临不少挑战与机遇，也展现出诸多优势。在此背景下，学者们对专业教育进行了充分的反思，有的学者认为，专业教育存在"实践性不足，学生的能力和个性化特点没有得到真正的发挥"④，"缺乏准确清晰的定位和方向、缺乏渗透和协调的课程体系、缺乏技术和能力型的师资队伍、缺乏实践应用方面的教育"⑤等问题，这种"过度专业化会导致其与其他学科割裂开来"⑥，从而导致"工具化的功利主义倾向"⑦的滋长。当然，凡事都是相对的，专业教育也有自身独特的优势。有的学者认为，专业教育在"提高学生综合素质，做好学生就业前的培训指导工作，开辟多种就业渠道"⑧等方面都体现出优势。另外，专业教育"明确了艺术人才培养的目标、促进了艺术理论的不断进步，推动了艺术发展的科学化规范建设、促进了艺术成果的积累"⑨，更重要的是，专业教育还"促使艺术本身从各文化、社会文化科学技术中独立出来，成为相对独立的教育和知识生产单位，使艺术活动和艺术创造成为专业人士的领地"⑩尽管如此，目前专业教育发展还存在诸多矛盾，譬如，有学者认为，"与学术性高等教育相比，专业教育被认为是'职业的'；与职业教育相

---

① 德里克·博克.美国高等教育 [M].乔佳义，译.北京：北京师范大学出版社，1991：62.
② 张向荣.新形势下音乐专业教育要有新思维 [J].大舞台，2013（9）：223-224.
③ 陈斯倩.艺术教育的专业化及其通识性分析 [J].赤子（上中旬），2015（15）：128.
④ 李美群，胡远慧，朱虹.音乐专业教育研究与教学实践 [M].广州：暨南大学出版社，2017：201.
⑤ 郭杨阳.高校音乐专业人才培养改革 [J].教育与职业，2015（23）：82-84.
⑥ 陈斯倩.艺术教育的专业化及其通识性分析 [J].赤子（上中旬），2015（15）：128.
⑦ 别敦荣，夏晋.论艺术教育的专业化及其通识性 [J].高等教育研究，2013（2）：60-66.
⑧ 张向荣.新形势下音乐专业教育要有新思维 [J].大舞台，2013（9）：223-224.
⑨ 别敦荣，夏晋.论艺术教育的专业化及其通识性 [J].高等教育研究，2013（2）：60-66.
⑩ 陈斯倩.艺术教育的专业化及其通识性分析 [J].赤子（上中旬），2015（15）：128.

比，专业教育又被认为是'专业的'"①，诸如此类问题的提出，可提高学术界对专业教育的关注，促使其对专业教育生存状况和未来走向进行反思和探讨。

总的来看，对专业教育的研究有待深入。对专业教育的研究大致呈现出以下几个基本特征：就人才培养目标而言，专业教育是培养"高素质劳动者和技术技能人才"；就教育内容而言，专业教育以文化基础、专业技能为内容；就教育形式而言，专业教育采用技能教育和实践教育相结合的形式；就师资而言，专业教育以专业教师为主导；就课程体系而言，专业教育以基于实践的专业课程为主、公共基础课程为辅；就教育评价机制而言，专业教育实行标准化、规范化、可视化的评价机制。

（3）关于现代艺徒制的研究

伴随着经济社会的现代化，人们逐步走向现代化，主要表现在"思想观念现代化、素质能力现代化、行为方式现代化、社会关系现代化"②，教育是培养人、塑造人的活动，其现代化同样也体现在方方面面，如教育理念、教育目标、教育方式等等。"'现代学徒制'起源于联邦德国的职业培训"③，是"将传统学徒培训与学校教育思想结合的一种企业与学校合作的职业教育制度，是一种新型的职业人才培养实现形式"④。与传统师徒制和专业教育相比，现代学徒制更像一种制度，正如学者们认为的那样，现代艺徒制是"一种以教育为首要功能目的的社会制度"⑤，是"适应工业化大生产特别是现代化经济社会发展需要的一种新型人才培养培训制度"⑥，其核心是"校企一体化双元育人"⑦。现有对现代艺徒制（现代师徒制、现代学徒制）的研究主要集中在师徒关系、教学内容、教学方法、教育目标、困境与优势五个维度。

第一，就师徒关系而言，有的学者认为，现代艺徒制的师生关系是一种社

① 孟景舟. 专业教育的历史解析 [J]. 复旦教育论坛，2013（3）：49-53.
② 阿列克斯·英克尔斯，戴维·H. 史密斯. 从传统人到现代人：六个发展中国家的个人变化 [M]. 顾昕，译. 北京：中国人民大学出版社，1992：19-42.
③ 王丽敏. 西方国家职业教育发展趋势研究 [J]. 职业时空，2006（12）：69-70.
④ 赵鹏飞，陈秀虎. "现代学徒制"的实践与思考 [J]. 中国职业技术教育，2013（12）：38-44.
⑤ 关晶，石伟平. 现代学徒制之"现代性"辨析 [J]. 教育研究，2014（10）：97-102.
⑥ 李江立. 职业教育"现代师徒制"四化培养模式的探究 [J]. 经济师，2013（2）：141-142.
⑦ 赵鹏飞. 现代学徒制人才培养的实践与认识 [J]. 中国职业技术教育，2014（21）：150-154.

会关系，这种关系"仅限于技能传承与共享"①，强调"师生间的交互影响和融洽沟通，注重师生间的互动和共同发展"②。

第二，就教学内容而言，学者们认为，现代艺徒制主要"以技能教学为主，理论知识为辅"③，将"知识、技能和职业素养应有机结合"④，以此实现"技艺和知识的传承和传递"⑤。此外，在教学中"注重理论与实践相结合"⑥，注重在"专业课教学过程中融入实习实训和社会服务"⑦。

第三，就教学方法而言，现代艺徒制采用"师带徒"、"双师共导"、"以生带生"⑧、"一阶段一方向，一过程一目标"⑨的教学方法，因此，现代艺徒制是"建立在认知逻辑规则基础上的学与做结合的学习方式"⑩。

第四，就教学目标而言，学者们认为，现代艺徒制的目标在于"学习和掌握各种专业技能、专业技巧、吸收传统文化精髓、创新和发扬传统文化"⑪或"技能传承"⑫。最终培养"工匠精神型人才"⑬、"具有较强社会适应能力和竞

---

① 李政，苗岩伟. 我国职业教育现代学徒制的发展策略：基于工厂师徒制百年变革的经验与启示 [J]. 职教论坛，2016（31）：10-16.

② 赵威. 现代师徒制在应用型高校旅游类专业中的构建研究 [J]. 就业与保障，2021（9）：118-119.

③ 许维平. 基于现代师徒制的坭兴陶手拍壶实训教学模式的实践探索：以北部湾职业技术学校民族工艺品制作（坭兴陶方向）专业为例 [J]. 美术教育研究，2020（9）：142-143.

④ 金晓华. 现代师徒制人才培养模式的探索与实践 [J]. 中国高新区，2017（22）：70.

⑤ 李冯君. 艺术类院校实施"现代师徒制"人才培养模式的实践思考：以珠宝首饰设计专业为例 [J]. 宝石和宝石学杂志（中英文），2020（4）：72-74.

⑥ 龙超. 现代师徒制形式下的工匠精神传承与创新 [J]. 创新创业理论研究与实践，2018（13）：76-77.

⑦ 赵威，孟凡钊. 现代师徒制背景下高校烹饪专业学生职业能力培养研究 [J]. 现代商贸工业，2021（26）：75-76.

⑧ 许维平. 基于现代师徒制的坭兴陶手拍壶实训教学模式的实践探索：以北部湾职业技术学校民族工艺品制作（坭兴陶方向）专业为例 [J]. 美术教育研究，2020（9）：142-143.

⑨ 张晓菊，刘斯林，纪荣全. 现代师徒制在茶艺人才培育中的应用 [J]. 智库时代，2019（1）：148-149.

⑩ 李爱玲. 基于现代师徒制的新闻专业实践教学活动设计与评价 [J]. 艺术教育，2019（12）：261-263.

⑪ 袁莉萍，曹育红. 云环境下师徒制艺术传承网络学习空间应用研究 [J]. 中国电化教育，2017（6）：108-113.

⑫ 周琳，梁宁森. 现代学徒制建构的实践症结及对策探析 [J]. 中国高教研究，2016（1）：103-106.

⑬ 张伟超. 构建现代"师徒制"培养"工匠精神"型人才 [N]. 中国黄金报，2018-02-27（002）.

争能力的高素质应用型人才"①，以及"综合性发展的优秀人才"②或"综合素质高、具有较强一技之长的应用型艺术人才"③。在艺术教育领域，现代艺徒制以培养"德艺双馨的人才"④为主要目的。

第五，就困境与优势而言，现代艺徒制呈现出"功能目的从重生产性到重教育性；教育性质从狭隘到广泛；制度规范从行会层面上升到国家层面；利益相关者机制从简单到复杂；教学组织从结构化到结构化"⑤等状况，对人才培养的作用显而易见，也展示出其优势。比如，学者们认为，现代艺徒制有"改变了理论与实践相脱节、知识与能力相割裂、教学场所与实际情境相分离的局面"⑥，实现了"教师团队化、教学过程流水化、实用项目企业化、人员身份双重化"⑦，从而"增强人才对社会的适应能力，提高大学生的综合素质"⑧等。然而，现代艺徒制的"现代性"和特殊性造成"大量的师傅缺口"⑨，是影响"现代艺徒制"实施的关键因素，此外，"企业与学生关心的着眼点不同、学生对学徒认识和大学生培养的认识不同、学徒工的工作效率达不到企业要求"⑩等问题的交替出现，给目前实施现代艺徒制教育造成极大困难。

总的来说，目前对现代艺徒制的研究有待进一步深入，尤其对基于传统艺徒制与现代职业教育融合而生成的现代艺徒制的研究相对薄弱。此外，现代艺徒制充分体现了"因材施教的原则、提高学生的学习兴趣、充分发挥学生的主动性、锻炼学生的社会适应性"⑪。通过"师傅带徒弟的模式引入教师实践项

---

① 王义锋. 现代师徒制下的美术人才培养方案研究 [J]. 美与时代（中），2017（11）：90-91.
② 李冯君. 艺术类院校实施"现代师徒制"人才培养模式的实践思考：以珠宝首饰设计专业为例 [J]. 宝石和宝石学杂志（中英文），2020（4）：72-74.
③ 胡志伟. 艺术类高职院校实施"现代师徒制"人才培养模式的研究 [J]. 教育现代化，2019（19）：8-9.
④ 郑英. 现代艺徒制：非遗人才培养的时代模式 [J]. 曲艺，2019（12）：41-45.
⑤ 关晶，石伟平. 现代学徒制之"现代性"辨析 [J]. 教育研究，2014（10）：97-102.
⑥ 胡秀锦."现代学徒制"人才培养模式研究 [J]. 河北师范大学学报（教育科学版），2009（3）：97-103.
⑦ 李江立. 职业教育"现代师徒制"四化培养模式的探究 [J]. 经济师，2013（2）：141-142.
⑧ 王义锋. 现代师徒制下的美术人才培养方案研究 [J]. 美与时代（中），2017（11）：90-91.
⑨ 李通国，李贤正，杨金石，等. 师徒制在高职教学中的现代运用 [J]. 科技信息，2010（18）：35-36.
⑩ 李江立. 职业教育"现代师徒制"四化培养模式的探究 [J]. 经济师，2013（2）：141-142.
⑪ 胡秀锦."现代学徒制"人才培养模式研究 [J]. 河北师范大学学报（教育科学版），2009（3）：97-103.

目,将课堂知识与实践能力教学进行有机结合"①、"将技能教学与实践教学充分结合"②,最终实现理论和实践的一体化。在艺术职业教育领域,郑英曾提出了"现代艺徒制"的设想,她认为,现代艺徒制应该采用"校团融合的办学方式,'教学做'合一、对接职业的课程体系、专业化的师资队伍、多元融合的评价体系"③的现代化艺术人才培养模式。因此,对现代艺徒制相关研究经验的总结和梳理,对本研究探索"马头琴手"专业成长的新路径是有助益的。

3. 关于专业成长的影响因素的研究

鉴于当前学界关于"马头琴手"成长的影响因素的相关研究较少,为获得更多、更有益的借鉴经验,本部分将以"成长的影响因素"为焦点,对"马头琴手"、音乐家、艺术家、教师、医生、律师等人专业成长的影响因素的相关文献进行梳理。根据文献梳理,关于人的专业成长的影响因素包括环境、文化、制度等外因以及个性、思维、情感等内因。具体来讲,学者们对影响因素的探讨主要从宏观与微观、内部与外部、先天与后天、主观与客观、环境与自身五个指向。

第一,从"宏观与微观"的视角出发,有学者认为,影响人成长的因素主要包括理论、思想、政治、舆论、制度等宏观层面的因素和工作、资源、心理等微观层面的因素④。

第二,从"内部和外部"的视角来看,学者们认为,影响人成长的因素有内部因素和外部因素之分,其中,内部因素主要包括"心理素质"⑤和"个人品格"⑥等精神层面的因素和"需要、动机以及态度"⑦和"知识观、知识管理能力"⑧

---

① 李海海.高职环境艺术设计专业现代师徒制人才培养方案的设计 [J].艺海,2020(1): 106-108.
② 张晓菊,刘斯林,纪荣全.现代师徒制在茶艺人才培育中的应用 [J].智库时代,2019(1): 148-149.
③ 郑英.现代艺徒制:非遗人才培养的时代模式 [J].曲艺,2019(12):41-45.
④ 程国军.对人才成长环境的多方位思考 [J].学术交流,1999(5):158-160.
⑤ 赵昌木.教师成长研究 [D].兰州:西北师范大学,2003.
⑥ 赵昌木,徐继存.教师成长的环境因素考察:基于部分中小学实地调查和访谈的思考 [J]. 湖南师范大学教育科学学报,2005(3):16-22.
⑦ 傅道春.教师的成长与发展 [M].北京:教育科学出版社,2001:178-200.
⑧ 赵苗苗.教师专业成长影响因素分析 [J].晋中学院学报,2008(4):113-116.

等个人成长需求层面上的因素，以及"职业精神、职业理想、自主意识、自主能力、借鉴能力"①和"理想信念、思维品格、个人魅力和创新能力"②等自我追求层面上的因素。外部因素则包括"社会、家庭以及无法预测的偶然事件等环境因素"③、"社会环境、工作环境、特定事件"④等环境层面的因素，"教育经济制度以及政策法规、上级领导态度、教师间的合作关系"⑤或"政府、职业、家庭、学校、政策"⑥等关系层面的因素，以及"物质文化、制度文化和观念文化"⑦等文化层面的因素。

第三，从"先天和后天"的视角来看，人的成长受到先天因素和后天因素的双重制约，其中先天因素主要包括"遗传因素"⑧和"性格因素"⑨，后天因素则包括"思想品德、道德结构、智能要素、身体素质"⑩等因素，以及"个人的努力、教学互动、专家引领、师傅指导、同伴互助和领导支持"⑪等后天人际交往过程中生成的关系因素。

第四，从"主观和客观"的视角来看，人的成长受限于自身以及自身以外的各要素，具体来讲，影响人成长的主观因素包括"性格、意志、兴趣、情感"⑫和"道德素质、心理素质"⑬等，客观因素包括"社会、经济、学校、家庭等环境"⑭

① 吴捷.教师专业成长过程及其影响因素研究[J].教育探索，2004（10）：118-119.
② 许悦，彭明成.职业教育领军人才成长影响因素研究[J].中国职业技术教育，2017（35）：87-90，95.
③ 赵昌木.教师成长研究[D].兰州：西北师范大学，2003.
④ 吴捷.教师专业成长过程及其影响因素研究[J].教育探索，2004（10）：118-119.
⑤ 赵苗苗.教师专业成长影响因素分析[J].晋中学院学报，2008（4）：113-116.
⑥ 许悦，彭明成.职业教育领军人才成长影响因素研究[J].中国职业技术教育，2017（35）：87-90，95.
⑦ 傅道春.教师的成长与发展[M].北京：教育科学出版社，2001：178-200.
⑧ 陈琪.人才成长基本原理：综合效应论[J].人才开发，1994（4）：42.
⑨ 胡定荣.影响优秀教师成长的因素：对特级教师人生经历的样本分析[J].教师教育研究，2006（4）：65-70.
⑩ 陈琪.人才成长基本原理：综合效应论[J].人才开发，1994（4）：42.
⑪ 胡定荣.影响优秀教师成长的因素：对特级教师人生经历的样本分析[J].教师教育研究，2006（4）：65-70.
⑫ 陈玲.论人才成长中的非智力因素[J].兵团教育学院学报，2003（3）：55-56.
⑬ 曹杰.社会主义现代人才素质[M].天津：南开大学出版社，1996：251.
⑭ 李曼丽，胡欣.优秀工程师成长历程中的关键阶段及其影响因素：一个质化研究[J].清华大学教育研究院，2010（3）：80-89.

“历史、文化传统”[①]以及非主观因素而造成的“压力”[②]等。

第五，学者们还认为影响人专业成长的因素大多源于自身与周围的环境。具体来讲，影响人成长的环境因素包括“生长的环境”[③]、“教育环境、社会环境”[④]、“学校环境、家庭环境”[⑤]及“舆论环境、生活环境、政策环境、制度环境和竞争环境”[⑥]等。自身因素则包括“自我行为和表现”[⑦]、“自我的选择和开拓”[⑧]、“自我成长的意识”[⑨]、“自我的使命和担当”[⑩]、“自我发展结构”[⑪]等来自个体本身的诸多因素。另外，还有学者运用量化研究的方式对影响个人成长的环境与自身因素进行了深入探讨，认为“影响个人成长的因素有人口统计学变量、环境变量、人格与认知变量以及娱乐活动变量四个方面。其中人口统计学变量包括年龄、性别、经济状况、教育程度等；环境变量包括家庭支持、社会文化和社会生活；人格与认知变量包括认知重构和乐观对个人成长的影响；娱乐活动变量包括娱乐活动对个体情绪的影响、娱乐活动对关系联结的作用以及娱乐活动对兴趣和潜能的培养”[⑫]。

总体来看，通过梳理影响个体成长因素的相关文献发现，环境、教育、人际关系、个人自觉都是关乎个人成长和发展的重要议题。本研究中，影响个人成长的主观因素包括思想、个性、能力、情感等方面，客观因素包括自然环

---

① 方健华.名师专业成长的规律、影响因素与机制：基于名师成功人生的解读 [J].教育发展研究，2011（Z2）：70-78.

② 万正维，王浩.试论高校青年教师成长的影响因素及促进策略 [J].教育探索，2013（2）：97-98.

③ 孟凡玉.大草原的底色：齐·宝力高和他的马头琴艺术 [J].人民音乐，2007（4）：46-49.

④ 李长萍.影响创新人才成长的主要因素 [J].中国高教研究，2002（10）：34，41.

⑤ 刘洁.试析影响教师专业发展的基本因素 [J].东北师大学报（哲学社会科学版），2004（6）：15-17.

⑥ 张渝政.浅论邓小平的人才成长环境思想 [J].毛泽东思想研究，2003（3）：74-75.

⑦ DWECK C. Motivational Processes Affecting Learning[J]. American Psychologist,1986,41（10）：1040—1048.

⑧ 孟凡玉.大草原的底色：齐·宝力高和他的马头琴艺术 [J].人民音乐，2007（4）：46-49.

⑨ 张劲盛.炫动舞台的“和平之星”：记青年马头琴演奏家苏尔格 [J].内蒙古艺术，2017（2）：119-120.

⑩ 孟建军.草原“野马”灵魂歌者：记马头琴大师齐·宝力高 [J].中国民族，2002（5）：33-35.

⑪ 刘洁.试析影响教师专业发展的基本因素 [J].东北师大学报（哲学社会科学版），2004（6）：15-17.

⑫ 陈世民，余祖伟，高良.个人成长概念、影响因素及其功能 [J].广西师范大学学报，2019（4）：83-91.

境、社会环境、文化环境、教育环境以及政策环境等。

（三）关于教育叙事的相关研究

对"叙事"的探讨最早可以追溯到古希腊时期，思想家柏拉图（Plato）在《理想国》中把"纯叙事"解释为"诗人以自己的名义讲话，而不试图要我们相信是另一个人在讲话时所叙述的一切"①。之后，亚里士多德又将"纯叙事"和"直接表现"视为模仿的两种不同方式，他认为，人们最初的知识是从模仿得来的，而模仿有"简纯语言"和"韵律"②两种形式，其中，"简纯语言"呈现的作品称为"叙事"。

此后，众多西方学者从表象和本质两种视角对叙事展开了丰富的探讨。从叙事的表现来看，有的学者强调"叙事"的故事性，认为叙事即"讲述一段时间之内发生的故事"③，是以人物行为和经验为基础，并由叙述者讲述的故事；有的学者则强调叙事的叙述性，认为叙事就是"对一个或一个以上真实或虚构事件的叙述"④；还有的学者强调故事背后的意义假设，认为叙事是"当事人用自己的语言讲述的充满着意义的生活故事"⑤，并将"生活故事与人的现象整合成可深入理解的意义结构"⑥，人们往往"通过讲故事的方式把人生经验的本质和意义传示给他人"⑦。从叙事的本质来看，有的学者认为叙事是"一种社会象征行为"⑧，其本质是"信息的传递"⑨，是"为不可解决的社会矛盾发明想象的或形式的'解决办法'"⑩。

20 世纪 60 年代，受结构主义思潮的影响，法国当代著名结构主义符号学

---

① 杰拉尔·日奈特.叙事的界说 [M]// 张寅德.叙事学研究.北京：中国社会科学出版社，1989：283.
② 亚里士多德.诗学 [M].罗念生，译.北京：人民文学出版社，2002：10.
③ 伯格.通俗文化、媒介和日常生活中的叙事 [M].姚媛，译.南京：南京大学出版社，2002：7.
④ 罗钢.叙事学导论 [M].昆明：云南人民出版社，1995：2.
⑤ 熊川武.反思性教学 [M].上海：华东师范大学出版社，1999：127.
⑥ COSTE D. Narrative as communication [M]. Minneapolis: University of Minnesota Press, 1989: 5.
⑦ 蒲安迪.中国叙事学 [M].北京：北京大学出版社，1996：5-6.
⑧ 弗雷德里克·詹姆逊.政治无意识：作为社会象征行为的叙事 [M]，王逢振，陈永国，译.北京：中国社会科学出版社，1999：68.
⑨ 童小英.叙述学 [M].北京：社会科学文献出版社，2001：23.
⑩ 弗雷德里克·詹姆逊.政治无意识：作为社会象征行为的叙事 [M]，王逢振，陈永国，译.北京：中国社会科学出版社，1999：68.

家、文艺理论家茨维坦（Tzvetan）首次在其著作《〈十日谈〉的语法》中提出，应将叙事看成一门科学。此后，叙事作为一种科学研究方法，被引入社会科学研究的各个领域。1968 年，杰克逊（Jackson）在对学校现场活动进行研究时，将叙事研究引入教育领域。20 世纪 90 年代，克兰迪宁（Clandinin）和康纳利（Connelly）先后发表的《经验的故事和叙事研究》《叙事探究——质的研究中的经验和故事》等研究成果，是对叙事研究在教育领域的深化和拓展。

20 世纪 90 年代末，叙事研究在我国的教育领域开始兴起。以华东师范大学丁钢教授为代表的教育叙事研究者们，取得了较为丰富的研究成果，如《叙事探究》①、《教育经验的理论方式》②、《教育叙事的理论探究》③、《教育叙事研究的方法论》④、《教育研究的叙事转向》⑤ 等。至此，教育叙事作为一种重要的教育研究方法，逐渐渗透于国内教育研究的各个领域。对文献梳理发现，现有研究主要集中在本质、特征、过程、价值取向、理论基础和局限性六个方面。

1. 关于教育叙事本质的研究

本质与现象是相对而言的，现象是事物的外在表现，而本质则是那些藏匿于现象中的同一性的、普遍性的、相对稳定的东西。

从概念来看，不同学者对教育叙事的表述有所不同。有的学者认为教育叙事研究是"教育背景中包含任何类型叙事素材的分析研究"⑥，是对教育中那些"有意义的教育教学事件的描述与分析"⑦ 和对"教育事件展开描述和解释"⑧；有的学者则认为，教育叙事研究是"在解构和重构教育叙事材料过程中对个体行为和经验建构获得解释性理解的一种活动"⑨。可见，学者们都将"教育事件"视为教育叙事研究的外显性特征。

---

① 康纳利，克莱丁宁 . 叙事探究 [J]. 丁钢，译 . 全球教育展望，2003（4）：6–10.
② 丁钢 . 教育经验的理论方式 [J]. 教育研究，2003（2）：22–27.
③ 丁钢 . 教育叙事的理论探究 [J]. 高等教育研究，2008（1）：32–37，64.
④ 丁钢 . 教育叙事研究的方法论 [J]. 全球教育展望，2008（3）：52–59.
⑤ 丁钢 . 教育研究的叙事转向 [J]. 现代大学教育，2008（1）：10–16，111.
⑥ 张希希 . 教育叙事研究是什么 [J]. 教育研究，2006（2）：54–59.
⑦ 王鹏 . 沟通"理论"与"实践"的桥梁：解读教育"叙事研究" [J]. 贵州师范大学学报（社会科学版），2006（2）：122–125.
⑧ 谢登斌 . 教育叙事的价值向度 [J]. 教育导刊，2006（3）：4–6.
⑨ 傅敏，田慧生 . 教育叙事研究：本质、特征与方法 [J]. 教育研究，2008（5）：36–40.

然而，教育叙事研究就是为了呈现现象吗？当然不是。教育叙事研究是通过这些外显性的"教育事件"来促进人们对教育理念的思考。学者们认为，通过叙事的方式不仅能揭示要"内隐于日常事件、生活和行为背后的意义、思想和理念"①，还要"揭示出故事背后的教育理论意蕴，进而对故事予以理论升华"②，更要"寻找一种能够更好呈现乃至穿透经验的语言方式或理论方式"③，用以"提供来自田野的实际经验和对某一教育现象的深邃思考"④。因此，教育叙事研究的本质是"让教育回归生活本身，回到现实，让教育在生活中焕发活力，以此反思并改变自己的生活，使教育具有自己无与伦比的理论和实践生命力"⑤。

2. 关于教育叙事特征的研究

与一般的叙事研究相比，教育叙事作为一种研究范式，更倾向于微观叙事。这里的微观主要有三个指向，即"'事'微、'式'微和'叙'微"⑥。具体而言，教育叙事研究是一个"自下而上"的研究，倡导"以人为出发点"⑦，关注"具体现象和具体个人"⑧，反对"普适性的宏大理论诉求"⑨，旨在"尊重每个个体的生活意义"⑩，追求"具有时代性、价值性乃至个性的问题"⑪。从研究内容看，学者们一致认为，教育叙事关注的是"已经过去的教育事件"⑫，或者是"已经过去、实际发生的教育事件"⑬，这些"事件"往往源于一个个活生生的、完整的"故事"，源于某个人或者某个群体具体的生活。人们往往通过"对教育事件的感悟、剖析与解读，解释其蕴含的教育意义，获得、积累教育经

① 程方生 . 质的研究方法与教师的叙事研究 [J]. 江西教育科研，2003（8）：22-24.
② 宋景东 . 教学相长：研究生导师专业发展的叙事研究 [D]. 长春：东北师范大学，2017.
③ 丁钢 . 教育经验的理论方式 [J]. 教育研究，2003（2）：22-27.
④ 张希希 . 教育叙事研究是什么 [J]. 教育研究，2006（2）：54-59.
⑤ 詹捷慧 . 教育叙事研究的本质追求 [J]. 教育科学论坛，2006（10）：33-34.
⑥ 林德全 . 论教育叙事 [D]. 上海：华东师范大学，2005.
⑦ 王凌 . 教育科研方法的选择与应用简论 [J]. 课程教材教学研究（中教研究），2003（3）：2-7.
⑧ 牛利伟 . 教育叙事研究：科学反思与方法论革命 [J]. 当代教育科学，2005（16）：46-48，53.
⑨ 孙振东、陈荟 . 对我国教育叙事研究的审思 [J]. 教育学报，2009（3）：3-8.
⑩ 丁钢 . 教育叙述何以可能？[Z]. 中国教育：研究与评论 . 第三辑：编者之语 .
⑪ 石中英 . 知识转型与教育改革 [M]. 北京：教育科学出版社，2001：172.
⑫ 王枬 . 关于教师的叙事研究 [J]. 全球教育展望，2003（4）：11-15.
⑬ 刘良华 . 论教育"叙事研究" [J]. 现代教育论丛，2002（4）：52-55.

验"①。正如丁钢教授所强调的，"经验收集"②是教育叙事主要的魅力之一。

然而，对"事件"和"故事"的单纯叙述并不是教育叙事的终极诉求，而通过这些"事件"和"故事"所折射出的现象以及对现象的反思才是教育叙事的目的。可以说，教育叙事是在"教育世界和教育存在面前获得一种深度，而不是简单地在教育生活经验的表面滑行，制造出转瞬即逝的事件泡沫"③，"一定要显示出理性的广度和深度，只有这样，教育叙事才能显示出其独特的魅力和人性关怀的光芒，去照亮教育领域广袤的未知夜空"④。由此可见，教育叙事的主要特点表现在"微观、经验、反思、建构"四个层面。

3. 关于教育叙事过程的研究

根据教育叙事形式或类型的不同，常见的教育叙事方式有自传、传记、生活随笔等 16 种，其基本研究过程或操作步骤虽然存在高度相似性，但也存在一定的差异性。具体来讲，教育叙事的过程有"三阶段论"和"五阶段论"之分，其中，"三阶段论"认为，教育叙事研究经历了"现场、现场经验文本和研究文本"⑤三个阶段，是"由'现场'形成'现场文本'，由'现场文本'到'研究文本'"⑥的过程；是"从'关键事件'到'本土概念'，从'本土概念'到'扎根理论'"⑦的过程；是"从进入现场、到收集资料、再到完成报告"⑧的过程。"五阶段论"认为，教育叙事经历了"确定研究问题，选择研究对象；进入研究现场，确立合作关系；收集研究材料，形成现场文本；分析研究资料，重新讲述故事；撰写研究文本，形成本土化理论"⑨的过程。

总之，教育叙事的过程是以"过去事实为基础的如实呈现"⑩，对"教育事

---

① 赵蒙成.教育叙事研究的优势与规范 [J].湖南师范大学教育科学学报，2014（6）：25-30.
② 丁钢.教育叙事研究的方法论 [J].全球教育展望，2008（3）：52-59.
③ 李政涛.教育研究的叙事伦理 [J].教育研究，2006（10）：18-21，26.
④ 杨明全.教育叙事研究：故事中的生活体验与意义探寻 [J].全球教育展望，2007（3）：22-25.
⑤ 康纳利，克莱丁宁.叙事探究 [J].丁钢，译.全球教育展望，2003（4）：6-10.
⑥ 孙振东，陈荟.对我国教育叙事研究的审思 [J].教育学报，2009（3）：3-8.
⑦ 刘良华.教育叙事研究：是什么与怎么做 [J].教育研究，2007（7）：84-88.
⑧ 徐冰鸥.叙事研究方法述要 [J].教育理论与实践，2005（16）：28-30.
⑨ 王攀峰.教育叙事研究刍议 [J].河北师范大学学报（教育科学版），2012（8）：5-10.
⑩ 刘训华.论教育生活叙事 [J].浙江社会科学，2020（2）：95-102，158.

件展开描述、解释，让故事弥散出深层的教育意蕴"①，从而"呈现他人的教育故事"②的研究。目前，虽然对教育叙事研究过程的表述有所差异，但大体上趋同。因此，教育叙事研究的过程可以概括为"从故事走向经验，从经验走向存在，从故事走向精神"③。

4. 关于教育叙事价值取向的研究

与其他的质性研究不同，教育叙事是"将主观经验世界推向前台，通过经验事实的深度描述和深度诠释，呈现实践视野中的教育意义"④，以此生成"本土理论"⑤的研究。具体来讲，教育叙事主要"关注作为个体的人的个人性经历和社会性经历，强调关注作为个体的人的经历故事及其故事背后隐藏的，之于该个体的意义"⑥。

实际上，不少学者对教育叙事的价值取向展开了深入研究。有学者认为，教育叙事是"从事实本身中寻找内在的'结构'"⑦；也有学者认为，教育叙事是对"自我发展历程的探寻和追问"⑧；还有学者认为，教育叙事是"从教育事件中获得、积累教育经验"⑨。虽然学者们从不同角度说明了教育叙事的价值追求，但他们的共识是通过对教育故事的研究，"生成理论，最终是为了解决教育中存在的问题"⑩。因此，教育叙事"不是对教育事件的简单描述，而是对教育叙事的研究，其目的在于通过教育故事的研究提升其教育意义的解释和建构能力"⑪，并"生成教育智慧，追逐教育理解，激活想象力和消解话语霸权等价值"⑫，从而解决"教育理论与教育实践相脱节的问题"⑬。

---

① 谢登斌.教育叙事的价值向度 [J].教育导刊，2006（3）：4-6.
② 邱瑜.教育科研方法的新取向：教育叙事研究 [J].中小学管理，2003（9）：11-13.
③ 李政涛.教育研究的叙事伦理 [J].教育研究，2006（10）：18-21，26.
④ 丁钢.声音与经验：教育叙事探究 [M].北京：教育科学出版社.2008：99.
⑤ 郑金洲，程亮.中国教育学研究的发展趋向 [J].教育研究，2005（11）：3-10.
⑥ 张希希.教育叙事研究是什么 [J].教育研究，2006（2）：54-59.
⑦ 刘良华.论教育"叙事研究" [J].现代教育论丛，2002（4）：52-55.
⑧ 翟广顺.教育叙事："我讲我的故事" [J].当代教育科学，2005（4）：26-28.
⑨ 赵蒙成.教育叙事研究的优势与规范 [J].湖南师范大学教育科学学报，2014（6）：25-30.
⑩ 王攀峰.教育叙事研究刍议 [J].河北师范大学学报（教育科学版），2012（8）：5-10.
⑪ 许锡良.评"怎么都行"：教育叙事研究的理性思考 [J].教育研究与试验，2004（1）：35-39.
⑫ 谢登斌.教育叙事的价值向度 [J].教育导刊，2006（3）：4-6.
⑬ 孙振东，陈荟.对我国教育叙事研究的审思 [J].教育学报，2009（3）：3-8.

5. 关于教育叙事理论基础的研究

叙事研究在教育领域的广泛应用，不仅在于叙事与教育的适切性，也在于不同的哲学思想为教育叙事研究提供了丰富的养分和能量。就目前的研究成果来看，有学者认为，教育叙事的哲学基础包括“叙事学、现象学和解释学”[①]；有学者认为，教育叙事的哲学基础包括“现象学、解释学以及后现代主义理论”[②]；还有学者认为，教育叙事的哲学基础包括“现象学、解释学、后现代主义和现代知识观”[③]。由此可见，现象学、解释学和后现代主义对教育叙事的观照，已然得到学界的普遍认可。

20 世纪中叶，德国哲学家胡塞尔（Husserl）基于当时世界格局的变化和对现代哲学发展趋向的思考，提出了一种新的哲学思潮——现象学。他认为，“每一种原初给予的直观是认识的正当的源泉，一切在直觉中原初地（在某种程度上可以说，在活生生的呈现中）提供给我们的东西，都应干脆地接受为自身呈现的东西，而这仅仅就是它自身呈现的范围内而言的”[④]。由此可见，胡塞尔的现象学强调“面向事物本身”，主张对现象进行“深描”，以此揭示社会行为的实际发生过程以及事物中各种因素之间的复杂关系，描述越具体就越能够揭示事物的本来面目，并关注事实背后的意义。

正如约翰·杜威（John Dewey）在《经验与教育》中提到，“所谓个人生活在世界之中，就是指生活在一系列的情境之中”[⑤]。受其影响，康纳利（Connery）与克兰迪宁（Clandinin）曾明确表示，经验“就是在实践和情境中的人们的关系。参与者处在关系中，我们作为研究者也处在关系中。叙事探究就是这种经验的经验。它就是处在关系中的人与处在关系中的人的一起研究”[⑥]。并且他们认为，“叙事是呈现和理解经验最好的方式。经验就是我们所研究的东西。我们叙事的研究经验，因为叙事的思考不但是经验的一种主要形式，而且也是撰写和

---

① 李新叶. 教育叙事研究综述 [J]. 中国电力教育，2008（7）：9-10.

② 冯晨昱，和学新. 教育叙事研究的研究 [J]. 学科教育，2004（6）：1-9.

③ 范兵. 论教育叙事研究的哲学基础 [J]. 教育导刊，2010（12）：16-18.

④ 刘放桐. 新编现代西方哲学 [M]. 北京：人民出版社，2000：316.

⑤ 约翰·杜威. 经验与教育 [M]. 姜文闵，译. 北京：人民教育出版社，2005：261.

⑥ D. 简·克兰迪宁，F. 迈克尔·康纳利. 叙事探究：质的研究中的经验和故事 [M]. 陈向明，审校，张园，译. 北京：北京大学出版社，2008：2.

思考经验的主要方法"①。可以看出，经验的获得需要回到具体的、"原汁原味"的生活和情境之中。这与马克思的唯物史观"一切从实际出发"不谋而合。

此外，现象学认为，个体的生成和发展与周围环境是密不可分的，不能孤立地看待所研究的问题，应该注重"整体性、情境性和关联性"②。现象学思潮对教育研究产生了重大影响，促使教育研究的范式转型。其注重现象的本质就是现象。有学者认为，教育叙事研究应该"回到事实本身，重视人的交互主体性，重视研究主体的悬置"③，教育叙事研究正是以直观的、交互的、生活的态度回到"教育世界"中，重视"故事性"和"现场感"④。

教育叙事作为质性研究的表现形式之一，强调在研究中应获得理解和阐释。德国哲学家狄尔泰（Dilthey）认为，"人需要理解"是因为"人既不是一个实物，也不是一个概念，对人的研究不能通过实证的手段，而只能通过理解和阐释"⑤，这正是质性研究的目的和功能。正如，有学者认为，对"研究者倾见的认可，阐释受到历史、文化和语言各方面的制约，阐释者自己的前设和倾见是理解的基础"⑥。理解脱离不了人所处的环境，包括社会文化背景、观念、风俗习惯等等。可见，教育叙事并非记流水账，而是通过叙事，对被研究者的个人经验作"解释性理解"或"领会"。

后现代主义作为一种哲学思潮，最早见于建筑设计风格中，认为"一切都被解构了，固定意义不再存在了，意义只存在于关系之中"⑦，其核心是抛弃普遍性，反对整体性和统一性，拒绝简单化和稳定化，倡导多元性、多样性、主体性。20世纪90年代，后现代主义思潮开始"波及"教育领域。此后，教育研究出现了由"所指之事向所用之叙的重心转移"⑧。受其影响，教育叙事研究

① D. 简·克兰迪宁，F. 迈克尔·康纳利. 叙事探究：质的研究中的经验和故事 [M]. 陈向明，审校，张园，译. 北京：北京大学出版社，2008：3.
② 王景. 议教育叙事研究的理论基础 [J]. 继续教育研究，2008（12）：176.
③ 李新叶. 教育叙事研究综述 [J]. 中国电力教育，2008（7）：9-10.
④ 陈振中. 论教育叙事研究的若干理论问题 [J]. 上海教育科研，2005（9）：30-33.
⑤ 陈向明. 质的研究方法与社会科学研究 [M]. 北京：教育科学出版社，2000：36.
⑥ 张妮妮. 在耕耘中守望 [D]. 长春：东北师范大学，2012.
⑦ SPRETNAK C.States of grace：the recovery of meaning in the post-modern age [M]. New York：Harper Collins，1991.
⑧ 金健人. 中国叙事学发展轨迹及重心转移 [J]. 浙江大学学报（哲社版），2003（2）：23-26.

"立足于小型理论的构建，而非宏大叙事；立足于研究者自身，倡导多元性，而非统一性"①。

6. 关于教育叙事局限性的研究

教育叙事研究并不是一个完美的、放之四海皆准的研究方法。作为一种质性研究方法，它既有优点，也有不足。从整体来看，教育叙事研究的理论基础相对薄弱。"受到后现代主义的影响和现实利益驱动"②，目前，教育叙事研究"存在模式化、叙事文本表达形式单一、缺乏深度描述和深度解释、研究者主观性太强和研究具有封闭性"③ 等问题。虽然教育叙事研究重在对经验的表达，重在对教育事件的真实再现，但这种"描述性"研究的错误导向致使教育叙事研究"忽视了理论的重要性"④，进而"对意义的建构或解释性理解缺乏理论视角"⑤，使得研究陷入"就事论事"的漩涡。

另外，教育叙事研究强调以研究者自身为研究工具，这就不排除研究者的价值"入侵"的可能。由于研究者主观因素的介入，导致教育叙事研究成为充满"浓重个人色彩的故事，而非反映研究参与者声音的故事"⑥，也导致"参与者的声音在最终的教育叙事研究报告中可能会在一定程度上被削弱"⑦。此外，研究对象的配合度、研究的耗时性等问题，也会对研究者产生负面影响，导致研究者的价值偏离。

（四）对已有研究的总体评述

1. 对已有研究的反思

通过对马头琴相关文献的梳理，笔者发现，目前有关马头琴的研究虽有一定的成果，尤其是马头琴的历史变迁与文化传承的体制机制建设方面，引起了

---

① 范兵. 论教育叙事研究的哲学基础 [J]. 教育导刊，2010（12）：16-18.
② 许锡良. 评"怎么都行"：对教育"叙事研究"的理性反思 [J]. 教育研究与实验，2004（1）：5-11.
③ 徐勤玲. 国内教育叙事研究的问题、原因及对策 [J]. 教育导刊，2006（9）：56-58.
④ 施铁如. "怎么都行"：学校改革研究的后现代思考 [J]. 教育研究与实验，2003（2）：69-72.
⑤ 王景. 教育叙事研究的"冷思考" [J]. 当代教育科学，2010（9）：9-11.
⑥ 杨捷. 教育叙事：培养教师教育研究的契机 [J]. 教育科学，2006（1）：57-59.
⑦ 杨捷. 教育叙事：培养教师教育研究的契机 [J]. 教育科学，2006（1）：57-59.

学者们的广泛思考和探讨,但仍然存在诸多有待提升之处。具体如下。

首先,当前有关马头琴的研究相对薄弱,研究数量有待进一步增加。笔者以"马头琴"为主题在 CNKI 上进行文献检索,共获得文献 279 篇,与本研究相关的文献有 170 篇,涉及"马头琴手"相关研究的文献仅 23 篇,其中包括期刊论文 18 篇、硕士学位论文 5 篇。若以"马头琴手"为主题进行文献检索,直接相关文献仅有 2 篇。相比于二胡、古筝等其他民族乐器,不管是马头琴还是"马头琴手",其研究数量明显不足。

第二,当前有关马头琴的研究相对宏观,研究内容有待进一步深入。现有关于马头琴的研究主要集中于马头琴的起源与历史变迁、马头琴琴制改革与制作、马头琴演奏技法、马头琴艺术教育与人才培养、马头琴文化传承五个方面,且研究总体趋向宏观的制度、机制等,对"人本"研究的关注度不高,零星的几项研究只是针对色拉西、齐·宝力高、仟·白乙拉、纳·呼和、李波等几位非遗传承人、演奏家的艺术成就进行故事性描述,尚未涉及更深层次的学理性探究。特别是对他们专业成长经历的探讨,对普遍的、年轻一代的马头琴从业者的关注度,更是少之又少。

第三,当前有关马头琴的研究相对单一,研究视角有待进一步拓宽。现有关于马头琴和马头琴艺术从业者的研究大多集中于艺术学、历史学、文学等领域,鲜有从民族学、人类学、教育学的视角对马头琴和马头琴艺术从业者进行深入探讨。此外,现有研究主要集中在文化本体上,且对文化本体的研究大多集中于体制、机制等宏观视角。相反,对作为马头琴文化承载者的"人"的关注,对他们专业成长的实然样态和具体路径的探讨,仍有极大的提升空间。

2. 已有研究对本研究的启示

第一,已有研究为本研究提供了逻辑起点。已有研究重视对马头琴艺术"文化本体"的研究和对马头琴艺术教育与人才培养体制、机制的研究,而对作为文化承载者和传递者的人、对马头琴艺术教育与人才培养中重要的参与者的关注度明显不高。因此,本研究将试图摆脱以往注重"文化本体"而忽视作为文化"承载者""传递者"的人的研究,试图摆脱目前研究忽视与文化相关的生命本身研究的尴尬局面,将研究视角从宏观的"文化的整体性"研究转向微观的具体的人的研究，以此突出"马头琴手"在马头琴文化传承、马头琴艺术教育与人才培养中的主体地位。此外，本研究将主要关注"马头琴手"个体生命的独特性，从个体成长的故事中挖掘社会、环境、他者以及自我在"马头琴手"专业成长过程中所发挥的积极作用。

第二，已有研究为本研究提供了经验借鉴。虽然目前鲜有关于"马头琴手"专业成长的直接研究，但我们仍然能从艺术从业者、教育工作者等相关研究中，找到一些"蛛丝马迹"，从而为本研究的立意和开展提供理论和实践上的指导。比如，对艺术人才核心素养的研究、对艺术人才培养模式的研究、对人的成长的影响因素的研究的梳理，在一定程度上，可以为本研究中"'马头琴手'到底成长了什么""他们是怎么成长的""影响他们成长的因素有哪些"等问题的探讨，提供有效的理论指导和经验借鉴。尽管在此过程中，理论性的研究相对较少，但经验性的总结往往更具现实感和说服力。

第三，已有研究为本研究提供了方法指引。诚如前文所述，教育叙事研究极大地促进了教育理论与教育实践的完美融合。面对实证主义对研究中的人的"物化"和人文关怀的缺失，面对宏大叙事或元叙事忽略了沉默的大多数，面对工具理性日趋忽视生命体验和人本价值，教育理论和教育实践之间的关系空前紧张。在此背景下，教育叙事的积极意义被进一步凸显。对"马头琴手"专业成长进行教育叙事研究，主要目的在于通过对"马头琴手"专业成长的"来龙去脉"进行深入描述，对其专业成长过程中那些普通的、司空见惯的经历赋予新的解读，在此基础上挖掘隐含在其专业成长中的深层意义，进而提升对实践问题的指导作用。从这个角度来讲，"马头琴手"专业成长的实践性与丰富性恰好与教育叙事研究方法具有高度适切性。

三、研究意义

作为一项探究式研究，本研究最大的意义并非马头琴艺术教育理论与实践的双向助推，而是呈现"马头琴手"专业成长的事实，将"马头琴手"专业成长过程中那些司空见惯的现象和事件以文字的形式呈现出来，并促进人们对"马头琴手"专业成长进行深入反思。

（一）理论意义

1. 有利于丰富和拓展马头琴艺术研究的内容与视角

当前，关于马头琴艺术的研究，大多集中于广域的、宏观的视角，对作为文化承载者的"马头琴手"的关注度不高。本研究从人本主义的视角出发，将研究的目光锁定在一个个鲜活的生命上，主要对"马头琴手"的人本主义进行观照。此外，"马头琴手"的专业成长是一个系统的、全面的、复杂的过程，不仅体现在"马头琴手"个体生命的成长，还体现在其个体社会化、个人专业化的过程中。"马头琴手"专业成长不仅是知识、技艺的习得，也是个人思想、品德、观念的塑造，这与"马头琴手"生长和生活的环境、社会、文化、政策等多重因素密切相关。因此，从"微观视角"对"马头琴手"的专业成长进行探究，一定程度上丰富了当前马头琴艺术的研究内容，也拓展了当前马头琴艺术研究的领域。

2. 有助于纾解马头琴艺术教育理论与实践之间的冲突

从理论与实践的关系来看，实践先于理论的产生，理论总是在实践中总结提炼出来的。同样，教育理论也是从无数的教育实践活动中提炼和总结的，并通过一定的逻辑和科学思维的加工，从而建构出普适性的教育理论。教育实践由于发生的环境、时间存在差异，所以是鲜活的、丰富的、发展的。事实上，我们很难发现一种高度普适的、放之四海而皆准的理论。因此，本研究全面讲述"马头琴手"专业成长的真实故事，旨在直面马头琴艺术教育实践，进一步挖掘隐匿于"马头琴手"专业成长实践中的理论。在此基础上，对马头琴艺术教育现状进行反思，对马头琴艺术教育未来的发展趋向进行思考。因此，采用探究的方法对"马头琴手"的专业成长进行研究，一定程度上有助于纾解马头琴艺术教育理论与实践之间的紧张关系。

3. 有助于促进马头琴艺术教育研究的范式转换

传统的教育研究以科学主义、实证主义研究范式为主导，主张以自然科学的定量化、形式化标准来衡量教育实践。研究者关心的是实用的目的，却忽视了"实践"的价值和意义。马头琴艺术教育研究亦是如此，就现有相关研究来看，绝大多数研究着眼于马头琴艺术教育宏观问题的探讨，却忽视了对本质问题的追问，也忽视了作为教育对象的“马头琴手”的真实感受和体验。事实上，“马头琴手”专业成长是由他们具体的、微观的生命事件串联起来的。对其的研究若离开他们的“实践”和生活情境，也就丧失了自身的内在逻辑，终会流于形式。另外，传统的教育研究将被研究者“对象化”，使得研究者和被研究者之间出现不同程度的“割裂”。恰恰相反，探究式研究往往强调研究者和被研究者之间的合作关系，充分体现了二者的互动性。因此，选择教育叙事的方法对“马头琴手”专业成长进行深入探讨，不仅是从“本质性”向“生成性”的转换，也是从“对象性”向“参与性”的转换。

（二）实践意义

1. 为制定和调适马头琴艺术教育策略提供决策依据

教育决策应该与教育现状保持密切联系。对“马头琴手”专业成长的实然之境的探究，不仅能够系统地了解“马头琴手”如何实现从“自然人”到“专业人”的转变，也能够折射出马头琴艺术教育的历史与现状。此外，从环境、文化、教育以及他人的多维视角深入分析“马头琴手”专业成长的过程，客观、全面把握“马头琴手”专业成长的特征、规律、困境及影响因素，分析和归纳“马头琴手”专业成长的特殊性，客观评价和理解“马头琴手”成长的个体差异性，有助于弥合马头琴艺术教育理论与实践的鸿沟。因此，本研究通过“马头琴手”专业成长历程的真实展现，为制定和调适马头琴艺术教育决策提供依据，使马头琴艺术教育决策源于实践、体察实践，更加具有科学性和说服力。

2. 为完善马头琴艺术人才培养机制提供反思路径

“马头琴手”首先是社会的人，然后才是教育与文化传承的“产物”，因此，从“社会人”的视角呈现“马头琴手”专业成长的图景，分析不同因素建构下的“马头琴手”专业成长的形成机制，探寻“马头琴手”专业成长的影响因素，有利于客观评价和理解“马头琴手”专业成长的差异性。另外，“马头琴手”作为艺术教育体制培养下的特殊群体，有着特殊的成长经历，解析“马头琴手”专业成长中异于常态的形成机制，有利于充分把握“马头琴手”专业成长的特殊性。更重要的是，对作为马头琴文化传承的载体和桥梁的“马头琴手"的专业成长的研究，也是对马头琴人才培养标准的研判。

3. 为其他"马头琴手"专业成长提供经验参考

"马头琴手"专业成长不仅是其专业化、社会化的过程，也是"马头琴手"自我发展、自我完善、自我实现的过程。多年来，外界对"马头琴手"的了解仅仅止步于"拉马头琴的"，对他们的专业成长过程仅仅止步于"埋头苦练"，对"马头琴手"的专业性以及"马头琴手"是如何成长起来的等问题了解甚少。事实上，"马头琴手"的专业成长是一个"历时与共时"并存的过程，其成长中涉及的地域环境、教育环境、人文环境，以及与他们相关的知识、技艺、人际关系等都是影响"马头琴手"专业成长的重要因素。因此，对"马头琴手"专业成长历程进行真实的再现，在一定程度上可以为正在学习马头琴或准备学习马头琴的人提供翔实具体的借鉴与参照。

四、研究问题与核心概念

社会科学研究的最终旨归，在于对实践问题的发掘和消解。因此，在具体的研究过程中，若无明确研究主题和问题意识，很难找到研究的切入点，也很难保证研究的顺利开展。事实上，对相关问题的探讨，也需要建立在对核心概念的准确把握的基础上。因此，明确研究主题与"问题域"、厘清相关概念的内涵意义、说明研究者对概念的解读和界定，往往是研究开展的重要前提，否则，很容易陷入"各执己见、不知所云"的尴尬境地。

（一）研究问题

一般而言，社会科学研究大致可分为验证式和探究式两种。其中，验证式研究在正式研究之前已有具体的研究假设和明确的研究问题，通过具体的调查、研究予以确证，并提出一系列解决问题的具体方法和策略；而探究式研究在研究之前只有一个大致的研究方向，而没有详细具体的主题，主要通过研究者在具体实践中的调研，发现并确证一些问题，在对这些问题加以梳理、归类、理解后，方可明确研究主题所涉及的若干问题。本研究显然属于探究式研究，主要围绕“马头琴手”专业成长这一较抽象的主题，通过叙事研究，探究和发现“马头琴手”在专业成长过程中的真实问题和实然样态。

也就是说，本研究的主要研究问题是在“马头琴手”专业成长轨迹的客观描述基础上，逐步挖掘和探索出来的。因此，本研究主要描述研究对象——“马头琴手”专业成长是“怎么样的”[①]，旨在探寻其成长过程中实然的真实性，而并不侧重对“马头琴手”专业成长进行规范性引导。我们若能通过对“马头琴手”的叙事勾勒出“马头琴手”专业成长的实然轨迹，那么一系列问题便呈现在面前了。比如，“马头琴手”是怎样成长为专业人才的？他们到底经历了什么样的成长过程？是什么影响或促进他们成长起来？当然，如前所述，本研究的背景为当前马头琴作为中华优秀传统文化之一，在传承与保护中面临着时代考验与现实困境，尤其是马头琴艺术教育问题需要我们加以研究与探索，更值得我们对马头琴艺术人才培养进行深入探讨。如果从问题域来进一步追问本研究的未来指向，必然涉及马头琴艺术人才的培养体制机制问题，比如“谁来培养”的问题，是沿袭民间传承还是走现代学校教育之路；又如“如何培养”的问题，是注重技艺训练还是强调德艺兼修；等等。这些是本研究在整个思维脉络中的暗线，因此，本研究实际上是通过明线与暗线两条逻辑展开的。

（二）核心概念

一般而言，对概念的过度“求全”，往往会造成概念的复杂冗繁，更会因为难分主次而丧失概念应有的抽象和概括价值。本研究无意对所有相关概念进行一一诠释，当然，对核心概念的内涵与外延仍然要在前人研究文献的基础上做详细的交代。

1.“马头琴手”

诚如前文所述，虽然目前学界对“马头琴手”的相关研究实属少见，但仍能从前人的研究中找到些许线索，比如关于马头琴教师的研究、关于马头琴文

---

① COLNERUD G.Ethical conflicts in teaching[J].Teaching and Teacher Education，1997（6）：627-635.

化传承人的研究等，都或明显或隐晦地为本研究提供了一定的理论借鉴。

　　在日常生活中，人们往往将从事某种器乐演奏的人称为"某某手"，比如称从事小提琴演奏工作的人为"小提琴手"，称从事吉他演奏工作的人为"吉他手"，称从事键盘演奏工作的人为"键盘手"等。基于这种传统和惯例，我们当然也可将从事马头琴演奏工作的人称为"马头琴手"，其实这是一个极为广泛且得到普遍认可的概念。

　　然而，随着社会分工逐渐明确和角色边界逐渐清晰，社会上已经没有抽象的人，而只有承担各种社会角色的人。[①]"马头琴手"也逐渐分化为从事文化传承与保护工作的马头琴传承人、从事教育工作的马头琴教师、从事演奏工作的马头琴演奏员等多角色的社会人，尤其在个性化职业井喷式发展的今天，还出现了从事马头琴演奏的自由音乐人、街头艺人、流浪乐手等，可谓"琳琅满目"。虽然他们的角色有所不同，承担的任务不同，所从事的工作也呈现出一定的异质性，但从根本上来说，他们都与马头琴演奏技艺有着密切联系。通俗地讲，作为传承人的"马头琴手"传承的是马头琴的演奏技艺，作为教师的"马头琴手"教授的也是马头琴的演奏技艺，作为演奏员的"马头琴手"展现的还是马头琴的演奏技艺。可见，他们之间始终存在一种"同质性"特质，即马头琴演奏技艺。

　　事实上，在传统社会中，"马头琴手"本来就集多重角色于一身。比如老一辈艺术家那·仁钦先生，他既是乌珠穆沁右旗王府的乐手，又是蒙古族传统宫廷乐的实际传承者，还是潮尔艺术大师色拉西先生的老师。[②]可见，那·仁钦先生是集演奏员、传承人和教师于一身的多重角色视域下的"马头琴手"。事实上，即便现代社会分工再明确，职业间的边界再清晰，"马头琴手"依然是一个身兼数职的角色。正如著名音乐家莫尔吉胡先生曾在"中国马头琴协会"成立大会上的发言中提到："我想特别强调齐·宝力高同志的突出贡献，他研究马头琴的改革，他写了有关马头琴的著作和教科书，并写了相当数量

① 奚从清.角色论：个人与社会的互动 [M].杭州：浙江大学出版社，2010：6.
② 纳·布和哈达.有关乌珠穆沁右旗王府乐队情况的调查 [J].内蒙古大学艺术学院学报，2009（3）：19–21.

的马头琴音乐作品。着重强调的是，他注重马头琴人才的培养，注重马头琴技艺和经验的传授。"① 不仅如此，笔者在田野调查时发现，著名马头琴教育家纳·呼和先生也曾提到："这么多年来，我也说不清楚自己到底是什么身份，有人说我教出那么多优秀的学生，应该是教育家；有人说我演奏了那么多作品，应该是演奏家，我还被评选为马头琴自治区级传承人。其实在我看来，什么家不家的，我就是个拉马头琴的，不管是教学还是演奏，总之和马头琴打了一辈子交道。"

其实，"每个人在社会系统中都不可避免地处于多种地位之中，每个地位都有一个与之相关的角色，因此，每个人扮演的角色，绝不止一种角色，而是许多角色"②。从这个意义上来讲，"马头琴手"更像一个"角色丛"。在本研究中，笔者无意于讨论从事不同工种和特定角色的"马头琴手"的区别，而是倾向于更为广泛意义上的"马头琴手"。也就是说，本研究中所指的"马头琴手"是从事马头琴演奏工作的人。

2."马头琴手"的专业成长

就现有研究来看，不少研究者将"专业成长"和"专业发展"混为一谈。事实上，二者既有关联，又有差别。在汉语语境中，"成长"即"生长而成熟""向成熟的阶段发展"③，"发展"即"事物由小到大、由简单到复杂、由低级到高级的变化""扩大（组织、规模等）"④。首先，从表象上看，"成长"与"发展"均强调过程性。二者的不同之处在于"成长"比"发展"的范围更为宽广，"成长"明显涵盖了"发展"。如果严格区分二者，"成长"主要强调的是一个摆脱幼稚、走向成熟的过程，而"发展"则强调的是一种新旧事物的更迭和替换。正如有关"教师专业发展"的研究，往往将成为教师的那一天作为研究"教师专业发展"的起始点一样，本研究更倾向于将"马头琴手"实现人琴连接的那一天作为研究"马头琴手专业成长"的起始点。因此，在本研究

---

① 莫尔吉明.二十世纪的马头琴手：在"中国马头琴学会"成立会上的发言 [J].中国音乐，1989（3）：39-40.
② 奚从清.角色论：个人与社会的互动 [M].杭州：浙江大学出版社，2010：12.
③ 中国社会科学院语言研究所.现代汉语辞典 [M].北京：商务印书馆，2002：160.
④ 中国社会科学院语言研究所.现代汉语辞典 [M].北京：商务印书馆，2002：160.

中，选择"成长"作为核心概念，而非"发展"。

事实上，个体的"成长"主要包括"生命成长"和"专业成长"两个部分。其中，生命成长多与个体的生物性成长有关，如年龄的增长、身体的发育等；而专业成长则多与个体的社会性成长有关，如知识的完善、能力的提升和德行的养成等。"马头琴手"作为一种特定的社会性角色，其成长必然以社会视角考量。此外，"专业"一词本身就极具社会性。在欧洲中世纪，"专业"是手工业行会对其行业的专门知识和技能的一种整体性概括。① 在我国古代，"专业"具有表示某种学问或职业的含义。如《续资治通鉴·卷十六》中曰："愿精选五经博士，增其员，各专业以教胄子，此风化之本。"而如今，"专业"主要是"高等学校的一个系里或中等专业学校里根据科学分工或生产部门的分工把学业分成的门类"②，主要用以培养专门人才。然而，人才的培养往往需要一个过程或者阶段，同时也需要与之相适应的条件。从这个意义上讲，"专业"一词具有极强的动态性和文化性。

基于此，对"马头琴手"专业成长的界定，笔者拟从"成长过程"和"专业素养"两个维度予以思考。首先，就"成长过程"而言，诚如前文所述，"成长"是一个逐步走向成熟的过程，对于"马头琴手"而言，从最初的人琴连接，到成为真正意义上的"马头琴手"，必然需要经历一个成长的过程。此外，由于弓弦类乐器的复杂性和难以习得性，因此，"马头琴手"的专业成长既不是一蹴而就的，也不是一劳永逸的，同样需要经历一个漫长而艰辛的成长过程。另外，就"专业要素"而言，在传统社会中，艺术人才的专业素养主要包含"品德、知识和技艺"③ 三个维度。事实上，艺术人才不仅是专业意义上的人，更是社会意义上的人。随着时代的进步，社会对艺术人才的专业素养要求逐渐从"品德、知识和技艺"提升为"知识、能力与智慧"④。基于这样的启示，"马头琴手"的"专业素养"大致包含道德层面的素养、知识层面的素养和能力层面的素养三部分。需要特别说明的是，"专业要素"的获得，一方

---

① 董秀华.市场准入与高校专业认证制度研究 [D].上海：华东师范大学，2004：41.
② 卢晓东.对高等教育教学中四个常用名词的修正 [J].中国高等教育，2003（19）：31-32.
③ 伍斐.浅析西方美术教育中的艺徒制 [J].美术大观，2006（10）：28.
④ 吴显明.另类的视角：弯路走出来的人生智慧 [M].北京：企业管理出版社.2018：114.

面，离不开来自社会、家庭、学校、他者等"外部世界"的支持；另一方面，"马头琴手"自身的天赋、努力、认知等也是他们获得"专业要素"必不可少的前提条件。

基于此，我们认为，"马头琴手"的专业成长实际上体现在不同时间的考验、不同空间的转换与不同主体关系的互动中，不断形塑道德品质、完善知识结构、提升专业技能的过程。

五、理论借鉴与叙事框架

作为一项探究式的叙事研究，在深入研究之前的理论铺垫，一定程度上会对研究者造成思想束缚，从而阻碍研究者发现新问题。正如丁钢教授所言，"现实社会生活领域的复杂行为关系及其随时间流动的变迁特征不是任何一种理论框架所能解释的"[①]。即便如此，在具体的研究过程中，同样会涉及如何搜集研究资料、如何确定叙事逻辑等问题。基于此，笔者将生命历程理论和"三维叙事空间理论"，作为本研究的理论基础，并在此基础上确立本研究的叙事框架。

（一）理论借鉴

1. 生命历程理论

20 世纪 20 年代，美国社会学芝加哥学派早期代表人物威廉·托马斯（William Thomas）和波兰的弗洛里安·兹纳涅茨基（Florian Znaniecki）撰写的《身处欧美的波兰农民》一书中，运用生活史、生活记录和情境定义的方法研究社会变化和移民的生活轨迹。20 世纪 60 年代，美国社会学家埃尔德（G.H.Elder）在《大萧条的孩子们》等著作中，注重生命过程中的活动与事件的年代表、年龄事件矩阵和回顾性的生命日历等历时性概念。这为生命历程理论对出生事件信息与个人所处的历史年代之间的关系、生活变迁与特定年龄段之间的关系，以及年龄在社会适应中的意义等问题的研究提供了理论

---

① 丁钢.声音与经验:教育叙事探究 [M].北京:教育科学出版社，2008：4.

依据和研究视角。

生命历程理论（Life Course Theory）是一个跨学科的研究领域，是在批判生命周期理论过于关注个体性特征的基础上发展起来的，主要对个体或群体在生命过程中经历的一些事件发生的先后顺序、角色与地位的转换过程进行考察。生命历程理论认为，人的成长和发展会受到"一定时空中的生活""相互联系的生活""生命的时间性""个人能动性"的影响。其中，"一定时空中的生活"原理认为，时间和空间在个体生命历程中具有一定的社会意义效应，时间效应体现在个体所生活的不同生命阶段和不同历史时期，空间效应体现在个体所生活的地理环境和社会环境，二者共同作用于个体，形成个体的多样化生命历程；"相互联系的生命"原理认为，个体行为不是脱离社会之外的，而是嵌入具体的社会关系和特定的社会网络之中的，形成个体与社会的互动机制。"生活的时间性"原理认为，生活事件发生的时间或时机比事件本身更具有意义，是个体角色的发生、延续和后果的关键；"个人能动性"原理认为，个体不是完全被动的接受者，而是具有主观能动性的行动主体，可以在一定社会制度环境中有计划、有选择地推进并塑造自己的生命历程。

"马头琴手"专业成长不仅是一个教育问题，更是一个社会问题，势必与其成长、生活的"时空背景"[①]、"生命事件"[②]、"关键人物"[③]相关联，同时也与自主发展意愿和行动相关联。因此，基于生命历程理论的视角来研究"马头琴手"的专业成长问题，无疑是适切的。

2. 三维叙事空间理论

20 世纪 70 年代末到 80 年代初，受杜威（Dewey）经验论的影响，加拿大学者克兰迪宁（Clandinin）和康纳利（Connery）开始致力于将叙事学与教育学相融合。杜威对"经验"的理解强调"连续性、情境性和交互性"[④]。其中，

---

① 包蕾萍. 生命历程理论的时间观探析 [J]. 社会学研究，2005（4）：120–133.

② 李强. 生命的历程：重大社会事件与中国人的生命轨迹 [M]. 杭州：浙江人民出版社，1999：17.

③ 李强，邓建伟，晓筝. 社会变迁与个人发展：生命历程研究的范式与方法 [J]. 社会学研究，1999（6）：1–18.

④ 约翰·杜威. 我们怎样思维经验教育·经验与教育 [M]. 姜文闵，译. 北京：人民教育出版社，2005：267–268.

"经验"的连续性意味着现在的"经验"是过去"经验"的延续，并且影响将来的"经验"；"经验"的情境性表明"经验"是发生在具体情境中的；"经验"的交互性意味着"经验"不仅是个体的，而且也与社会中的其他事物存在互动关系。① 基于这样的启示，克兰迪宁和康纳利确立了"时间""空间""关系"的"三维叙事空间"②。

第一，时间之维。叙事的时间维度主要来自"经验"的时间观。在杜威看来，"经验是跨越时间的形式特征，其本质是（被看作）叙事性的"③。受此影响，克兰迪宁和康纳利将时间作为整体性描述"经验"的手段。需要特别注意的是，这里的时间不仅仅是一个时间点，也是一个时间段，更是一个线性的时间轴。也就是说，除了直接对历时性的过程进行叙述外，还要通过对时间的建构，把共时性的事实或事件转化为历时性的叙述。事实上，个体的成长过程可以被视为"经验"获得的过程，同样也可以通过上述的时间点、时间段和时间轴来加以度量和刻画。

第二，空间之维。叙事的空间维度主要来自"经验"的情境观。在杜威看来，"所谓个人生活在世界之中，就是指生活在一系列的情境之中"④。克兰迪宁和康纳利正是受此影响，将叙事的空间分为指向社会情境的外空间和关注具体行动的内空间。事实上，空间的意义在于"把过去、将来和此时此刻的体验加以关联，从而为诠释经验提供了可能"⑤。这里的空间不仅仅是人所能感受到的具体的物理意义上的空间，同时也是非物理意义上的"场域式"的空间。当然，任何空间结构都是分层的。根据黑格尔"情境"的时代背景和具体环境，空间可以分为"大空间"和"小空间"，大空间为主体和事件提供了社会时代背景，小空间则展示了具体事件发生的场域。

第三，关系之维。叙事的关系维度主要来自"经验"的互动观。在杜威看

---

① 薛超，柳谦.教育叙事探究的"三维空间"[J].山西师大学报（社会科学版），2015（2）：131-134.

② D.简·克兰迪宁，F.迈克尔康纳利.叙事探究：质的研究中的经验和故事[M].陈向明，审校，张园，译.北京：北京大学出版社，2008：54.

③ D.瑾·克兰迪宁.进行叙事探究[M].徐泉，李易，译.重庆：重庆大学出版社，2015：35.

④ 约翰·杜威.我们怎样思维·经验与教育[M].姜文闵，译.北京：人民教育出版社，2005：261.

⑤ 丁钢.教育研究的叙事转向[J].现代大学教育，2008（1）：10-16，111.

来，"人只有通过发出行动，经历与环境（包括自然环境和社会环境）的互动过程，才能'知道'某些事物"①。此外，他还说，经验的获得始终体现着"个人和各种事物以及个人和其他人们之间交互作用"②。受其影响，克兰迪宁与康纳利曾明确表示"'经验'就是在实践和情境中的人们的关系。参与者处在关系中，我们作为研究者也处在关系中。叙事探究就是这种经验的经验。它就是处在关系中的人与处在关系中的人的一起研究"③。可见，经验的获得始终与人身处的环境、环境中的人以及环境所承载的具体事件密不可分。也就是说，人的成长过程归根到底是经验获得的过程，经验是行为和经历的彰显，只有在具体的交往中才能获得。

（二）叙事框架

叙事框架用以呈现研究者对某个问题或某种现象的理解方式，也可以在一定程度上展现研究者分析该问题或现象的思路。④基于对研究问题的梳理，以及相关理论的思考，"三维叙事空间"的确可以为本研究提供一个合理的叙事框架和分析视角。首先，就时间之维而言，通过对具体的时间点和时间段中发生的具体事件的叙事，完整地再现"马头琴手"专业成长的全过程；其次，就空间之维而言，通过对"大场域"和"小空间"中具体事件的叙事，挖掘空间中各种知识形态对"马头琴手"专业成长的作用机制；最后，就关系之维而言，通过对自然、社会等"大关系"和他者、自我等"小关系"的叙事，全面掌握多重互动关系对"马头琴手"专业成长的价值与意义。

基于此，本研究借鉴"时间""空间""关系"的"三维叙事空间"，立足质性研究"自下而上"的方法论基础，根据"呈现—分析—揭示"⑤模进形式，

① 约翰·杜威.确定性的寻求：关于知行关系的研究 [M].傅统先，译.上海：上海人民出版社，2005：110.
② 约翰·杜威.我们怎样思维·经验教育（合订本）[M].姜文闵，译.北京：人民教育出版社，2005：267-268.
③ D.简·克兰迪宁，F.迈克尔·康纳利.叙事探究：质的研究中的经验和故事 [M].陈向明，审校，张园，译.北京：北京大学出版社，2008：2.
④ JABAREEN Y. Building a conceptual framework：philosophy，difinitions，and procedure[J]. International Journal of Qualitative Methods，2009（4）：49-62.
⑤ 刘训华.论教育生活叙事 [J].浙江社会科学，2020（2）：95-102，158.

建构了一张"3+*X*+*N*"的叙事网（见图 0-1）。其中，"3"指向"时间""空间""关系"三个叙事维度，即本研究的第二、三、四章；"*X*"指向"时间""空间""关系"三个叙事维度下的若干个叙事子维度。比如，"时间"维度下的不同时间段，"空间"维度下的不同场域或情境，"关系"维度下的不同互动主体，即本研究第二、三、四章下的"节"；"*N*"指向若干叙事子维度（*X*）下的若干个具体"观测点"，这是叙事框架的"底层逻辑"，是"节"下面的具体叙事，主要通过"马头琴手"专业成长中的"关键事件""重要他人"或"主观能动"来体现。综上，本研究将依照"三维叙事空间理论"框架和生命历程理论的具体指向，全面探究"马头琴手"专业成长的实然之境。

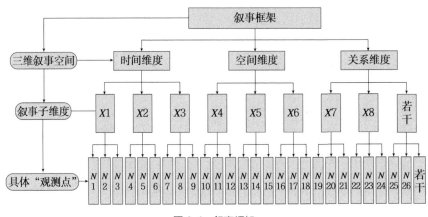

图 0-1　叙事框架

需要特别说明的是，用以呈现"马头琴手"专业成长的"三维叙事空间"以及下属的各个子维度和具体"观测点"是一种并列关系，不存在轻重与优先次序。而且，"马头琴手"专业成长的整体性和复杂性也决定了"三维叙事空间"不可避免地存在交叉，但为满足分析与阐释的需要，笔者采用了相对独立的分类处理方式。

第一章

研究设计

所谓研究设计，就是"研究者在研究开始之前对研究项目的一个初步设想，其中包括问题的提出、具体的方法和手段、研究的步骤和进程、所期待的研究结果以及检验研究结果的方式等"①。尽管探究式研究并不以预先设计为荣，但如果没有研究设计，很有可能最初的切入点都无法找到，更无法保证研究的顺利开展。事实上，任何一种形式的研究都需要研究者提前谋划，这不仅是科学研究的一般规律，更是人类活动的根本准则。基于此，在开展研究之前，我们有必要对本研究中所涉及的方法、对象、资料以及叙事研究所需要遵循的原则和伦理等予以确证。

一、研究方法的选择

在科学研究领域，有关方法论的认识有两种不同的取向，其一是突出研究方法的共性，强调方法的普适性，认为研究方法可适用于一切研究对象；其二是突出研究方法的针对性，强调方法的适用性，认为研究方法与研究对象之间存在一定的适切性。随着马头琴艺术教育与人才培养的研究从关注文化的宏观视角逐渐转向关注具体的人的微观视角，从真实情境中探寻"马头琴手"的专业成长理应得到广泛的关注。因此，对"马头琴手"专业成长做叙事研究，是马头琴艺术教育与人才培养研究的内在需求和新趋势。

---

① 陈向明．质的研究方法与社会科学研究 [M]．北京：教育科学出版社，2000：67.

（一）符合质性研究的价值取向

质性研究（Qualitative research）是以研究者本人为研究工具，在自然、真实的情境下，采用多种资料收集方法对社会现象进行整体性探究，使用归纳法分析资料和形成理论，通过与研究对象互动对其行为和意义建构获得解释性理解（Interpretive understanding）的一种活动。[①] 第一，就研究者的视角来看，质性研究的研究者应站在当事人的角度，了解他们的观点、心理状态和行为意义，从而获得一种关于当事人的解释性理解。[②] 在本研究中，笔者通过倾听和收集"马头琴手"的专业成长故事，了解"马头琴手"在专业成长过程中的所作所为、所感所想，从而对"马头琴手"的专业成长获得解释性理解。第二，就功能的视角来看，质性研究侧重于从微观层面细致地描述和分析研究问题，旨在更好地理解和解释当事人的体验、思维和意义生成的过程。[③] 本研究中，笔者旨在通过对"马头琴手"专业成长实然样态的全景式描述，再现"马头琴手"专业成长过程与空间、时间、人的互动关系，深刻感悟环境、文化、教育等要素对"马头琴手"专业成长的作用和影响。第三，就研究过程的视角来看，质性研究是一个自下而上的探索和归纳的过程，研究者需要对收集的材料进行分析解读，从中建构起相关概念、理论或假设及其之间的关系。[④] 在本研究中，笔者通过大量的访谈和观察，收集"马头琴手"的专业成长故事，归纳"马头琴手"专业成长过程的特征，分析和反思"马头琴手"专业成长的现实问题。第四，就结果呈现的视角来看，质性研究主张采用描述的方式表达研究者对研究对象经历的理解。[⑤] 在本研究中，笔者通过对"马头琴手"专业成长经历的整体性描述，在深入解读"马头琴手"专业成长诸多要素的基础上，理解"马头琴手"在其专业成长过程中的"体验感"和"获得感"。

---

① 陈向明 . 质的研究方法与社会科学研究 [M]. 北京：教育科学出版社，2000：12.

② 陈向明 . 质的研究方法与社会科学研究 [M]. 北京：教育科学出版社，2000：7-8.

③ MERRIAM S B . Qualitative research：a guide to design and implementation[M].San Francisco：Jossey-Bass，2009：4-15.

④ MERRIAM S B . Qualitative research：a guide to design and implementation[M].San Francisco：Jossey-Bass，2009：15.

⑤ MERRIAM S B . Qualitative research：a guide to design and implementation[M].San Francisco：Jossey-Bass，2009：16.

（二）符合教育叙事的目标追求

教育叙事，是研究者通过描述个体教育生活，收集和讲述个体教育故事，在解构和重构教育叙事材料的过程中对个体行为和经验建构中获得解释性理解的一种活动。[1]其方法论基础主要包括现象学、解释学和后现代主义。在本研究中，笔者致力于以直观的、交互的、生活的态度对"马头琴手"专业成长过程以及过程中的重要事件进行"深描"，从而全景式再现"马头琴手"的专业成长故事。解释学强调理解和阐释。德国哲学家狄尔泰认为，人需要被理解、被解释，他说："'人'既不是一个'实物'，也不是一个'概念'，对人的研究不能通过'实证'的手段，而只能通过'理解'和'阐释'。"[2]可见，对人的研究不是记流水账，而是对个人经验和意义建构作"解释性理解"。本研究中，笔者不倾向于去验证"马头琴手"专业成长过程中"不正确的东西"，而是侧重于通过重述"马头琴手"的专业成长故事，解构"马头琴手"专业成长过程中时间、空间等各种因素之间的复杂关系。后现代主义强调反思与建构。后现代主义哲学认为："一切都被解构了，固定意义不再存在了，意义只存在于关系之中。"[3]这是一种"从普遍性、整体性、统一性向多元性、多样性、主体性"[4]的巨大转变。本研究中，笔者立足"马头琴手"专业成长的故事本身，在总结"马头琴手"专业成长经验的基础上，全面反思"马头琴手"专业成长的过程、要素和途径，充分体现了"马头琴手"专业成长研究与教育叙事的天然适切性。

（三）符合民族教育学的学科范式

民族教育学是由教育科学（教育学科群）与民族科学（民族学科群）相交叉而形成的一门具有综合性质的边缘学科[5]，具有"民族"与"教育"的双重

---

① 傅敏，田慧生.教育叙事研究：本质、特征与方法 [J].教育研究，2008（5）：36-40.
② 陈向明.质的研究方法与社会科学研究 [M].北京：教育科学出版社，2000：36.
③ SPRETNAK C.States of grace：the recovery of meaning in the post-modem age [M]. New York：Harper Collins，1991.
④ 范兵.论教育叙事研究的哲学基础 [J].教育导刊，2010（12）：16-18.
⑤ 滕星，王军.20 世纪中国少数民族与教育：理论、政策与实践 [M].北京：民族出版社，2002：251.

属性。首先，从"民族"的视角来看，本研究符合英国人类学家马林诺夫斯基（Malinowski B.K.）提出的"在这里""到那里""回到这里"的三阶段论。其中，"在这里"主要是指研究准备阶段，即通过相关文献阅读，掌握"马头琴手"专业成长的研究现状与不足，以此确定以"马头琴手"专业成长为研究主题，以叙事研究为方法，澄清"马头琴手""专业成长"等相关概念，学习和掌握叙事研究的具体方法和策略，建构考察"马头琴手"专业成长的"三维空间"理论基础与分析框架；"到那里"主要是指田野调查阶段，即与"马头琴手"建立合作关系，并对其进行深度访谈，从而获得"马头琴手"专业成长故事及相关研究资料，尽可能全面了解"马头琴手"专业成长过程中所经历的事、所遇到的人；"回到这里"主要是指研究阶段，即整理与分析、论文撰写阶段，将收集到的"马头琴手"专业成长故事和相关研究材料进行整理和分析，在此基础上根据研究框架和研究目的，重述"马头琴手"的专业成长故事，并对其进行系统反思。总体来讲，对"马头琴手"专业成长进行叙事研究，符合民族学、人类学的学科范式。其次，从"教育"的视角来看，本研究符合约翰·杜威的经验观及其教育意义。在杜威看来，个人生活在世界的具体情境之中，且各种不同的情境一个跟着一个相继发生，个人的生活和各种事物以及个人和其他人是不能彼此分开的。[①] 可见，杜威所指的"经验"具有连续性、情境性、交互性的特征，这与"马头琴手"专业成长的基本特性"殊途同归"。就连续性而言，"马头琴手"专业成长不可能在一段较短的时间内完成，也不可能是一个阶段性的、断断续续的过程，需要长期坚持，不断探索方能实现，因此"马头琴手"专业成长表现出一种连续性。就情境性而言，"马头琴手"专业成长需要经历不同的阶段，"原生""学校""职业"等不同的阶段所具有的不同情境，对其专业成长有着巨大影响。就交互性而言，"马头琴手"专业成长不是"一个人的事情"，而是一个与环境、文化、人等多重社会要素互动的过程。

---

① 约翰·杜威.我们怎样思维·经验教育 [M].姜文闵，译.北京：人民教育出版社，2005：267-268.

二、研究原则的把握

无论量化研究还是质性研究，研究者都应该深刻理解并牢牢把握自身的研究原则，方能保证研究顺利进行。教育叙事作为一种典型的质性研究，从本质上来讲，是一种基于"经验"的意义建构。正如有学者提到："教育经验的复杂性、丰富性与多样性决定了任何一种预先设定的理论框架都会陷入叙述紧张。以'叙事'的方式回归教育时空中各种具体的人物、机构及事件，叙事本身所揭示的各种教育存在方式或行为关系，以及当事人在此行为关系中的处境与感受，便成了教育学文本所要表达的'意义'，由此，教育经验的叙事探究便不仅仅是经验的呈现方法，也成了教育意义的载体，更构成了一种开放性意义诠释的理论方式"[①]。可见，教育叙事就是要"回归具体的教育时空"，在揭示当事人的"处境与感受"的基础上，对当事人所叙之事进行"诠释"，这不仅符合质性研究的具体范式，同时也符合现象学、解释学、后现代主义的理论架构。基于此，本研究主要遵循的研究原则有三个：一是面向"故事"本身，二是强调"故事"的经验性，三是重视意义理解与建构。

（一）面向"故事"本身

20世纪中叶，胡塞尔基于当时世界格局的变化和对现代哲学发展趋向的思考，提出了一种新的哲学思潮——现象学，一度成为社会科学领域重要的方法论基础，并对社会科学研究产生了巨大影响。现象学认为，"每一种原初的给予的直观是认识的正当的源泉，一切在直觉中原初的（在某种程度上可以说，在活生生的呈现中）提供给我们的东西，都应干脆地接受为自身呈现的东西，而这仅仅就是它自身呈现的范围内而言的"[②]。可见，胡塞尔的现象学强调"面向事物本身"，强调要关注事物本来的样子，反对任何形式飘浮无据的虚构与偶发之见，对于那些貌似经过证明的概念不予采纳，对于任何形式的伪问题都要反对，教育研究正是得到这样的方法论启示，出现了巨大的转向，不再局限

---

① 丁钢. 教育经验的理论方式 [J]. 教育研究，2003（02）：22-27.
② 刘放桐. 新编现代西方哲学 [M]. 北京：人民出版社，2000：316.

于单纯的逻辑推演和量化统计，而是深入教育的具体情境中，通过对教育现象具体的、"原汁原味"的"深描"，揭示教育行为的实际发生过程以及教育各要素之间的复杂关系，从而揭示教育现象背后的意义。

为了全面了解"马头琴手"专业成长过程中"经历怎样的过程""成长了什么""怎么成长的"等核心问题，笔者遵循"面向故事本身"的原则，在将近一年的时间里，通过对 50 位"马头琴手"的深度访谈，收集他们的专业成长故事，透过故事了解他们专业成长的全过程，力求面向"马头琴手"专业成长故事本身，不仅让"马头琴手"说话，更重要的是让"故事"说话。在此基础上，深入挖掘环境、教育、文化、他人等诸多要素对他们专业成长的具体影响，剖析其自身在专业成长过程中所扮演的角色和承担的使命。

（二）强调"故事"的经验性

故事承载着人们丰富的生活经验。在真实的生活世界中，个体与环境的互动、个体与周围人的关系、个体独特的生活历程都成为经验中不可或缺的因素，这正是叙事研究所关注的要素。可以说，叙事是整理经验的重要方式，通过叙事，从故事中挖掘经验，进而从经验中探寻意义。因此，重视故事中的经验，便成为本研究的第二个基本原则。

在杜威看来，经验"不再只是自然微不足道的浮层或遮人眼目的前景，经验能够切入自然而通达至其深处。通过这样一种方式，经验使其所把握的意义获得充分的扩展，并能使它无所不及。唯是如此，经验的方法令原先隐而不现的事物呈现于面前——仿佛深埋于地中的宝藏通过它被挖掘而成堆地涌现于地面之上"[1]。受杜威经验主义的影响，康纳利与克兰迪宁将叙事探究看作经验的研究，认为叙事是呈现和理解人的经验的最佳方式。[2] 教育叙事研究正是以叙事为载体，讲述一个个真实而生动的教育故事，并从故事中挖掘教育经验的研究，每一个研究者必须立足于故事本身，通过对故事的解读和思考，呈现故事的经验意义，并使其作用于具体教育实践中。因此，强调故事的经验性，在经

---

① DEWEY J. Experience and nature [M]. Chicago and La Salle, Illinois, Open Court, 1994：2.
② D.简·克兰迪宁，F.迈克尔·康纳利．叙事探究：质的研究中的经验和故事 [M].陈向明，审校，张园，译．北京：北京大学出版社，2008：20.

验中寻找教育意义就成为教育叙事研究的另一个重要旨归。

在本研究中，笔者对"马头琴手"专业成长故事做全景式描述，不仅仅是"就故事而故事"，更是通过深入挖掘故事中的时间、地点、事件、人物等关键要素，呈现"马头琴手"的专业成长经验。这正是本研究的核心要义。值得注意的是，为了使"经验"更具说服力和参考性，在收集故事的时候力求真实、生动地展现"马头琴手"的专业成长过程，全面、细致地描述他们专业成长过程中的诸多要素以及他们与这些要素之间的交互性。正如马克斯·范梅南（Max Vanmanen）所言："经验往往比我所能描述的更直接，更高深莫测。"① 经验的获得和书写是一个极其复杂、艰难的过程。因此，笔者坚持以鲜活、动态的思维去收集"马头琴手"的专业成长故事，旨在从具体的细节中挖掘他们的专业成长经验。

（三）重视意义理解与建构

与其他质性研究不同，教育叙事是"将主观经验世界推向前台，通过经验事实的深度描述和深度诠释，呈现实践视野中的教育意义"②，从而生成"本土理论"③ 的研究。也就是说，再现"故事"和呈现"经验"并不是教育叙事研究的最终目的，是通过对教育故事的研究，生成教育理论，最终解决教育中存在的问题。④ 因此，重视意义理解与建构便成为教育叙事的另一个重要原则。

20 世纪 60 年代，法国哲学家保罗·利科（Paul Ricoeur）在对人文学科的研究中，将传统解释学与西方其他哲学学派相结合，形成了一个新解释学学派——现象学解释学。利科认为："一种意义结构，其中一种直接的、初级的、表面文字的含义意味着另外一种间接的、次级的、形象化的含义，而且，后者的含义只能通过前者才能获得。"在他看来，"解释的任务就是译解象征的多重意义，通过阐释直接意义中所蕴含的意义，去揭示隐含在文字意义之

---

① 马克斯·范梅南．教学机智：教育智慧的意蕴 [M].李树英，译．北京：教育科学出版社，2001：44.

② 丁钢．声音与经验：教育叙事探究 [M] 北京：教育科学出版社，2008：99.

③ 郑金洲，程亮．中国教育学研究的发展趋向 [J].教育研究，2005（11）：3-10.

④ 王攀峰．教育叙事研究刍议 [J].河北师范大学学报（教育科学版），2012（8）：5-10.

内的意义层次"①。可见，现象学解释学强调"重视对现象的意义理解"。在教育领域，马克斯·范梅南曾提到："对行动的追溯反思可以通过与他人的对话来进行。事实上，正是常常在与他人的对话中我们能够最好地对一个具体情境的意义进行反思……当我们对我们的经历作反思的时候，我们有了认识这些经历的意义的机会。"②值得注意的是，"试图用研究恒常性的客观事物的方法来研究随时会因知识或观点改变而改变其行动的人，即用自然科学的方法来研究社会科学，是不可取的"③。正如德国哲学家狄尔泰所说的那样，对人的研究不能通过"实证"的手段，而只能通过"理解"和"阐释"④。在对人的研究过程中，通过对个人经历的深入诠释，解释个人行为的实际发生过程以及各个要素之间的复杂关系。20世纪50年代末60年代初，随着资本主义工业化的不断加深，人们在对以往理性主义、霸权主义、教条主义反思的基础上，产生了一种以多元化、否定性、差异性为特征的新的哲学思潮——后现代主义，并不断渗透到教育领域，引起了教育研究思维方式的革命。教育叙事研究不再追求元叙事或宏大叙事，不再追求研究结果的统一性、普遍性，而是将目光转向关注普通人的生活经验，以小叙事的形式来诠释教育事件背后的意义。

　　在本研究中，笔者通过深度访谈，引导和启发"马头琴手"，尽可能详尽地讲述他们的专业成长故事，并不仅仅是为了"听故事"，也不仅仅是为了"记流水账"，而是通过对"马头琴手"专业成长故事中的关键事件、重要人物等要素的掌握，提炼他们的个人专业成长经验，并作"解释性理解"或"领会"，从而生成"本土理论"，最终为解决类似问题提供范例。

---

① 名安.利科的解释学现象学[J].哲学动态，1992（6）：29-32.
② 马克斯·范梅南.教育机智：教育智慧的意蕴[M].李树英，译.北京：教育科学出版社，2001：44.
③ 丁钢.教育叙事的理论探究[J].高等教育研究，2008（1）：32-37，64.
④ 陈向明.质的研究方法与社会科学研究[M].北京：教育科学出版社，2000：36.

三、研究对象的甄选

一般而言，研究对象的选择方式分为随机抽样（Random Sampling）和理论驱动抽样（Theory-driven Sampling）两种。其中，随机抽样旨在保障样本代表或反映总体的程度，理论驱动抽样旨在保障所选样本能够最大限度地包含研究指涉的相关因素。质性研究不以得出广泛性结论为荣，而是以收获符合研究需求的可考的、丰富的"关键案例"（Critical Cases）[①] 为傲。正如费尔斯通（Firestone W.A.）所言："质性研究的样本选择重在能够分析总结出关于研究问题的结论，并不注重其是否能够代表总体。"[②] 因此，绝大多数质性研究选择理论驱动抽样的方式选择研究对象，其意义在于帮助研究者抽取能够为研究问题提供最相关和最丰富信息的个案，以便于对研究问题的深入理解和探讨。[③] 基于此，笔者根据研究需要，依据"马头琴手"分布的地区、单位、个体三个基本原则，有目标地选取了 50 位"马头琴手"作为研究对象。

就地区而言，本研究选择的"马头琴手"主要来自内蒙古自治区呼和浩特市、呼伦贝尔市、鄂尔多斯市、通辽市、赤峰市、锡林郭勒盟，以及北京市、新疆维吾尔自治区乌鲁木齐市、甘肃省兰州市等地。这主要基于以下几个方面的思考。第一，文化底蕴深厚。"马头琴手"专业成长深受地域文化的影响，而以上地区深厚的民族文化可能对"马头琴手"的专业成长造成多种观念、意识的驱动。第二，文化普及程度相对较高。"马头琴手"专业成长深受周边环境的影响，以上地区相对普及的马头琴艺术可能带动和影响"马头琴手"的专业成长。第三，教育资源相对丰富。"马头琴手"是马头琴艺术教育的产物，以上地区有相对丰富的马头琴艺术教育资源，可为"马头琴手"专业成长提供足够的教育保障。第四，就业岗位相对集中。"马头琴手"专业成长是其专业化、社会化的过程，这些地区相对较多的就业渠道可能促使当地人投身马头琴

---

① FLYVBJERG B. Making social science matter： why social inquiry fails and how it can succeed again[M].Cambridge University Press，2001：17-22.
② FIRESTONE W A. Alternative arguments for generalizing from data as applied to qualitative research[J]. Educational Research，1993（4）：16-23.
③ 陈向明 . 质的研究方法与社会科学研究 [M]. 北京：教育科学出版社，2002：103.

专业学习。第五，人群相对聚集。"马头琴手"人数相对较多，可为本研究提供足够的样本量。

就单位而言，本研究选择的"马头琴手"主要来自以上所选地区的高校和艺术院团。其中，高校的选择主要涵盖开设马头琴专业的艺术类、民族类、师范类、综合类高校，包括内蒙古艺术学院、内蒙古师范大学、内蒙古民族大学、中央民族大学、新疆艺术学院、西北民族大学等；艺术院团的选择主要涵盖国家级、省（自治区）级、市级、县（旗）级的艺术院团，包括中央民族乐团、中央民族歌舞团、内蒙古艺术剧院、呼伦贝尔市艺术剧院、赤峰市民族歌舞团、土默特乌兰牧骑等。这主要基于以下几个方面的思考。第一，就高校而言，上述高校是我国当前马头琴艺术教育与人才培养的主要单位，对上述单位中的马头琴专业教师进行研究，不仅可以相对全面地了解他们自身的专业成长经历，同时也可以为本研究提供马头琴专业教育与人才培养的具体指向和实践路径。第二，就艺术院团而言，上述艺术院团是我国当前"马头琴手"较为集中的艺术团体，对上述艺术院团中的马头琴专业演员进行研究，不仅可以相对全面地了解他们自身的专业成长经历，同时也可以了解目前马头琴用人单位的选拔机制和评价标准。

就个体而言，本研究选择的"马头琴手"主要来自上述地区和单位的非遗传承人、高校专业教师、艺术院团专业演奏员和自由音乐人。其中，非遗传承人涵盖国家、省（自治区）、市、县（旗）四级马头琴非物质文化遗产代表性传承人，高校专业教师涵盖艺术类、民族类、师范类、综合类四类开设马头琴专业的高校的教师，艺术院团专业演奏员涵盖国家级、省（自治区）级、市级、县（旗）级艺术院团的演奏员，乐手涵盖以上"地区"的马头琴乐手等。这主要基于以下几个方面的思考。第一，就"非遗"传承人而言，通过国家、省（自治区）、市、县（旗）四个级别的"非遗"传承人的专业成长故事，深入了解作为非遗传承人的"马头琴手"的专业成长路径。第二，就高校专业教师而言，通过收集艺术类、民族类、师范类、综合类四类马头琴专业教师的专业成长故事，在深入了解他们自身专业成长经历的基础上，了解当前国内马头琴艺术教育与人才培养的大致走向。第三，就艺术院团专业演奏员而言，通过收集国家级、省（自治区）级、市级、县（旗）级艺术院团的马头琴演奏员的专业成长故事，在了解他们自身专业成长经历的同时，深入了解马头琴艺术人才的需求和职业定位。第四，就马头琴乐手而言，通过收集自由音乐人、乐队组合乐手等"马头琴手"的专业成长故事，了解马头琴乐手的成长经历与现实境遇。

在将近一年的时间里，笔者遵循以上三个原则，先后选择了50位"马头琴手"作为本研究的研究对象。需要特别说明的是，为了确保研究对象的隐私性和行文的生动性，本研究将部分研究对象的真实姓名进行了一定的技术化处理。也就是说，表1-1中所出现的人名，除了齐·宝力高、布林巴雅尔、仟·白乙拉和纳·呼和四位演奏家和教育家为真实姓名，其余均为化名。

表 1-1 研究对象基本情况

序号	姓名	性别	民族
1	齐·宝力高	男	蒙古族
2	布林巴雅尔	男	蒙古族
3	仟·白乙拉	男	蒙古族
4	纳·呼和	男	蒙古族
5	格勒	男	蒙古族
6	全胜	男	蒙古族
7	吉勒图	男	蒙古族
8	巴依拉	男	蒙古族
9	那日苏	男	蒙古族
10	塔拉	男	蒙古族
11	朝鲁	男	蒙古族
12	格格	男	蒙古族
13	莫日根	女	蒙古族
14	格勒	男	蒙古族
15	伊明	男	蒙古族

序号	姓名	性别	民族
16	巴雅尔	男	蒙古族
17	阿斯汗	男	蒙古族
18	孟克	男	蒙古族
19	蒙克	男	蒙古族
20	巴特尔	男	蒙古族
21	布和	男	蒙古族
22	哈森	男	蒙古族
23	纳森	男	蒙古族
24	伊拉图	男	蒙古族
25	萨其拉	男	蒙古族
26	苏德	男	蒙古族
27	萨日娜	女	蒙古族
28	哈斯	男	蒙古族
29	小宝	男	蒙古族
30	高娃	女	蒙古族
31	呼日	男	蒙古族
32	卓拉	女	蒙古族
33	格勒	男	蒙古族
34	都兰	女	蒙古族
35	瑞瑞	男	蒙古族
36	纳森	男	蒙古族
37	布赫	男	蒙古族
38	苏和	男	蒙古族
39	达莱	男	蒙古族
40	哈斯	男	蒙古族

序号	姓名	性别	民族
41	恩泽	男	蒙古族
42	大宝	男	蒙古族
43	恩克	男	蒙古族
44	布和	男	蒙古族
45	塔拉	男	蒙古族
46	德钦	女	蒙古族
47	芒来	男	蒙古族
48	乌日格	女	蒙古族
49	满仓	男	蒙古族
50	格日勒	男	蒙古族

四、研究资料的收集与整理

资料的收集和整理是质性研究的重要手段和方式。陈向明教授曾说："质的研究，在自然环境而非人工环境中进行，研究者本人就是研究工具，采用开放性访谈、参与型和非参与型观察、事物分析等多种方法收集资料。在资料收集的基础上，通过归纳法，自下而上提升出分析类别和理论假设，并通过研究者与被研究者之间的互动来理解被研究者的行为及其意义解释。"[1]而"教育叙事研究是教育研究对叙事研究方法的一种整体性借用，其本质属性在于它聚焦于个体日常教育生活中的某一现象，分析现象之中个体的一系列教育生活故事所包含的基本结构性经验，对个体的行为和经验建构进行解释性理解"[2]。因此，本研究遵循质性研究的基本范式，采用"自下而上"的方式，借助人类学、社会学等学科方法，在资料收集和整理的过程中，一方面确保"第一手资料"的广泛性、全面性，另一方面也检验所获资料的真实性。

---

① 陈向明.质的研究方法与社会科学研究 [M].北京：教育科学出版社，2000：12.
② 傅敏，田慧生.教育叙事研究：本质、特征与方法 [J].教育研究，2008（5）：36-40.

（一）资料收集

1. 深度访谈

深度访谈，是"一种研究性交谈，是研究者通过口头谈话的方式从被研究者那里收集（或者说'建构'）第一手资料的一种研究方法，具有明显的目的性和规则性。不仅可以'以言表意'（Locutionary act），而且可以'以言行事'（Illocutionary act）和'以言取效'（Perlocutionary act）"①。一般而言，深度访谈可分为结构性、非结构性和半结构性三种类型。其中，结构性访谈以研究者为主导，以固定性、统一性较强的问卷访谈为主，主要适用于量化研究。非结构性访谈和半结构性访谈以研究者和被研究者共同参与为主，具有较强的互动性和灵活性。由于"马头琴手"专业成长是没有文字记载的"小众历史"，必须通过研究者与"马头琴手"们面对面交流，倾听他们的叙述，才能更多、更好地获取"马头琴手"专业成长过程中所遇到的人、经历的事以及个人的想法等研究所需的材料。因此，在本研究中，绝大多数采用面对面的半结构性访谈来收集资料。当然，受不可抗拒因素的限制，在本研究中，笔者偶尔也借助电话、微信等现代媒介对"马头琴手"进行访谈。

在本研究中，根据研究需要，笔者遵循"深信""深入""深度"的原则，对研究对象进行了深度访谈。所谓"深信"，即力求获得合作研究者的高度信任，力保材料的客观性和真实性。笔者在确定合作研究者之后，充分发挥自身的"地缘"优势和"业缘"优势，通过熟人引荐与合作研究者建立初步联系，然后对每位合作研究者的成长背景和艺术成就进行初步了解，通过相同艺术专业的成长背景与合作研究者产生"共情"，从而获得合作研究者的信任，以求获得"意外收获"。所谓"深入"，即力争拓宽访谈面，力保材料的广泛性和多样性。笔者在对合作研究者进行访谈时，不仅了解了"马头琴手"专业成长的经历，更了解了"马头琴手"的知识与技能习得、性情品质的养成、能力的提升等专业成长的未知事件。所谓"深度"，即力争访谈向纵深发展，力保资料的真实性和广泛性。笔者在对"马头琴手"的专业成长历程及"重要事件"了

---

① 陈向明. 质的研究方法与社会科学研究 [M]. 北京：教育科学出版社，2000：165-168.

解过程中，启发他们从时间、空间、关系的交互作用讲述自己对专业成长以及马头琴艺术发展、人才培养等方面的价值取向。在具体的访谈过程中，笔者时刻把握以下几个准则：第一，地点选择。访谈地点尽量选择咖啡厅、书吧等地方，以确保访谈能在较为轻松、安静的环境下正常进行。第二，自身定位。时刻提醒自己做到"去权威化"，尽量做到价值"悬置"，以听为主，适当回应。第三，交谈方式。适当、适时地自我暴露，确保访谈在平等、互动的氛围下进行，从而与合作研究者进行良性互动，更好、更多、更全面地获得研究资料。在一年的时间里，笔者先后对50位"马头琴手"进行了深度访谈，搜集访谈资料逐字稿130余万字。

2. 参与观察

观察是"一种有目的、有意识地收集资料的研究性方法，旨在从人类日常生活存在的事实和发生的现象中发现相应的意义"[1]。观察大致可以分为参与式和非参与式两种类型。其中，"参与式观察因研究者亲身参与到所观察的活动之中，可对所观察的活动及其情境有更为直接的体验，可对活动发生、发展和变化的过程有更为深刻的认识和理解，也更有利于掌握相关研究问题的一手资料。通过参与观察，可以帮助研究者将自己投入到所要解释和理解的现象中去，感受特定的文化，并深刻体会和发掘其中的意义"[2]。

参与式观察是研究者参与到研究对象的具体情境中，从一个"局外"的研究者，成为一个"局内"的参与者，不仅是"身份"的转变，同时也是立场的转换，有助于深入理解研究对象的言行，有利于观察到一些平时难以见到的现象和事件。在本研究中，由于笔者对马头琴的研究大多基于文献、影音作品、讲述等"静态"呈现。然而，"马头琴手"的专业成长是一个动态的过程，因此，笔者深入"马头琴手"专业成长的具体情境中，身临其境地观察其生成过程，不仅可以获得合作研究者的信任，同时也可获得一些访谈中未涉及的资料。就参与观察的内容而言，在本研究中，知识与技能的习得作为"马头琴

---

① JORGENSEN D L.Participant observation: a Methodology for human studies[M].Thousand Oaks, CA: Sage Publications, 1989: 14.
② 陈向明.质的研究方法与社会科学研究[M].北京: 教育科学出版社，2000: 232.

手"专业成长的关键要素，具有极强的情境性、差异性和隐蔽性。不同成长背景和成长方式下的"马头琴手"的知识与技能的习得表现不同，加之"马头琴手"的知识与技能习得始终是在与他人的互动中进行，因此，参与式观察可以帮助笔者全面地、细致地了解"马头琴手"的知识与技能习得方式。

在一年的时间里，笔者根据研究需要，先后进行了 15 次课堂观察，主要目的是验证"马头琴手"的访谈故事中有关缄默知识的习得过程，并通过日志、拍照、摄像等方式对现场观察活动进行翔实、全面的记录。笔者通过参与观察发现："马头琴手"的知识与技能的习得主要依靠两种方式，即模仿和乐谱。事实上，乐谱中大量的缄默知识无法被准确标记，即便可以标记，学习者也无法很好地感知，因此，在现代马头琴艺术教育体系中，缄默知识的获得仍然需要通过观察和模仿来实现。

3. 实物收集

实物收集是科学研究中另一种重要的方法。实物，"作为特定文化中特定人群所持观点的物化形式的存在，是质性研究中另外一种材料形式。包括所有与研究问题有关的文字、图片、音像等，可以是人工制作的东西，也可以是经过人加工过的自然物。这些资料可以是历史文献（如传记、史料），也可以是现实的记录（如信件、作息时间表、学生作业）；可以是文字资料（如文件、教科书、学生成绩单、课表、日记），也可以是影像资料（如图片、录像、录音、电影、广告）；可以是平面资料（如书面材料），也可以是立体物品（如陶器、植物、路标）"①。实物收集的意义在于开阔研究者的视野，增加研究手段和分析视角；同时还可以与从其他渠道获得的材料相互补充和检验，提高研究的可靠性。本研究采用多形式、多类别的方式收集实物资料，主要包括马头琴的史料、音像资料、教程、乐谱等，马头琴艺术教育的人才培养方案、教学大纲等，"马头琴手"的人物传记、专辑、录像、照片等。所有实物资料均是在研究对象允许的前提下获得的。本研究的实物收集情况如表 1-2 所示。

---

① 陈向明 . 质的研究方法与社会科学研究 [M]. 北京：教育科学出版社，2000：257.

表1-2　实物收集情况

序号	项目	数量
1	访谈记录	50份，130余万字
2	课堂笔记	15份
3	课堂录像	5部
4	实物文字材料	16份
5	实物谱例材料	28份
6	研究日志	10余万字
7	观察记录	3余万字

（二）资料整理与分析

资料整理与分析，是"研究者根据研究目的将收集到的原始资料系统化、条理化，然后用逐级提炼和升华的方式将资料反映出来，继而对资料进行意义解释的过程"[1]。马林诺夫斯基曾说："在实地不得不面对一大堆混乱的事实……它们是绝对松散的，只有通过解释才能够被整理出来。"[2] 因此，资料整理与分析就成为质性研究中必不可少的环节。一般而言，"质性研究中的资料整理与分析包括初步整理和组织、编码分类确定关键词、归类与综合等步骤"[3]。基于此，本研究大致按照以下三个步骤对收集到的资料进行整理与分析。

首先，整理和组织材料。将深度访谈得到的"马头琴手"专业成长故事、观察和收集到的"马头琴手"专业成长过程中的各要素材料，进行初步的整理和组织，按照"三维叙事空间"的"时间""空间""关系"三个维度，将材料整理到相应的主体归属下。

其次，确定具体指向或维度。在仔细阅读每一个主体归属下的材料的基础上，确定"时间""空间""关系"三个维度下的子维度。譬如，"时间"维度下的"走上学琴之路""走进学校之堂""走向舞台之阶"，"空间"维度下

---

[1] 陈向明.质的研究方法与社会科学研究 [M].北京：教育科学出版社，2000：269.

[2] 陈向明.质的研究方法与社会科学研究 [M].北京：教育科学出版社，2000：32.

[3] BOGDAN R C，BIKLEN S K.Qualitative research for education：an introduction to theory and methods[M].Boston：Pearson Education，2007：103.

的"原生场""学校场""职业场","关系"维度下的"客观世界""他者世界""自我世界",并对已确定的子维度做技术化处理,经过全面概括,形成关键词。

再次,对关键词进行"概念化"处理,直到与分析"马头琴手"专业成长问题保持高度的一致性。当然,"马头琴手"专业成长中的事件通常是整体性的,也可能涉及多个指向或维度。因此,笔者在整理"马头琴手"专业成长的相关研究材料时,尽可能保持材料的完整性,以利于在真实情境中了解"马头琴手"专业成长的全过程。

最后,在尊重已搜集到的有关"马头琴手"专业成长的原始材料的基础上,关注材料本身的字面形式、内容和结构;反思性阅读是在尊重"马头琴手"专业成长故事的基础上,发挥研究者主体性,理解"马头琴手"专业成长故事所蕴含的经验;解释性阅读是在遵循研究范式和研究目的的基础上,强调研究者与研究材料的互动性,在分析、解释"马头琴手"专业成长故事的同时,揭示故事背后潜藏的意义。

五、研究伦理的观照

伦理规范是科学研究必须遵守的道德规范,尤其在质性研究中,"伦理规范以及研究者个人的道德品质一直备受关注"[①]。研究者必须关注在整个研究过程中道德上的考虑、行动上的选择以及责任与情感上的取向。因此,本研究的伦理观照主要包括两个方面,即研究伦理和笔者自身的角色定位。

(一)研究伦理

在质性研究中,无论是研究问题的选择与目标陈述,还是资料收集整理与写作,都需要注意伦理道德问题。遵守伦理道德不仅可以使研究者本人内心安稳,而且可以提高研究的质量。[②]本研究在研究伦理方面主要遵循以下

---

① 陈向明.质的研究方法与社会科学研究 [M].北京:教育科学出版社,2002:432.
② 陈向明.质的研究方法与社会科学研究 [M].北京:教育科学出版社,2002:426.

四个基本原则。

第一，遵守自愿和不隐瞒原则，秉持每位"马头琴手"自愿参与的原则。在本研究中，所有的"马头琴手"均是自愿参与合作研究的。质性研究是一个主体间互动的过程，在选择研究对象时，笔者充分阐明自己的身份、来意、诉求和目的，确保他们对笔者本人、对研究主题充分了解，若他们愿意则参与，若他们不愿意则不勉强。在具体访谈中，对访谈问题，他们愿意则谈，不愿意也不强求。

第二，遵守保密原则，尊重"马头琴手"的个人隐私，避免对研究对象造成伤害。在本研究中，笔者向每一位"马头琴手"承诺，对他们不愿意公开的信息做到严格保密，对研究中必须出现的、确实需要引用的档案资料，充分征求"马头琴手"的同意，若他们同意则如实呈现，不同意则用字母代替，确保不会对"马头琴手"的利益造成损害。

第三，遵循公正合理原则，确保公正对待"马头琴手"以及他们的故事。在本研究中，笔者在访谈时尽量做到自我"悬置"，以听为主，辅以探讨，充分尊重"马头琴手"的讲述与感受。在整理和分析收集到的"故事"时，尽量做到尊重每一个"故事"，尊重每一个"细节"，并在征得"马头琴手"同意后，真实呈现他们专业成长过程中的所作所为、所思所想。

第四，遵循公平回报原则，尽量给予研究对象适当的物质回报与精神回报。笔者虽不能给予作为研究对象的"马头琴手"充分的物质回报，但尽自己最大力量赠送一些小礼品，以表感谢。此外，笔者以音乐专业的学习者、从业者的身份与各位"马头琴手"分享了自己专业成长中的收获，尽量做到资源共享。

（二）笔者自身的角色定位

质性研究认为，"研究者与研究对象是一种互为主体的关系，研究者在现场研究中既不能像'局外人'那样仅仅简单地收集资料，然后离场进行分析；也不能完全成为'局内人'，认为自己能够掌握开启被研究者心灵的钥匙。而是需要以一种使自己和被研究者的'视域'相互融合的方式，在彼此之间建立起理解的桥梁"①。因此，在研究中，笔者同时扮演"局外人"和"局内人"两个角色。

第一，作为"局外人"，笔者始终与"马头琴手"保持一定的距离，使自己能够对他们认为理所当然的、他们自身专业成长的细节保持一种好奇心和探索欲。笔者不仅仅满足于理解和关注"马头琴手"的专业成长故事，更深入地思考他们专业成长的整体样貌和发展脉络。因此，在研究中，笔者尽可能"悬置"自己的观点，将自己作为一个学习者，保持一种好奇心，尽量鼓励"马头琴手"充分讲述他们的专业成长经历，认真聆听他们的专业成长故事。

第二，作为"局内人"，笔者通过自身相似的专业成长经历和境遇，尽可能使自己能够站在他们的角度去思考问题，去感受、去体味他们的专业成长经历中的诸多不易与收获。因此，在本研究中，笔者更多的是作为一个"同行者""圈内人"，与"马头琴手"保持一种视域的融合，与他们产生情感的共鸣，引导他们讲述自己专业成长经历中的重要事件、重要人物等的所感所想。

在具体的访谈过程中，笔者一直在思考自己是否具有"第三身份"，尤其是当自己的观念和"马头琴手"产生一定矛盾和冲突时，自己能否扮演好冷静的思考者、研究者的角色。为了避免这种"精神分裂式"的角色定位，笔者更注重与"马头琴手"之间进行积极、平等、互为主体的交流对话。毕竟，本研究的目的是了解"马头琴手"，而不是改造"马头琴手"。当然，笔者与"马头琴手"的交流，也会引发他们对自身专业成长的反思，有利于他们适时地做出一些调适。从这个意义上讲，笔者的角色也能是介于"局外人"与"局内人"之间的"教育人"。

六、研究信度与效度的保障

与量化研究不同，"质性研究的效度不是对研究方法本身所进行的评价，而是用以估测研究结果与实际研究的相符程度，用来探讨研究结果的真实性问

---

① 陈向明.质的研究方法与社会科学研究 [M].北京：教育科学出版社，2002：144.

题"①。也就是说，质性研究不仅要确保研究所收集材料的真实性，也要确保研究结果是建立在正确的、客观的材料基础上完成的。

现阶段对效度进行分类的方法有很多种，麦克斯韦尔（Maxwell）将效度的类型分为描述型、解释型、理论型、推论型和评估型。基于"马头琴手"专业成长的复杂性，本研究效度则主要集中在两个方面。一是描述型效度，即对事件本身进行客观的再现，要求研究者既不能过多掺杂主观情感，又要对研究素材加以考证，避免虚假材料，避免出现"测不准效应"。对"马头琴手"专业成长的研究主要建立在"马头琴手"专业成长的故事上，通过对故事的"深描"和再现，挖掘他们在专业成长过程中的所感所想。基于此，在对故事进行收集时，笔者尽量保持价值中立，尽量将个人的主观情感和意志"悬置"起来。另外，为避免所获材料不真实，在具体访谈的过程中，笔者尽量引导"马头琴手"讲好故事、讲真故事。二是理论型效度，即研究者在研究素材中"升华"出的理论，既要恰如其分地概括事实，又要具备一定的高度和深度，以期彰显理论本身的品质和价值，避免研究结果不能有力地、令人信服地诠释研究现象。对"马头琴手"专业成长的教育叙事研究并不仅仅局限于就故事而论故事，而是发挥故事的"江村经济"效应。因此，通过故事所反映出的经验，指导和启发相关从业者进行深入思考，才是本研究的目的所在。

值得注意的是，任何一项研究都可能出现或多或少的干扰因素，其对收集到的故事的真实性、还原研究对象的本意有巨大的影响。在本研究中，为了尽可能保证研究的真实性、可靠性，笔者运用三种检测手段，以确保研究的有效性。

其一是相关检测法（又称"三角检验法"），即"将同一结论用不同的方法、在不同的情境和实践中，对样本中不同的人进行检验"②。本研究中所涉及的"马头琴手"是一个群体概念，虽然群体中个体的专业成长经历大致相同，但也存在诸多差异性。因此，采用相关检测法，可以从不同的视角、不同的情境、不同的经历对"马头琴手"专业成长研究的真实性和可靠性进行评估和研判。

① 陈向明. 质的研究方法与社会科学研究 [M]. 北京：教育科学出版社，2000：391.
② 陈向明. 质的研究方法与社会科学研究 [M]. 北京：教育科学出版社，2000：403.

其二是反馈法，即"将得出的初步结论广泛地与自己的同行、同事、朋友和家人交换看法，听取他们的建议"①。科学研究不是"闭门造车"，笔者个人的力量总是有限的。在本研究中，笔者在研究前期准备、田野访谈过程中以及研究结果呈现的各个阶段，充分征求包括导师、同学以及相关研究专家和学者的建议和意见，一是为了确保研究具备较强的学理性，二是为了确保研究结果的合理性、科学性。

其三是参与者检验法，即将研究的结果反馈给被研究者，看他们是否认同研究结果，或者让他们判断笔者有无歪曲他们的本意。根据笔者的研究习惯和本研究的特殊性，笔者更愿意将"马头琴手"称为合作研究者，也就是说，本研究是由笔者和"马头琴手"共同完成的，双方均有话语权。在本研究中，为了确保研究结果的客观性，在资料收集和结果呈现的过程中，笔者不断将阶段性成果反馈给研究对象，用他们的视角检验研究材料和研究结果的真实性和可信度，做到随时校对、随时修正，以确保和提升研究结果的有效性。

---

① 陈向明.质的研究方法与社会科学研究 [M].北京：教育科学出版社，2000：405.

第二章

"准备""规训""发展":
"马头琴手"专业成长的三段演进

时间，对于任何人来说，似乎都是一个极其简单的存在，毕竟"人是生活在时间之中"的，人的吃喝拉撒、生老病死无不体现着时间的意义。然而，时间远比我们起初想象的更为复杂，尤其是对于个体的成长而言，时间不仅体现在个体成长的具体时间点上，也体现在个体成长的不同阶段和不同时期，更体现在个体成长的整个过程中。

对于"马头琴手"而言，他们的专业成长归根结底是"经验"积累和获得的过程。正如"经验"的哲学观所认为的那样："经验跨越时间的形式特征，其本质是（被看作是）叙事性的。而时间不仅仅是一个时间点，也是一个时间段，更是一个以某一时间点为中介，将过去、现在、未来连接成一个线性的时间轴。"① 因此，"马头琴手"的专业成长同样可以通过时间点、时间段和时间轴加以度量和刻画。

鉴于此，笔者根据"马头琴手"的叙事，从他们"走上学琴之路"到"走进学校之堂"，再到"走向舞台之阶"的三段不同经历，对"马头琴手"的专业成长进行了挖掘。从专业发展的角度来看，"马头琴手"实际上完成了准备、规训、发展三阶段次的晋级与提升。

一、准备：走上学琴之路

在音乐界，人们往往将接受过学校教育者，称为"专业的"，而将未接受

---

① D. 瑾·克兰迪宁.进行叙事探究 [M].徐泉，李易，译.重庆：重庆大学出版社，2015：35.

学校教育者，则称为"业余的"。无论是专业的还是业余的，"马头琴手"都有一个"开端"，也就是他们走上专业成长之路的起点、启蒙与选择过程。在这一过程中，他们是如何建立与马头琴的连接，是如何度过初学时的不适应阶段，又是如何面对来自专业评价的特殊手段的"艺考"的竞争与选拔呢？

（一）起点："初识马头琴"

皮亚杰（Piaget）的发生认识论认为："认识是作为身体本身和外界事物之间的接触点开始。"[1]也就是说，认识起源于主体与客体之间的交互作用，这种作用往往发生于主体和客体之间的接触点上，是主客体之间的"中介物"。"马头琴手"是怎样初识马头琴，是如何借助关键事件和重要他人等"中介物"来实现人与琴的最初连接的呢？让我们带着这些问题来聆听"马头琴手"成长的生动故事吧。

1. "我是陪着我哥来的"

在我九岁那年，我哥考通辽艺校落榜后，一时半会儿不知该去何从，因为他本来从蒙授转到汉授就已经用了三年，不能再耽误下去了。我父母开始到处打听哪里能学艺术，找一个艺校让我哥去上学，可身边一时半会儿也没有懂行的人。后来，我母亲突然想起她之前参加乌兰牧骑培训时教她舞蹈的老师，想着兴许他可能有门道。然后，我父母就去找了那位舞蹈老师，我母亲跟他说想让我哥上艺校，但是通辽艺校没考上，看看老师能不能帮忙想想办法。其实，那位老师早些时候和纳·呼和老师一起，在扎鲁特旗乌兰牧骑工作，而且彼此关系特别要好，说纳·呼和老师当时在呼和浩特办了一个马头琴学校，可以去看看。然后，那位老师帮忙引荐了纳·呼和老师。

没过几天，我父母就带着我哥去了呼和浩特，因为当时我年纪小，他们不放心我一个人在家，就把我也带上了。到了之后，我父亲一开始对学校不是特别满意，因为当时学校在鼓楼，条件确实有限，再加上学校是民

---

[1] 皮亚杰.发生认识论原理[M].王宪钿，等译.北京：商务印书馆，1981：22.

办的，我父亲就觉得不太合适，决定先回通辽，回去再想别的办法。第二天上午，我们去找纳·呼和老师道别，正好那天朝克老师在给学生上课，当时他是纳·呼和老师最得意的弟子。然后，纳·呼和老师就叫朝克老师给我们演奏了两首马头琴曲，我记得非常清楚，一首是《草原连着北京》，另一首是《祖色烈》。听完朝克老师拉琴之后，我父亲的态度发生了翻天覆地的变化，跟朝克老师说把我俩都交给他，就跟他学马头琴。还跟朝克老师说不求我俩有什么大的成就，能学到老师的十分之一，能混口饭吃就行。当时，我以为我父亲可能就是随口一说，也没太在意。其实当时我哥也不是来学马头琴的，他之前是学键盘的，来呼和浩特主要是想学键盘，当时不太清楚是因为学校没有键盘老师，还是其他原因，总之，就这么走上了学习马头琴这条路。对于我来说，那就更是稀里糊涂了，那时候我才九岁，什么都不懂，甚至大人们说的话我都听不懂，朝克老师拉琴的时候我也觉得没有什么新奇的，当时觉得反正也不是给我找学校，我就是陪着来玩儿的。

又过了一天，我早晨起来看见我父母不在，就慌了，赶紧跑出去找，正好看到他们俩准备打车走，我就边哭边跑过去找他们，后来没追上，我和我哥就留在那儿了。当时，我父母应该跟我哥说了，怕我哭闹就偷偷走了，我就这么糊里糊涂地被留下了。父母走后，我哭了很长时间，我哥劝我说来都来了，就跟他一起学吧，后来我想反正我哥在，父母已回去了，就慢慢地平复了。就这样，我成为学校年龄最小的一名学生，才九岁。当时我对马头琴可以说一无所知，甚至在那之前我都没有见过马头琴。

以上是小宝的叙事，其中涉及两个关键因素，一是"给哥哥找学校"这一"关键事件"，二是"父母"作为"重要他人"送他走上学琴路。在整个过程中，小宝因为年纪太小，不宜一个人在家，便作为"随从"被父母带到哥哥要去的学校。而小宝最终"稀里糊涂地被留下了"，这成了学琴的起点。这一起点，既不是父母有意安排，更不是父母提前策划的，而是在一种被动的、无意的、偶然的情境下产生的，使他接触到并初识马头琴，从而走上了学琴之路。

其实，对于九岁的小宝而言，对马头琴既不具备认知能力，也不具备鉴别能力。之所以能实现人与琴的连接，完全是听从"他人"的无意安排或"他事"的促成。的确，当孩子还不具备认知能力和判断能力时，父母的引导和决策对他们的成长尤为重要。故事中的小宝父母在年轻时，曾参加过当地乌兰牧骑的培训，虽然没有学习马头琴的经历，但这种相似的培训经历成了他们引导小宝学习马头琴的重要经验，他们对小宝是否具备学习马头琴的潜质有一定的认识和判断能力。这恐怕就是我们常说的人的"成长起点"吧，"成长起点"不同，未来发展所呈现的结果也一定有差别。

2. "出于母亲的执念"

说起我学音乐这件事情，就不得不跟您说一下我的母亲了。可以说，我学音乐的经历多半出自我母亲的执念。其实，我母亲本人非常喜欢音乐，而且音乐天分很不错。不过，在她小时候，因为家庭条件有限，我母亲的梦想就搁置了，后来进入工商局工作。我听我二姨说，在我母亲怀我的时候就说一定要生个女儿，然后让女儿学音乐。等我出生以后，她如愿以偿了。从此就走上了到处给我找老师、到处带着我学音乐的道路。

在我三四岁，刚刚能把话说清楚，也刚刚能听清楚别人说话的时候，我母亲就迫不及待地带着我到处学音乐。最初是学电子琴，那时候，每周末我母亲都带着我去老师家学琴，她骑一辆自行车，前面载着我，后面载着琴。不管刮风下雨，从来都不请假，感觉任何事情都没有我学琴重要。那时候，我根本不喜欢弹琴，不过，母亲说什么时候去，我就什么时候去，老师说弹什么，我就弹什么。回家还得自己练，有时候边哭边弹，边弹边哭，总之，老师留的作业都能完成。后来，教电子琴的老师去广州发展了，我就上不了课了。当时我想终于可以不学了，我母亲却很失落。而且在我不知道的情况下，她已经开始给我物色另外的老师了。教电子琴的老师在走之前跟我母亲说了一番话，说我脑子反应很快，手指也很灵活，这使我母亲更上心了，即便那时候旗里再找不到一个合适的电子琴老师，我母亲也不放弃。我母亲说学不成电子琴就学架子鼓，后来还真给我找了一个架子鼓老师。不过后来没学成，因为教架子鼓的那位老师不收女学生。我当时暗自窃喜，心想终于可以解脱了。然而，我母亲并不死心，成天找各种认识的人打听哪里可以学音乐，哪里有教得好的老师，总之必须得学。尽管那时候我学习成绩很好，年年都是三好学生，但我母亲也从来没有放弃过让我学音乐的念头。她有一种特别奇怪的想法，她总觉得女孩子学习没有"后劲儿"，学着学着就跟不上了。再加上她觉得女孩子没必要那么辛苦，学个音乐以后争取当音乐老师，可以轻轻松松的。所以，不管怎么样，她都得让我去学音乐。

后来，实在找不到合适的老师，我母亲就去找我二姨商量。我二姨当时是我们旗电视台一个艺术团的演员。她们俩商量让我去学马头琴，那时候学马头琴的女孩子还是挺少的，而我本身是蒙古族，学马头琴挺合适的。正好当时我们旗乌兰牧骑新来了一个马头琴手，我二姨也认识，就说跟他学吧。后来，我二姨从他们单位借了一把马头琴，不是木面的，是以前那种皮面琴。然后，我二姨、我母亲就带着我去找那位老师了。那时候，我不喜欢马头琴，但在我母亲的坚持下，我走上了学习马头琴的道路。

以上是都兰的叙事。与小宝不同的是，都兰之所以能实现与马头琴的最初连接，既不是偶然地，也不是无意地，而是源于其母亲的刻意安排。正如都兰所言，她母亲始终认为"女孩子学习没有'后劲儿'，学着学着就跟不上了"。另外，在都兰母亲看来，"女孩子没必要那么辛苦，学个音乐以后争取当音乐老师，可以轻轻松松地"。正是由于都兰母亲这种"奇奇怪怪"的固有认知和育儿理念，才促使都兰走上了学琴之路。

可见，都兰是通过母亲这个"中介"建立起与琴的联系。整个过程中，都兰与小宝一样，都属于被动接受，而不是自主选择。在"父母之命不可违"的传统家庭观念支配下，都兰即便表现出极大的抵触情绪，也始终不敢违背母亲的意愿。更重要的是，都兰在学习马头琴之前，已经学习了电子琴。虽然当时一位年轻的"马头琴手"的出现，看似"偶然"，但从整个过程来看，都兰的经历其实是其母亲用心安排的结果。从这个角度来讲，都兰学习马头琴也是一种必然。

总之，不管是“偶然”还是“必然”，“无心”还是“有意”，小宝和都兰最终通过“中介物”实现了人与琴的最初互动。值得注意的是，“关键事件”也好，“重要他人”也罢，只是促进人琴互动的表象原因，而天赋才是关键要素。正如马头琴大师齐·宝力高先生所言：“学马头琴没有条件是不行的，就拿手的条件来说，手掌太大演奏半音（尤其是在高把位）就特别困难，手掌太小演奏双弦扩展音程的时候也非常困难，手指太长影响灵活性与独立性，手指太短影响触弦和揉弦的力度。所以说，要求还是挺高的。”（齐·宝力高，2022年8月1日）当然，手的条件只是其中一部分，乐感才是学习马头琴的核心基础。心理学将天赋视为人类个体通过家族遗传所获得的某种生理与心理素质，其显现和发展受环境与教育的影响，或早或迟，或充分或不充分。对于“马头琴手”而言，天赋即指音乐天赋，涵盖“生理条件与心理品质”[1] 两方面，生理条件主要包含音准、节奏感、手型条件等与生俱来的音乐素质，心理品质则为感知、记忆、想象、感觉等诸多直接与个体生理解剖特征（包括脑神经系统结构与感知通道特征）相关联的心理素质。可以说，音乐天赋才是成为“马头琴手”从事音乐活动的先决条件。

（二）启蒙：“万事开头难”

“千里之行始于足下”，先天条件固然重要，但如果不付诸实际行动，再好的先天条件也只能是“蜗角虚名”。对于“马头琴手”而言，具备一定的音乐天赋，便可正式踏上学琴之路，这是一种从生发逻辑到行动逻辑的根本转向。然而，“万事开头难”，尤其是对像马头琴这样的弓弦类乐器，初学时难度之大，往往会让很多家长和孩子望而生畏。在与萨日娜的交谈中，她讲述了一段初学马头琴时的痛苦经历。

> 1995年秋天的一个下午，我兴致勃勃地跑去老师家上课。到了老师家里，他问了我的一些基本情况后，便准备开始上课。但是，当我要拿琴的

---

① 阎林红.音乐天赋与音乐才能：音乐表演艺术从业者的生理基础 [J].中国音乐，1995（2）：40–41.

时候，老师却让我把琴放下，坐好，然后就开始慢条斯理地讲述有关马头琴的故事，包括马头琴的产生与发展、构造和发声原理以及马头琴的著名演奏家及其代表性作品，等等。那时候，我听得云里雾里的，心想着我是来学拉马头琴的，又不是来听故事的。讲完这些之后，我以为老师要教我拉琴了，然而并没有。

那时候，老师和我面对面坐着，他拿一把琴，我拿一把琴，从坐姿、夹琴、握弓这些最基本的动作教起，老师逐个给我调整姿势，若我实在做得不好，老师便给我演示，直到我完全掌握。其实，这个过程真的挺难受的，被老师掰来掰去。我记得老师不止一次说过这些姿势的重要性，但当时我并没有意识到，更多的是不自在。其实，这还不是最难受的，最难受的是拉琴，真的太难听了，甚至把自己都吓了一跳，怎么回事儿，这是什么声音，怎么像锯木头一样，毫不夸张地说，有点儿毛骨悚然，不可思议，这个世界上怎么会有那么难听的声音，太吓人了。不过，老师还是老师，我的这点儿小心思被老师看出来了，然后他就开导我，说每一个初学者都是这样的。老师不但鼓励我，而且会陪着我拉琴。学了一个多月之后，我回了趟家，晚上吃完饭之后，我在卧室练琴，我父母在客厅里看电视，我父亲突然进来跟我说："你这都是什么呀？怎么这么难听！我听到的马头琴可不是这个动静儿呀，你快别拉了，听得我们难受死了，大晚上的，你再这么拉下去，一会儿邻居都找来了。"当时我既生气，又想笑，又无语。回到学校之后，我还问老师是不是我拉得不对，才会拉出那么难听的声音。老师说不是的，每个学琴的人都必须经历这个过程，还鼓励我不要放弃，坚持住，拉着拉着就好了，就不难听了。不过老师虽然这么说，我还是没有听进去，该难听还是难听。我们那时候特别听话，老师说什么就是什么，老师让拉两个小时琴，那拉两个小时琴，只多不少。

说实话，在这个过程中，我好多次都徘徊在放弃的边缘。好在当时老师也一直鼓励我，一直特别耐心地指导我，再难听，他也不会嫌弃，甚至连一点儿嫌弃的表情都没有。我当时还想着，老师真的太难当了，我一个人拉这么难听就算了，老师要上一天课，所有人都拉得这么难听，老师怎么能受得了？真的和锯木头一样，无法用语言形容的那种难听。好在经过一段时间的练习，我的琴声慢慢变好听了。当然，也不是所有人都像我一样，一开始那么困难，有些人一上手就拉得还不错，不过这样的人仅占少数，还是"伐木工人"比较多。

可见，在最初学习马头琴的时候，萨日娜着实经历了一个让她痛苦不堪的过程。这种痛苦是对身体和听觉的"双重折磨"，一方面坐姿的种种约束让她倍感不适，另一方面如锯木头般的声音效果远远超乎她的想象。因此，萨日娜几度产生放弃的念头。幸运的是，老师的细致讲解和亲身示范，从不同方面给予了萨日娜极大的鼓励和引导，才使她从"要不要学""想不想学""值不值得学"等诸多"纠结"中解脱了出来。

"千日胡琴，百日笛"，这句谚语形象而深刻地描述了初学弓弦类乐器的不易。马头琴作为弓弦类乐器的一种，在最初的学习阶段，学习者需要经历一个无比艰难的过程。首先，在演奏马头琴时，琴弦与琴弓接触的角度、运弓时的手指和手腕的力度等，都有严格的要求，加之马头琴是无"品"乐器，音准极难把握，这对很多初学者来说都是极大的考验。另外，初学者由于不具备掌控乐器的能力，演奏出来的声音便如萨日娜所说的"像锯木头一样"难听，这会大大消解他们的学习热情，甚至会使他们选择放弃。需要特别说明的是，当"马头琴手"还不具备自主学习能力时，基于示范和模仿的感官教育[①]，往往成为他们掌握操作技能的最佳方式。

从教育心理学角度来看，当一个人处于知识或技能启蒙期，对"操作技能的掌握"必须具备两个条件：一是"行动的定向"；二是"行动的模仿"。首先，作为"定向者"的老师所讲述的有关马头琴的历史变迁、构造和发声原理，以及著名演奏家及其代表性作品等内容，虽然时常被学习者视为"一无是处"，但这种看似"大可不必"的讲述，往往会使学生在不知不觉中形成对马头琴的正确印象。此外，示范其实是一种动觉刺激[②]，而通过模仿，学生可将基本操作技

---

① 孙文云.聆听·感受·表现：来自蒙台梭利音乐启蒙教育思想的启示 [J].教育导刊（下半月），2014（2）：86.
② 魏寅初.浅议京胡启蒙教学过程中的心理现象及解决办法 [J].戏曲艺术，2003（1）：118-119.

能逐渐注入他们的脑海中，并使其成为支配自己动作的重要组成部分，毕竟，人类最初的知识就是从模仿得来的。[①]其实，这样的案例并不鲜见，在与那日苏的访谈中，他告诉笔者："在我最开始学琴的时候，老师怎么做，我就怎么做，不对的时候老师会提醒我。然后他再给我演示一次，直到我完全掌握。在这个过程中，老师经常提醒我先要注意观察，观察好了再动手。"不难看出，模仿虽然被现代教育认为是狭隘的工匠式的教学方法，但其具备直观性、直接性，往往是初学者掌握基本操作技能最快捷、最有效的方式。

（三）选择："艺考闯三关"

艺考[②]是我国现行的一种特殊艺术人才选拔制度，也是"马头琴手"进入学校、进入专业领域的重要门槛。然而，国内开设马头琴专业的学校非常有限，且教学质量相对较好的更是屈指可数。因此，相比于其他艺术专业的考生，"马头琴手"的艺考之路显得格外艰辛。在与巴图交谈时，他给笔者讲述了一段自己不同寻常的艺考经历。

> 我是2012年参加的艺考，艺考对我们学艺术的人非常重要，考不过基本上就上不了大学。其实在最开始选择学校的时候，我很迷茫，因为有马头琴专业的学校不多，好的更少，所以相对于其他音乐专业的学生，我们选择的余地不是特别大。当时，我也是征求了好几个老师的意见，最终选择去考中央民族大学。
>
> 那时候是这样的：报完名之后，学校会统一安排初试的时间，初试过后，学校会发布进入复试的名单。复试考完之后，公布进入三试的名单，等三试考完，整个艺考才算结束。当然，在此期间不光是考专业知识，还有视唱练耳。我记得初试的时候，由于对自己和别人的专业水平没有一个比较准确的认识，所以特别紧张，完全是在一种糊里糊涂的状态下就结束了。好在当时准备得比较充分，虽然刚开始考试的时候有点儿紧张，但是

---

① 亚里士多德．诗学 [M]．罗念生，译，北京：人民文学出版社，2002：10.
② 徐丽梅．艺考招考制度应如何变革 [N]．音乐周报，2022-03-23（A03）

拉起琴来就好多了，总体来说完成得还可以。初试之后，等成绩的那几天是比较痛苦的，也很焦虑。两三天后吧，我在网上查到自己进复试了。复试的时候，很多人都在楼道里做准备，我观察了身边的人，看到拉得好的，我就有点儿紧张，看到拉得一般的，我就又有信心了，因为当时我对复试的作品不是特别有把握，心中没底，所以很容易受别人的影响。其实复试后，我已经做好进不了三试的准备，没想到过几天公布的名单中有我，超级开心，毕竟自己对复试的表现不是很满意，竟然还过了，当时自信心简直爆棚。三试的时候，准备的作品是我练得最好的一首，再加上当时我进去考试的时候，监考老师特别和蔼，还冲着我笑，我整个人特别轻松。再加上经过前两次的考试，我对一起参加考试的那些学生也有了基本的判断，怎么说呢，可以说有点儿知己知彼的感觉吧，所以在拉琴的时候就特别放得开，整体来说表现得非常好，至少在我看来，可以说是拉得最好的一次，属于超常发挥了。

在此期间，我还参加了乐理和视唱练耳的考试，不过这些对我来说没什么难度，因为我从小学钢琴，固定音高概念已经形成了，所以音准、节奏基本上没什么问题。再加上考前也经过差不多半年的集训，乐理和视唱练耳我轻轻松松就考完了。不过，最终的成绩不像初试和复试那么快就公布了，好像等了一个多月的时间吧，大概是四月份的时候，我在学校的网站上查到自己通过了三试，可以说专业部分就告一段落了。接着就是参加六月份的全国高考，我那时候是普高生，文化课的底子还不错，加上考完专业之后突击了几个月，考了350多分，最终比较顺利地被录取了。

不难看出，巴图从选择学校，到专业考试，再到文化考试，整个过程不仅漫长，而且充满着不确定性。首先，由于设立马头琴专业的学校相对较少，在选择学校的时候，巴图已经焦头烂额，好在有老师的支持和帮助，才确定了方向。当真正进入艺考后，初试、复试和三试的三重考验，专业和理论的双重考核，足以说明能够考入大学并非易事。即便拿到文化课考试通知，也要面对残酷的高考。庆幸的是，巴图通过努力，顺利地进入了大学。

其实，对于马头琴专业的考生来说，能像巴图这样如愿进入大学校园就算是幸运儿了。相比之下,高娃的艺考经历则更为艰辛。在与高娃的交流中,她提到:"艺考之前,我一个人坐着火车去了呼和浩特,准备报考内蒙古艺术学院,可当我去报名的时候,才发现内蒙古艺术学院不招收区外的学生,只招本地的学生。一听这话我完全懵了,大老远跑来竟然连考试的机会都没有,非常失落。"

的确,在艺考政策改革之前,存在很多地域限制[①],再加上设立马头琴专业的学校相对较少,使多数考生扎堆去考为数不多的几所好学校,无形中增加了艺考的难度,这对马头琴专业的考生来说无疑是"雪上加霜"。事实上,即便可以突出重围,拿到合格证,文化考试也是挡在他们面前的一只"拦路虎",尤其是对于那些中专生来说,"重专业,轻文化"的错误观念,导致他们将"专业好"视为"王道",将文化课视为"可有可无"。在艺考的过程中,虽然专业很强,但文化课的失利会将他们挡在大学的门外。格勒的经历就是一个活生生的反面教材,他曾说道:"我上中专的时候,几乎把所有的精力都用在专业上了,文化课就没怎么认真地学过,这给我带来很大的麻烦,导致我第一年没考上大学,即便我第一年专业课全国排名第一,文化课没过线,也无济于事,只能选择复读。第二年还是考得很差,要不是因为当时有降分录取的制度,我就考不上大学了。"

由此可见,文化课是马头琴专业考生难以跨越的"门槛"。艺考并不是只有艺术专业考试,而是包含专业考试和文化考试两部分。其中,专业考试又包含专业技能考试和音乐理论考试,文化考试则是人们通常意义上的高考。因此,"马头琴手"若想进入大学,往往要参加专业技能、音乐理论、文化三项考试,这便是人们所说的"闯三关"。因此,对于马头琴专业的考生而言,专业和文化成绩协同发展,才是最有效的"升学之道"。

二、规训:走进学校之堂

历经了艺考的艰辛,成功地闯过三关的"马头琴手"自然是满怀希冀地走

---

① 李喆 . 艺术学科招生考试制度改革研究 [D]. 昆明:云南大学,2015.

进他们憧憬的校园。然而，与前一阶段不同的是，现代教育制度下的学校在教育制度、教育内容、教学安排等方面，都显得极为规范，这也是"马头琴手"专业成长最为重要的阶段。[①] 学校教育尤其注重专业能力提升的过程，对"马头琴手"来说，基本功的练就、技术技巧的开发、风格特色的把握、情感内涵的表达都进入了严格的规训期。

（一）基础：基本功的练就

对任何艺术专业的学生来说，基本功往往被视为衡量一个人是否具备从业资格的基础条件。譬如，京剧演员的"唱念做打"、相声演员的"说学逗唱"、戏剧演员的"声台行表"，等等。对于"马头琴手"来说，基本功不仅是他们诠释艺术作品的基础性保障，而且对提高他们的艺术表现力有重要作用。然而，基本功的练就并不容易，必须经历漫长而枯燥的过程。在与哈斯交谈时，他特意展示了手指上的老茧，那是他长期以来进行基本功训练留下的印记。

> 坦率地讲，虽然我在进入大学之前也接受过一段时间的训练，但那只是为了"艺考"，学得既不系统，也不科学，虽然说有一些基础，但是毛病也很多，可能在老师看来，我的毛病更多。所以，在我进入学校之后，基本上是从头再来。
>
> 记得第一次上课的时候，老师先让我坐下，然后跟我讲，屁股不能坐得太靠前，也不能太靠后，背要挺直，等等。之后，老师就让我夹着琴，拿着琴弓，教我调整夹琴的方式，两腿既要保证琴不掉，又要放松；弓子既要保证能拉动琴，又不能太紧张等。那时候老师讲得特别细，包括哪个手指头在哪个位置，都有特别严格的要求。而且一个姿势要保持十几分钟，甚至更长，特别累，偶尔偷偷放松一下，老师的巴掌就上来了。我记得第一个学期，差不多每节课老师都让我先坐二十分钟，然后才开始让我拉琴。
>
> 刚开始不让拉别的，只让拉长弓，长弓没有任何旋律，就是只拉空弦。从双弦空弦，到单弦空弦，就那么吭哧吭哧拉，半节课就下课了。那时候，

---

① 柳海民.教育学原理 [M].2 版.北京：高等教育出版社，2019：192.

老师要求手腕要和弓子运行的方向保持一致，这样的话手腕不会紧张，也不会掺杂其他多余的力量，在放松的状态下才能尽可能地延长时值。课后作业也是拉长弓，那时候老师要求我每天至少拉四个小时的长弓，而且要求越慢越好，那个过程别提多枯燥了。就这么大概过了两个月的时间，有一次去上课，老师说我拉得还不错，可以继续了。然后就让我拉C大调音阶，这个时候涉及左手了，老师给我掰着手指找位置，因为马头琴不像钢琴，弹什么音就是什么音；马头琴的音准全靠左手，而且每个音都有固定的位置，位置稍有偏差，音准就无法保证。即便位置找对了，手指力度的大小也会影响音准，这些看起来最基础的东西，其实根本不容易把握。然后他就要求我一定要注意听声音，要通过听来判断音高对不对、音色对不对，一旦出现错误，就必须立即调整。

对了，还有一点就是，老师要求我必须看着谱子拉，其实C大调音阶就七个音，看一遍就记住了，但是那时候老师要求我，一定要先看谱子再出声音，而且眼睛要一直盯在谱子上，也就是说脑子里先有音的概念，然后手再动。后来拉稍微难一些的练习曲和乐曲的时候，老师也是这样要求的；先把谱子看清楚，再拉。看谱子要在前面，声音要在后面，也就是说拉第一小节的时候，眼睛必须看到第二小节。我当时不理解这么做的意义，等后来拉大作品的时候，才知道老师的用意：在试奏的时候，如果不提前看谱子的话，根本就跟不上。

虽然这些东西对我来说都是最基础的，看着好像不难，但学起来并不容易。而且，这些东西不是上学的时候练好就可以了，而是需要经常练，我现在也在练呢。你看我手上这些老茧，你就知道了，这可都是岁月的印记啊。如果这些最基础的东西练不好，谈演奏，那就是空中楼阁。

根据哈斯的叙述，基本功训练不但是他进入大学后的第一堂课，也是贯穿其求学和职业生涯始终的一个重要环节。他之所以会投入大量的时间和精力进行基本功训练，原因在于基本功在他的专业成长中所起的巨大作用。

其实，对任何一位"马头琴手"而言，基本功都是极为重要的，不仅是他们顺利完成演奏内容的重要保证，更是他们展现演奏技巧、诠释艺术作品以及提升个人艺术表现力的基础条件。然而，"马头琴手"的基本功是一个极其庞杂的系统。从内容上讲，"马头琴手"的基本功主要包含体态、识谱、听觉三大要素，其中，体态又包含坐姿、握弓、手指等，识谱包括速度、准确性等，而听觉又包含外耳听觉和内耳听觉等。从功能上讲，正确而规范的体态，往往可以使"马头琴手"保持相对放松的演奏姿态，从而避免因肌肉紧张造成的动作僵化；快速而准确地识谱，往往可以使"马头琴手"拥有相对"超前"的演奏意识，从而避免因"看不过来谱子"而造成的演奏滞后；灵敏而准确的听觉，往往可以使"马头琴手"拥有相对准确的判断力，避免因音准问题造成演奏偏差。

然而，"戏好学，功难练"，对于"马头琴手"而言，练就一身扎实的基本功并非易事，不仅需要经历一个漫长而艰苦的过程，更需要他们拥有良好的心态并做出持续的努力。首先，最基础的便是确保动作的规范性。就拿体态的规范性来说，我们知道，马头琴通常是坐着演奏的，因此，马头琴手必须"坐有坐相"。具体来说，"马头琴手"的臀部大致坐在座椅的前三分之一处，双脚呈丁字步，两腿微分，夹住琴箱，双臂微微架起；持弓时，右手虎口架弓柄，食指与中指置于弓杆之上，无名指与小指向下持弓时，用力顶住弓毛，使弓子撑开；运弓时，右手手腕微微内翻，确保弓毛和琴弦始终保持直角状态，从而避免因弓弦擦奏时受力不均而出现杂音。[①] 其次，需要保证一定的训练强度和重复度。就拿识谱来说，认识每一个音符是远远不够的，还需要"马头琴手"通过不同的音符组合加以强化，这就不得不进行大量而重复的练习，在提升他们的识谱速度和准确度的基础上，逐步形成一种"超前意识"，即当"马头琴手"演奏前一小节时，眼睛已经在看后一小节的乐谱，这可以大大提升演奏效率。另外，听觉训练也是一样，需要反复进行练习，才能形成对音准的把控力、音色的辨别力。需要注意的是，马头琴的音准往往与左手的把位和左手手指的力度有着密切的关系。从某种程度上来说，听觉训练不光是"耳朵的事情"。除此之外，保持健康良好的心态，同样是"马头琴手"练就扎实基本功的重要保证。再拿识谱来说吧，若想提高识谱的速度和准确度，就不得不经历一个"从简单到复杂""从慢到快"的过程，马头琴手要沉得住气，耐得住寂

---

① 莫日根 . 马头琴演奏方法及特点浅析 [J]. 黄河之声，2014（12）：79.

窦，避免急功近利。其实，不管是体态、识谱，还是听觉，"马头琴手"的基本功训练最终都是为了获得演奏中的"无意识"行为。正如贝拉（Bella）所认为的那样，当同一动作反复多次后，便会形成"一种移动或运动的不由自主的感觉"[①]。"马头琴手"再次遇到类似的演奏内容时，便会出现一种条件反射式的动作，从而大大提升演奏效率。

（二）提升：技术技巧的开发

如果说基本功是"马头琴手"从事演奏工作的基础条件，那么，技术技巧往往可以被视作他们立足舞台和吸引观众的关键"法宝"，也是"马头琴手"区别于其他音乐专业学生的主要标志之一。技术技巧的开发需要经历一个漫长而艰苦的过程，也同样是伴随着"马头琴手"专业成长全过程的一个重要问题。纳森的经历便是如此，在学校，他几乎将所有的精力都用于技术技巧的开发和练习。

在学校的时候，除了练习坐姿、握弓这些最基本的内容外，我把大量的时间都用在技术技巧上。比如，拿到一首新作品，我会先把弓法、指法这些东西标出来，之后自己先照着谱子原原本本地拉下来，遇到指法不合适的地方再微调一下。其实这也没什么，基本上都可以自己解决。当涉及一些技术性或者技巧性的东西时，自己就搞不定了，有时候也会去请教一下同学或者高年级的师兄师姐。如果实在搞不定也没事儿，因为上课的时候老师会给我们讲。

其实，不管演奏什么样的作品，都会遇到技术难点，民间的、国内的、国外的作品都有各自不同的技术技巧。当然，我也不可能什么都会，尤其是技术性的东西，本来学起来就很难，有时候一个作品其他部分都拉得很好，就那一点儿技术性的东西总是过不去，导致整个作品的完整性就不好了，这个问题非常常见，我想不光是马头琴吧，其他乐器、声乐都会遇到类似的问题，技术的东西肯定需要单独练，而且需要不断地练，才能

[①] 贝拉·伊特金.表演学：准备、排练、演出 [M].潘桦，译.北京.华夏出版社，2000：146.

突破瓶颈。我记得当时在学校的时候，每当作品中有的地方拉不下来的时候，老师都会帮我想办法。首先，在上课的时候他会告诉我，作品中哪些地方是难点，甚至给我圈出来，让我课下重点练习。实在顺不下来的时候，老师会帮我找一些针对相关技术的练习曲，让我先把那些练习曲练会，这样作品中的那个技术难点就容易解决了。这还不是最绝的，最绝的是，老师看到这一部分技巧解决不了，就会给我即兴创作一段小的练习曲，有可能就几个小节，当我把他写的东西拉下来后，再回到作品中，之前怎么也解决不了的问题就变得特别简单了。就这一点，我特别佩服老师。尤其是在拉那些比较难的作品（那些作品都是作曲家根据自己的演奏能力写出来的，不是说谁拉都能得心应手的），我经常会碰到一些拉不下去的地方，这个时候老师的办法还是挺有效果的。

所以我一直都是按照老师的那种方式，拿到一首新曲子，先把能把握的尽量练好，然后反复地练圈出来的技术难点，有时候练熟了就能顺下去，毕竟拉琴也是一件熟能生巧的事情。有的时候看似很难攻克的技术问题，经过反复地练习会慢慢变得简单。实在不行的话，就像老师那样，找一些相对应的练习曲练习，就有可能解决问题了。当然，找到那种完全符合的练习曲也不是一件容易的事情。不过，技术的问题解决不了，多半是因为基本功不到位，练习练习曲就是夯实基本功最好的办法。这样看来，学习新作品还是要分层次的，先把简单的练会，再重点关注比较难的技术技巧，把技术技巧解决了之后，整个曲子就能顺下来了。

从纳森的叙事中不难看出，在学校，纳森将大部分时间用在了技术技巧的训练上。在他看来，马头琴演奏技术是建立在基本功上的一种重要的演奏能力，对顺利完成作品的演奏具有重要的作用。

所谓"艺高人胆大"，全面而娴熟的技术技巧不仅可以使"马头琴手"有能力完成不同难度、不同风格的艺术作品，同时也可以大大提升"马头琴手"的艺术表现力。更重要的是，技术技巧水平是判断一个马头琴专业学生是否具备成为优秀"马头琴手"的关键性指标。然而，与基本功训练一样，技术技巧的开发同样是一个繁杂而艰难的过程。从内容上讲，传统意义上的马头琴演奏技法主要分为弓法和指法两大体系。其中，弓法主要是指基于右手的演奏技法，包含长弓、半弓、短弓、跳弓、连弓、连跳弓、顿弓、打弓、击弓、碎弓和抖弓等[①]；指法主要是指基于左手的弹奏技法，主要包括换把、颤指、保留指、揉弦、弹弦、拨弦、同音打弦、泛音演奏等。[②]从功能上讲，稳定而丰富的弓法往往可以使"马头琴手"保持相对稳定的演奏状态，具备多样化的艺术表现手法，从而避免因运弓不稳而破坏音乐的连贯性、流畅性，以及因表现手法单一而不能满足作品演奏需求。需要说明的是，丰富的指法同样可以提升"马头琴手"的艺术表现力，区别在于准确的指法可以使"马头琴手"保证良好的音准和节奏，而这些基础性的内容往往是破坏音乐美感的"罪魁祸首"。

事实上，技术技巧的训练是一个"熟能生巧"的过程，对于"马头琴手"而言，技术技巧的训练同样需要经历与基本功训练类似的过程。第一，确保训练的系统性。由于马头琴的演奏技巧极为丰富，在训练的过程中应切忌顾此失彼，避免选择性地训练某一种或某些技术技巧。比如弓法训练，长弓固然重要，但其他弓法的运用也时常会出现在不同的艺术作品中。因此，为了使"马头琴手"能够更好地完成作品演奏，不同形式的弓法练习同样不能忽视。第二，应注重循序渐进。由于马头琴演奏的技术技巧难度较大，且难易程度分明，"马头琴手"在训练时切忌越级，应当先易后难。比如指法的训练，基础的弹弦、拨弦相对较难，而诸如同音打弦、泛音演奏等指法技巧往往是建立在前者基础之上的，越级练习无异于揠苗助长，对技术技巧的提升有百害而无一利。第三，确保训练的强度。由于技术技巧的难度极大，短时间内掌握不同形式的技术技巧是不可能实现的事情。因此，"马头琴手"不仅需要保证足够的训练时间，更要保证足够的训练量，毕竟量的积累才能实现质的飞跃。

从艺术教育的终极目标来说，技术技巧训练最终是为了实现人与琴的协调性，也就是人们常说的"人琴合一"。需要特别说明的是，即使是纯技术训练，

---

① 莫日根.马头琴演奏方法及特点浅析[J].黄河之声，2014（12）：79.

② 娜布其.论白·达瓦《马头琴演奏法》内容建构特征及其理论价值[J].戏剧之家，2023（1）：104-106.

在本质上也是属于文化的、审美的。^①从外显上看，技术技巧往往是与肢体相融合的运动，实质上，这种运动则是为表达艺术效果而服务的。正如巴赫所言："他们精湛的演奏确实使我们赞叹不已，他们制服了我们的听觉，但是激发不了我们的感情，也打动不了我们的心弦。"可见，技术技巧的核心在于为情感传递服务，而非单纯"炫技"。

（三）进阶：风格特色的把握

当基本功和技术技巧达到一定程度时，如何准确把握作品的风格特色则成为"马头琴手"专业学习中最重要的，也是最难的内容。把握风格特色不仅需要"马头琴手"对作品的内容进行详细地分析，更需要"马头琴手"对作品的结构进行详细地分析。即便如此，若缺乏相应的生活经历和知识储备，就不能准确地表现作品的风格特色。因为缺少牧区的生活经历，乌日格在演奏传统作品时，始终无法准确把握作品的风格。

> 在学校的时候，我学的作品大多是国内的一些传统作品，当然，那些传统作品不是人们认为的民歌、长调类的传统作品，而是马头琴专业作品中较为传统的部分。我虽然能照着谱子拉下来，音准没问题，节奏也不出错，技术方面也做得好，完整性也能保证，但总觉得哪儿不对劲，总觉得拉得干巴巴的，一点儿味道都没有。这其实是因为我对作品的风格把握得不太好。
>
> 风格这个东西很难把握，怎么说呢？一方面，内蒙古各个地区的音乐风格差异很大，东部的、中部的、西部的，各有各的不同。另一方面，每一首作品的风格也有很大的差异。再加上很多作品谱面的内容有限，可能没有标记出来，也有可能不知道该怎么标记。有的时候我学习一首作品后，先自己学，然后对照和比较老一辈演奏家的视频或者音频，发现我拉得和人家的就是不一样，人家拉得特别好听，自己拉得总是差一点儿东西。我

---

① 吴洁丽.从人类学本体论角度对演奏专业技术训练的再认识[J].音乐研究，2003（3）：54-60.

在学校拉的大部分是齐·宝力高老师创作的作品，比如《草原连着北京》《苏和的白马》《回响曲》，还有李波老师的《遥远的奥特尔》等，这些马头琴曲是最有代表性的作品，里面有很多民族音乐的元素，比如长调、短调、说唱等风格性特别强的东西，我始终拉得不到位。上课的时候，老师也说我风格把握得不到位，当然也会给我讲一下怎么拉，但是很多时候我不太能理解老师的意思，也体会不到老师说的那些内容，很难达到老师的要求，更别提达到老一辈演奏家的水平了。在这个过程中，老师也会让我多演奏一些包括民歌、长调在内的传统音乐，我也学了很多，好像是稍微好点儿，但也没有得到根本性解决。这个东西完全靠自学肯定不行，那时候学校确实没有这方面的专门课程，老师也没有把民歌和长调单独列出来作为教学内容，更多的时候就是自己学，自己去体会。有的时候，我根本不知道有些作品里用的是哪个地区的音乐，比如，有些作品里有一段锡林郭勒长调，但是锡林郭勒长调有什么特色、怎么拉，这些方面的知识几乎是空白的。

我来自城镇，对民间传统音乐的了解并不多，可以说很少接触到，再加上学校没有相关的课程，就更没有机会学这些东西。所以虽然老师在上课的时候会讲很多，但是我还是很难理解，更难做到。那时候，我特别想让老师给我示范一下，好让自己直观地感受这类东西到底是怎么拉出来的，或许不能完全理解，至少我可以照猫画虎，可惜的是，那时候老师很少做示范。

在学校，传统作品是乌日格的主要学习内容，虽然她可以按照乐谱准确地将作品演奏出来，但由于作品来源广泛、风格差异极大等原因，乌日格始终不能很好地把握不同作品的风格特色。在她看来，虽然这些传统作品不属于长调、短调意义上的传统作品，但其中涉及的长调、短调元素相对较多，正是因为她不能很好地把握这些内容，她演奏的作品的完整性和艺术性大打折扣。

所谓作品风格，就是指作品中呈现出来的带有共同性和稳定性的特点。[①]

---

① 王虹霞.论音乐风格的概念来源及构成要素 [J].临沂大学学报，2017（3）：42-50.

一般而言，音乐作品风格主要包含主题元素、音乐语言和作曲结构三大要素。[①]
第一，主题元素又称为"动机"，是音乐作品形成的"胚芽"。也就是说，一
部音乐作品往往是由一个或者几个"动机"不断发展、变奏而形成的。此外，
"动机"也会影响作品的整体风格。对于"马头琴手"而言，若不能准确把
握"动机"的风格，自然就不能准确把握作品的整体风格。正如苏珊·朗格
（Susanne Langer）曾说，"在基本概念不清楚的地方，即使是最高明的专家，
也难于建立一套有效的理论来说明自己的发现"[②]。需要特别说明的是，马头琴
传统作品往往以传统民歌、长调等为创作"动机"，掌握传统民歌、长调的风
格，对"马头琴手"准确把握作品风格的意义十分关键。第二，音乐语言又被
称为音乐语汇，是音乐作品的表达手法，包括节奏、节拍、和声、调式、调性
等。第三，作曲结构也就是音乐作品的整体结构，包括作品的空间结构和时间
结构，即织体与曲式。与"动机"类似，不同的节奏形态、不同的速度变化、
不同的调式调性转换以及不同的织体与曲式往往会出现在同一首作品当中，也
极大地塑造了作品的风格。因此，"马头琴手"在演奏作品时，对上述内容的
把控，不仅可以使他们顺利地完成作品演奏，同时也对他们精准把握作品的整
体风格具有积极意义。

（四）超越：情感内涵的表达

在具备一定的演奏能力后，"马头琴手"便进入一个较高层次的学习阶段。
在这个阶段，他们除了继续夯实演奏基础，更要考虑如何准确把握艺术作品的
感情基调，并通过演奏传达出来。马凌诺斯基（Malinowski）曾说："艺术的创
造，正是产生这种强烈的情感经验的文化活动。"[③]然而，相比于基本功、技术
技巧等内容，艺术作品中的情感表达更难把握。在访谈时，朝鲁就表达过类似
的困惑。

---

① 谢·斯克列勃科夫.音乐风格的艺术原则 [M].陈复军，译，北京：中央音乐学院出版社，
　2008：3.
② 苏珊·朗格.情感与形式 [M].刘大基，傅志强，周发祥，译.北京：中国社会科学出版社，
　1986：467.
③ 马凌诺斯基.文化论 [M].费孝通，译，北京：华夏出版社，2002：95.

　　坦率地讲，对于马头琴演奏来说，一方面当然是技术技巧，这个毋庸置疑，有了技术技巧才能演奏作品。若只关注技术技巧，演奏出来的作品就没什么味道，更谈不上什么情感。所以，我觉得情感表达才是马头琴演奏最难的。当然，也不光是马头琴，艺术作品本来就是表达情感的，比如声乐、朗诵都是一样的，但是声乐和朗诵毕竟有语言，相对来说还是比较直观的，器乐的情感表达相较于声乐更难一些。尤其是马头琴演奏，真是难上加难。

　　在学校的时候，一首作品练了很长时间之后，技术技巧基本上没什么问题，该攻克的难题也全部攻克了，该呈现的风格和特色也都呈现出来了。然后，老师就会给我提出更高的要求，他会问我作品讲了一个什么故事。故事主要讲了什么？最终表达了怎样的情感？这使我一头雾水，当时就想，什么故事啊情感啊，我就拉作品，怎么还有故事和情感呢？后来我问老师是什么意思，老师就给我详细解释了一番。但是当时没有完全理解，老师就说了三个字：用心拉。是的，就这三个字，多的一句话都不说，我就更加糊涂了。后来，我就注意情感的问题，拿到一部作品之后，先得搞清楚这个作品是哪里的。重要的创作背景是什么？是欢乐的还是思念的？当然，马头琴的作品很少有那种特别悲观和负能量的主题。对这些有一个初步的了解之后，我会按照强弱规律分析一下，尤其在练琴的时候，有些乐句会刻意地把强弱对比做得明显一些，甚至有的时候会在音色上做点儿文章，不同的乐句有时候明亮，有时候低沉，慢慢地好像找到一点儿感觉了，有的乐句拉出来自己都觉得特别感动。还有的时候，我会把自己看作一个讲故事的人，把每一个乐句都当作一句话，尽量把这句话说明白，而且每一句感觉都是从心底说出来的那样。就这么练着练着，自己觉得还不错。去老师那里上课的时候，老师也觉得我找到感觉了。但是，那时候对感觉这个东西特别模糊，不过一直记得老师的那句话——"用心拉"，尽量把拉琴当作讲故事，将音乐当作说话。

　　其实到后来才明白，原来这就是感情表达。所以，在我看来，音乐作品的情感表达可能还不只是"用心拉"这么简单，其实涉及两个层次的问题。第一个层次是对作品整体情感基调的把握，这一点相比之下还稍微容易一点儿。更难的是第二个层次，就是如何将作品中的情感基调通过马头琴演奏表达出来，这不仅涉及技术技巧的问题，也涉及音乐感觉的问题，还涉及音乐处理的问题，甚至是一些文化层面的问题。毕竟，文化层次要是达不到的话，很多东西，即便可以拉得出来，也很难做到淋漓尽致。

在朝鲁经历了长期科学而系统的专业训练后，技术技巧已不再是他演奏作品时的"障碍"，而之所以出现"演奏出来的作品没什么味道"的现象，除了朝鲁对作品风格把握得不够精准，更重要的是，朝鲁不能完全体会和表达作品所呈现和传递的情感内涵。其实，在具体的学习过程中，老师也曾给予朝鲁一定的指导，但"用心感受""用心拉"等极具模糊性的描述，使他对如何准确地表达作品的情感更为不解。

事实上，"艺术是人类情感的符号形式的创造"①。"马头琴手"和马头琴艺术作品共同的任务和目的在于将作曲家内心深处的情感予以呈现。从这个角度来讲，"马头琴手"与艺术作品之间存在着一种异质同构关系②。对于"马头琴手"而言，能否理性地看待并准确地表达艺术作品的情感内涵，不但直接关系到他们作品演奏顺利与否、成功与否，更重要的是，演奏不同感情基调的作品可以丰富他们的感受与体验③，正如巴赫在《论音乐》中提到，完美的表演是由能力构成的，是通过演奏使人的耳朵能够领会到作品的真实内容和真挚情感。由此可见，情感的表达对"马头琴手"何其重要。当然，"二度创作"在一定程度上也是自我情感表达，在此不多赘言。

当然，合理而充分的情感表达也需具备一定的条件。第一，要求"马头琴手"必须具备娴熟的演奏技术。尽管演奏技术服务于情感表达，而情感表达往往受限于演奏技术，也就是说，没有娴熟的演奏技术，"马头琴手"难以淋漓尽致地抒发自己的情感。第二，要求"马头琴手"充分了解作品的背景。与练

---

① 苏珊·朗格.情感与形式 [M].刘大基，傅志强，周发祥，译.北京：中国社会科学出版社，1986：466.
② 苏珊·朗格.情感与形式 [M].刘大基，傅志强，周发祥，译.北京：中国社会科学出版社，1986：467.
③ 敖立成.浅析马头琴在演奏及教学过程中的情感表达 [J].赤峰学院学报（汉文哲学社会科学版），2021（3）：68-71.

习曲不同的是,艺术作品通常包含创作背景、创作主题、人物关系、矛盾冲突等内容,对上述诸多内容的把握,更是"马头琴手"表达作品情感的重要基础。第三,要求"马头琴手"体会创作者的意图。艺术作品是创作者的"主体的内心生活",体验创作者的意图和内心感受,通常有利于"马头琴手"精准地表达创作者和艺术作品的情感内涵。除此以外,适度的肢体表演也会为情感表达锦上添花。试想,倘若一个"马头琴手"一动不动地在舞台上演奏,而没有适当的肢体语言加以辅助,不免显得沉闷和呆板,缺乏生机和活力。[①]此时,合理地运用面部表情和身体律动,既能实现意境渲染,又能使"马头琴手"与观众产生情感的共鸣,从而实现表达和传递作品情感内涵的目的。

三、发展: 走向舞台之阶

在艺术界有传言,"初学三年,天下敢去",经历了专业教育的锤炼,此时的"马头琴手"正意气风发,向着期盼已久的舞台摩拳擦掌。然而,"从艺并不是一条好走的路",要想成为一个优秀的"马头琴手",依然需要接受舞台的多重考验。那么,随着成长环境、人际关系等的变化,"马头琴手"是否能够尽快完成角色转变,适应舞台,便成为他们在专业领域能否有所发展的另一个重要议题。

(一)迷茫: 在迷茫中挣扎

在漫长而艰苦的专业训练后,"马头琴手"已具备一定的演奏能力,并积累了一定的演奏经验。从某种程度上来说,他们已经成为"准演员"。然而,现实的残酷远超他们的预期,面对新的成长环境、新的人际关系和新的专业要求,"马头琴手"难免会焦虑和迷茫,这也成为他们在职业初期必须思考和尽快解决的问题之一。在与莫日根交谈时,她就曾明确表示,由于没能尽快转换身份,没能尽快适应环境,她在刚进入职场时出现了诸多不适应。

---

① 王华.浅谈舞台表演中的情感表现和肢体语言 [J].音乐天地,2014(5):43-45.

　　2011年，我从蒙古国立艺术文化大学硕士毕业后，来到现在的乐团工作。我们乐团不是专门的马头琴乐团，而是一个完整编制的民族管弦乐团，马头琴在乐团中只是一个特色性的乐器。刚进乐团那段时间，我感觉特别不习惯，甚至有点儿难受，在很长一段时间里，非常迷茫，总在怀疑自己是不是选错了职业。

　　我没有什么存在感，每次不管排练还是演出，我都是坐在二胡声部的后面，拉一些没有旋律的伴奏声部。有时候，我觉得有没有我好像对整个乐团也没什么影响，别人也看不出来。其实，这也是一种落差，以往不管是学习，还是比赛和演出，我基本上都是拉独奏，观众的目光都是在我身上，进了乐团之后，这种演出的感觉特别少。而且演奏的难度并不大，你想想伴奏声部能有多难呢？所以那时候就想着这么下去，我的专业不就完了嘛，别说进步了，拉上几年伴奏声部，恐怕都得退步了。不仅如此，指挥还经常说我拉得不对，其实也不是我没拉对，而是因为马头琴定弦的原因导致与乐队始终不是很融合。有的时候指挥竟然让我小声点，搞得我特别难过。就这样，我有的时候跟不上乐队的节奏，总是出错。刚进乐团那会儿，因为我是一个新人，人家之前演出的作品，我别说排练了，很多连听都没怎么听过。而且乐团用的都是五线谱，我之前用的全部是简谱，即便大学时老师要求我用五线谱，我也会偷偷地把五线谱标上简谱，长年累月已经形成了一种顽固的首调概念模式。一进乐团，虽然是民乐团，但是所有的人都用五线谱，都是固定调概念，然后我就傻了，严重的时候，指挥说哪儿我都找不到，说啥音我都得反应半天。如果碰到着急的情况，排练时间非常有限，我就更加吃力了。那也没办法，总不能不出声吧，然后一出声就被指挥说，那种感觉实在太难受了。以前没好好学的后果是，进入乐团之后就特别尴尬。

　　当然，这也不能怨人家乐团，只能怪自己学艺不精。在进入乐团之前，我没有演奏过重奏和合奏作品，更别提大乐队了。那时候学校也没有开设过这样的课程，我也没有渠道去学习，偶尔有演出需要，充其量只是拉一些简单的齐奏，比如《万马奔腾》之类的作品，难度不是很大，也能应付得过来。所以，进入乐团之后，面对完全陌生的表演形式，完全陌生的作品，而且还要跟那么多乐器配合，我一下子就懵了，一时半会儿真的很难适应，总被指挥批评，搞得有一段时间特别抵触排练。其实这都还好，主要是没有存在感，记得当时还跟家人和朋友们聊过这件事情，苦哈哈地练了那么多年，找了这么一个有我没我都一样的工作，觉得不值当，其实更重要的是，就这么总在拉伴奏声部，不太清楚未来会有什么发展，所以那段时间特别迷茫和纠结。

刚进乐团时，由于环境的变化，莫日根感受到诸多不适。在她看来，造成这些不适的原因多种多样。在进入乐团之前，莫日根是一个"万众瞩目"的独奏者，而进入乐团之后，只能坐在二胡声部的后面，成了可有可无的存在，这种从个体到群体的转变，使其感受到前所未有的打击。此外，由于在学校阶段没有重奏与合奏等合作类课程的学习经历，且对五线谱不熟悉，莫日根在一段时间内无法很好地完成演奏工作。如此种种，使莫日根陷入深深的迷茫之中，甚至对自己的职业选择产生了极大的怀疑。

其实，对于绝大多数"马头琴手"而言，在初登"舞台"时，都会面临从学生角色向职业角色的转换，二者在工作环境、承担的责任、能力要求、人际交往等方面存在明显差异，往往会使"马头琴手"在职业初期产生一定的心理冲突。[①] 就拿莫日根的经历来说，她之所以产生迷茫甚至抵触等不良情绪，原因有三：一是她没能尽快适应从学生到演员的身份转变；二是她没能尽快适应乐团的工作环境和工作模式；三是她没能准确把握自己在乐团中承担的责任。其实，更重要的是由于缺乏与职业相关的知识储备和实践经历，致使她在职业初期受到多重阻碍和打击，导致她对未来专业发展产生了迷茫和怀疑。

可见，对于初登舞台的"马头琴手"来说，具备与职业对接的能力是多么重要。这也引起我们的反思。首先，"马头琴手"在进入职场后，应该对自己的专业能力和知识结构做出准确而理性的评估，尽量做到有的放矢。毕竟就业是一种短暂的状态，而职业能力是"马头琴手"在职场长久发展的最稳定、最

---

① 石秀珠.高校毕业生职业初期现状与对策研究 [J].河南教育（高教），2015（6）：95-96.

本质的基础。另外，"马头琴手"应当树立终身学习的理念，毕竟学习是他们可持续发展的动力，学习的过程就是他们自身能力提升的过程，也是适应"舞台"和职业环境的过程，更是"马头琴手"树立正确价值观、提升就业能力、实现专业发展的过程。因此，基于实践教育和职前培训的"预备性学习"①，在一定程度上可以缓解"马头琴手"从学校到舞台、从学生到演员的紧张情绪，从而有效缓解"马头琴手"初入职场的痛苦境遇。

（二）探索：在混沌中寻找

经历了初登舞台的困惑与迷茫，"马头琴手"对自身专业能力是否可以适应职业需求有了基本认识，并在反思过往专业学习、艺术实践的同时，对未来专业成长方向进行了有效的评估。然而，真实的舞台远比我们想象的更为复杂、更为残酷。那么，对以后的路该怎么走，"马头琴手"还需自己去思考、去探索。塔拉的经历就是一个非常典型的案例，由于初入"舞台"的不顺利，他始终行走在寻找自我的道路上。

> 2019年，我刚毕业的时候，一时半会儿不知道该做什么，加上本来家庭和自身的经济条件非常有限，当务之急是解决生活的问题，期间换了很多份工作，每份工作都没坚持下来，不是我太挑剔，只是我一直在"寻找"，总觉得不管怎样，只要努力，就总有我的立足之地。
>
> 那时候，在老师的推荐下，我到了内蒙古自治区直属乌兰牧骑艺术团。乌兰牧骑的工作性质比较特殊，经常下乡演出，有时候一走就是几个月。下乡演出基本上是以娱乐为主，总觉得如果一直这样下去的话，会与我想象中的专业渐行渐远。所以，待了一段时间之后就离开了。离开乌兰牧骑之后，我去了内蒙古艺术学院的民族乐团，本来想着能在专业上有所提高，但实际情况与我想的完全不一样，每天都是排练那几个固定的作品，特别无聊，觉得大好的时光都浪费了，所以一个月之后，我就待不住了。后来我就去北京了，和一个朋友一起在内蒙古驻京办拉马头琴，收入还不错，

---

① 郑阳.试论斐洛的教育观[J].学海，2008（3）：31-36.

基本的生活有了保障。在那儿待了一个多月后,伊拉图老师推荐我去赤峰市阿鲁科尔沁旗的一所私立学校任教,学校待遇很不错,承诺可以送我去蒙古国读研究生,并提供三年的学费和住宿费,条件是毕业后回学校至少任教五年,我想了一下也可以,就去了。去了之后才发现,对校长的理念,我实在不敢恭维,他动不动就把学生拉去工厂演出,而且严重影响教学,我实在受不了这种不负责任的行为,寒假期间我就辞职了。正好赶上新冠疫情暴发,第二年五月,我把家里的地种完之后,才出来。来呼和浩特后,我在餐馆拉过琴,在旅游区拉过琴,那段时间心里很不是滋味,也很迷茫,但是在这个过程中,我从来没有想过放弃专业,放弃马头琴。

之后,我慢慢地调整自己,出来教课,参加一个朋友音乐会的演出,慢慢地也就走出来了。2020年10月,我进入内蒙古艺术剧团的民乐团,成为团里外聘的演奏员,说实话真正用得上专业的时候也不多,基本上都是拉伴奏,这和我原本想象的还是有很大差距的。除了团里日常的演出,我还参加了社会上的大量演出,参加了各种各样的比赛。当然,我也不是为了证明给谁看,一个很重要的想法就是学了这么多年,无论多艰苦、多难,我还是喜欢马头琴,还是坚持拉马头琴。虽然中途换了很多工作,但我始终没有想过放弃,也绝不可能放弃,内心总觉得无论遇到多少困难和挫折,肯定会有一个适合我的岗位,世界这么大,总有我的一席之地。

离开学校之后,塔拉前前后后经历了从学校到学校,从学校到舞台的诸多尝试,始终不得如愿。其间,迫于生活的诸多压力,塔拉也曾陷入深深的迷茫之中。值得庆幸的是,塔拉始终没有放弃马头琴,更没有放弃对美好未来的追求。无论现实如何残酷,塔拉依然在不断尝试、不断探索,最终找到了属于自己的"一席之地"。

其实,塔拉的经历绝非个案,而是一个极其普遍的现象。在访谈中,笔者多次听到"马头琴手"提及就业难。的确,院校大规模扩招,马头琴艺术人才"产能过剩",很多"马头琴手"很难找到一个适合且满意的工作。在与巴特尔的交流中,他也说过:"我们拉马头琴的生存状况特别糟糕,别说国家级和自治区级的文艺院团了,就连旗县级的乌兰牧骑,都很少有马头琴的岗位,绝大多数是没有编制的，只能签合同，工资待遇与有编制的差得太远了。即便如此，还是有很多人在竞争。我现在就是这样的情况，来了好几年了，工作也迟迟不能落实，还在等编制。"的确，像塔拉和巴特尔这样能够坚守的"马头琴手"已属难得，更多的"马头琴手"在面对职业困境后，纷纷选择改行，其中不乏一些艺术造诣极高、未来前景光明的"马头琴手"。我们暂且不讨论造成马头琴艺术人才"产能过剩"和"马头琴手"就业难的根本原因，单从上述两位"马头琴手"的经历来看，他们之所以能在如此艰难的就业环境下，仍然保持对马头琴艺术的坚守，一方面体现出他们对马头琴艺术的热爱，另一方面也体现出他们对美好未来的期待。可以说，他们的经历不单单是一个寻找合适工作岗位的过程，更是一个寻找自我的过程。

其实，"宇宙的尽头不一定是编制"，对于"马头琴手"而言，现代社会往往给他们提供了更多的可能性，传统职业观的颠覆和现代新型职业的诞生，同样为他们的专业成长提供了诸多机遇和可能性，关键在于他们是否愿意坚持本心，是否具备开阔的眼界和走出去的魄力。在和恩克的交谈中，他就说道："硕士毕业之后，我本想留校任教，但当时学校已经开始要求学历了，也就是说，没有博士学位肯定是留不下来的，所以只能作罢。其实当时也有从事其他工作的机会，但我始终不愿意放弃马头琴，正好那时候抖音开始火起来了，我尝试着去拍视频、学剪辑等，慢慢地觉得这也可以是我的一份工作，当然从中也能得到一些实惠，所以，就这么我也做了四五年了吧，感觉还不错。"可以说，无论境遇如何艰难，坚定的信念、不懈的追求始终是"马头琴手"摆脱职业困境的有效途径，也从侧面反映了他们对待马头琴艺术以及对待个人专业成长的态度。

（三）前行：在坦然中前行

随着时间的推移，"马头琴手"经历了从新手到熟手的蜕变。此时的"马头琴手"不仅具备了丰富的知识储备和较强的演奏能力，而且初步形成了独具个性且日趋稳固的演奏特色和个人风格，从而表现得更为从容和淡定。在新的形势下，"马头琴手"能否做到以不变应万变，能否游刃有余、淡然自若地对待自己的专业成长，便成为他们能否顺利前行的关键。那日苏是一位舞台经验相当丰富的老演员,正是通过长期的舞台实践,他更加清晰地认识到自己的不足和未来发展的方向。

2011年,我和几个热爱民族音乐的人组建了乐队,我们的定位是用现代的表达方式呈现原生态音乐。其实,最初我们也有过疑惑,原生态音乐是不是有市场,能不能被大众所接受?还好,通过我们的努力,乐队越做越好,不管是在国内还是国外,都有一定的影响力了。因此,在2015年,内蒙古艺术剧团把我们乐队整体收编了,毕竟是正式单位,给我们提供了很多保障。到了2019年,因为我们年龄也大了,各方面也稳定了,一方面是想着把这个位置让给年轻人,另一方面是这么多年专业学习和演奏的经历,看似很专业,但内心总觉得有点儿空虚。内心空虚的主要原因是自己只懂技术,不懂文化。

我是学院派成长起来的,也深知学院派的弊端。上学的时候,与其说拼了命地练琴,不如说拼了命地搞技术,当时流行的一句话是"专业好就是王道"。现在看来,与其说专业好是王道,不如说技术好是王道。那时候除了知道马头琴是一种乐器之外,其他一无所知,老师也没有讲过,学校也没有开设过任何相关课程,也没有安排过采风,当然自己也没有这方面的意识。尤其是工作了这么多年,做了这么多年原生态音乐之后,我最大的遗憾就是马头琴最缺的不是技术,不是作品,而是文化。最可怕的是,人们对"马头琴怎么产生的""作品是什么地方的"这些基本问题都不是很在意。其实这些都是文化层面的东西,当然其中不仅包括历史意义上的文化,也包括文化意义上的文化。记得有一次在国外巡演,有一个人让我讲一讲马头琴的历史,当时我一下就懵了,说实话我真的不知道。那件事情对我触动很大,而且我无比羞愧,自己号称是专业的,号称做了那么多年原生态音乐,诸如此类的问题我竟然不知道如何回答。其实不仅是我,大部分演奏专业的人都不清楚这些根本性问题的答案。其实,马头琴发展到现在,演奏技术已经不是问题了,它之所以不像其他民族乐器发展得那么好,根本原因在于文化层面的东西没有搞清楚。马头琴本身如此,拉马头琴的人如此,我也是如此。

　　离开乐队之后，我给自己制订了一个计划：用接下来的十年，去"补课"，去"寻根"。其实这涉及两个方面，一方面是了解马头琴的文化，另一方面是提高自身的文化素养。我们搞艺术的经常说的艺术搞到最后，其实是在搞文化。的确，艺术本身就是一种文化，马头琴也一样，本来就是游牧文化的一种形式。现在除了工作，大部分时间，我不是在写作品，就是在看书，有的时候还会去民间走一走，我想知道马头琴和游牧生活之间的关系，我想知道马头琴在牧民心中的地位。其实这在我们上学的时候就应该了解，或者说必须了解，可能当时身在其中，被技术"捆绑"了。回过头看，缺乏文化的演奏犹如无源之水。

　　多年的舞台历练，那日苏不仅积累了丰富的演奏经验，更重要的是，养成了自己对马头琴艺术的独特反思习惯与能力。尤其是作为一个乌兰牧骑演员，作为一个原生态乐队的"马头琴手"，那日苏对自己应该具备哪方面的核心素养，应该如何面对未来的发展之路，有了清晰的认知和前行的方向。从我们的访谈中可以看出，那日苏在专业发展的道路上变得更为淡定和从容。当然，这份淡定和从容，并非"空穴来风"，而是那日苏在经历了无数磨难和坎坷之后，对自身知识结构和专业能力的一种全新的考量。

　　其实，绝大多数和那日苏一样的"马头琴手"，由于长期受"重技术、轻文化"的学院派教学模式的影响，在很长一段时间内，认为专业即技术技巧，从而忽视了文化的重要性。这使很多"马头琴手"在具体的舞台表演中不能游刃有余地穿梭于传统与现代之间。那日苏正是通过长期的舞台表演实践，认识到了传统的重要性，逐渐明确了自己今后的专业发展方向。

　　因此，在离开乐队之后，那日苏便潜心钻研传统文化，并开始"像一个人类学家一样"去思考、去探索传统文化对马头琴、对"马头琴手"的真正意义。在他看来，马头琴是传统文化孕育下的马头琴，不管如何专业，不管如何现代，传统的根始终不能断。正是在这种基于文化之根本的价值取向的引领下，那日苏开始以一种更为坦然的状态，面对自己的专业成长以及专业成长过程中所面临的诸多问题。当然，这种价值取向始终引领着那日苏在艺术的道路上继续前行、发展自我。

四、本章小结

在本章中，通过"马头琴手"的叙事，我们不难看出，"马头琴手"的专业成长是一个从懵懂到成熟的过程。在这个过程中，"马头琴手"的专业成长不仅具有明显的阶段性和一定的持续性，更重要的是，他们在这一过程中从"准备"到"规训"再到"发展"，充分体现了他们专业成长的进阶性特征。

第一，从阶段性来看，"马头琴手"专业成长需要经历不同的阶段。诚如前文所述，他们的专业成长主要经历了三个阶段，即专业准备阶段、专业学习阶段和专业发展阶段。其中，专业准备阶段是指"马头琴手"进入学校之前的成长阶段。现代艺术教育往往将尚未接受正规学校教育的"马头琴手"称为"业余的"，而将接受过学校教育的"马头琴手"称为"专业的"。因此，人们约定俗成地将进入学校之前的学习阶段视作"马头琴手"为接受专业教育做准备的阶段。在这一阶段中，"马头琴手"先后经历了人与琴的最初连接，也形成了对马头琴艺术的最初认知，为真正进入专业领域奠定了一定的基础，并通过"艺考"真正走上专业学琴之路。专业学习阶段主要是指"马头琴手"在学校接受专业教育的阶段。在这一阶段中，"马头琴手"通过系统而严格的专业训练，不管是知识结构，还是演奏能力，都得到了极大的提升，这也是"马头琴手"正式走向舞台、进入职场的重要前提。因此，专业学习阶段是"马头琴手"最为重要的成长阶段。专业发展阶段主要是指"马头琴手"离开学校，进入职业环境后的阶段。在这一阶段，"马头琴手"利用在学校阶段所储备的专业知识和演奏技能，并通过具体艺术实践历练，更加明确自己的专业定位和未来专业发展的方向。

第二，从持续性来看，"马头琴手"专业成长需要经历一个持续的、不间断的学习过程。我们知道，任何专业技能的学习都不是一蹴而就的，更不可能是一劳永逸的。尤其是像马头琴一样的弓弦类乐器，由于内容丰富、难度大等现实原因，往往需要"马头琴手"始终保持一种持续的、不间断的学习状态，方能练得一手好功夫。事实上，不光是马头琴专业的学生如此，成熟的"马头琴手"亦是如此，甚至那些知名马头琴演奏家，同样需要保持这种学习的持续性。"一天不练手脚慢，两天不练丢一半，三天不练门外汉，四天不练瞪眼看"，这句流传于艺术界的谚语，形象而准确地表达了持续学习对"马头琴手"专业成长的重要性。事实上，不管基本功还是技术技巧，都需要反复练习才能真正掌握，即便是一个悟性极高的"马头琴手"，也需要持续地学习，才能将那些稍纵即逝的感觉真正内化，真正将"老师的"转化为"自己的"。

第三，从进阶性来看，"马头琴手"的学习内容遵循由易到难的进阶过程。诚如前文所述，"马头琴手"的学习内容大致可分为基本功、技术技巧、音乐风格、情感处理四个维度，这四个维度由于难易程度不同，在具体的学习过程中，必须遵循先易后难的内在规定性和规律性。原因在于，前者内容往往是后者内容的基础。也就是说，前者内容若不扎实，后者内容则很难顺利完成。具体而言，在"马头琴手"专业成长的初期，基本功是他们最为重要的学习内容，比如姿势、长弓等。当基本功打牢后，他们的学习内容才能转向难度更大的弓法、指法等技术技巧层面的练习。也就是说，技术技巧的掌握很大程度上依赖于扎实的基本功。当技术技巧熟练之后，"马头琴手"便将学习的重点放在如何准确把握作品风格上，而作品风格的把握除了需要演奏者具备扎实的基本功和全面的技术技巧，以及和声、曲式等音乐理论知识和知名演奏家的经验等，同样对他们准确表达作品的音乐风格大有助益。相比较而言，对音乐作品的情感表达才是"马头琴手"专业学习的最高层次内容，毕竟情感不仅是音乐作品的灵魂，也是作曲家内心感受的外化。"马头琴手"若想准确地表达音乐作品的情感内涵，不仅需要具备扎实的基本功和成熟的演奏技巧，还要具备对作曲家创作意图和内在情感的感受力。需要特别说明的是，音乐作品中的情感是"马头琴手"进行二度创作的主要空间，只有在原作基础上进行二度创作，才能真正体现"马头琴手"的艺术表现力和创造力。

第三章

"原生场""学校场""职业场"：
"马头琴手"专业成长的三度空间

与时间一样，空间也是个体生命存在的基本形态。任何人的成长都寓居于空间之中，空间也极大地塑造了个体生命的成长。[①] 值得注意的是，空间不只是一个静态的、可见的物理性结构，还是一个超越与兼容物质性与意识性的社会性结构，更是一个表征客观的文化性结构。正如布尔迪厄（Bourdieu）所论，特定的空间往往存在特定的"资本"形态。[②] 而"生于斯，长于斯"的个体生命，不可避免地接受着空间"资本"的熏陶与塑造。

事实上，个体成长的时间与空间始终交织在一起，不同的时间通常对应不同的空间。对于"马头琴手"的专业成长而言，随着时间的推移，同样会造成空间的"转场"。诚如前文所述，"马头琴手"的专业成长大致经历了"走上学琴之路""走进学校""走向舞台"三个不同的阶段；由此，与之相对应的，他们同样在不同的知识取向的空间与场域中成长与发展。

基于此，我们根据"马头琴手"的叙事，将他们的专业成长空间分为三个部分，即"原生场""学校场"和"职业场"。需要说明的是，对"马头琴手"专业成长的空间叙述，绝非大而化之的泛泛而谈，"必须观察他们所能感受到的具体空间"[③]，因此，在结合上述三个"大空间"的同时，根据空间的文化特性，还需要观察"马头琴手"专业成长的"小场域"，以期充分全面地把握不

---

① 丹尼·卡瓦拉罗. 文化理论关键词 [M]. 张卫东，张生，赵顺宏，译. 南京：江苏人民出版社，2006：180.

② 皮埃尔·布尔迪厄. 文化资本与社会炼金术 [M]. 包亚明，译. 上海：上海人民出版社，1997：33.

③ 博尔诺夫. 教育人类学 [M]. 李其龙，等译. 上海：华东师范大学出版社，1999：76.

同空间的知识形态对"马头琴手"专业成长的价值与意义。

一、地方性知识为主的"原生场"

一般而言,个人的成长空间和成长阶段是相对应的。"马头琴手"在进入学校之前,通常生活生长于各自区域和家庭,不可避免地受到相应空间文化的熏陶和滋养。事实上,除了区域和家庭,还有民族这个更为宽广的"意指"空间,同样对"马头琴手"的专业成长产生一定的意义和价值。需要特别说明的是,无论是民族、区域还是家庭,其所承载的文化往往具有极强的"原生性"和"地方性"。当然,这种"地方性"通常表现在具体的知识形态上。

(一)民族:"游牧于天地间"

马头琴作为蒙古族特色乐器,其产生和发展与蒙古族的生活环境、生活方式等密切相关。对于"马头琴手"而言,蒙古族特有的文化形态往往是他们专业成长必不可少的因素。在与巴依尔的交谈中,他就将民族文化中最精髓的部分作为自己努力的方向。

> 我从小生活在科尔沁草原上,在草原上长大的孩子受民族文化影响要比在城市里长大的孩子更深一些,无论是传统习俗,还是生活习惯,抑或是文化艺术,都是如此。不光是我,我们全家人都受民族文化的影响,当然也表现出很高的艺术才能。我大爷(父亲的哥哥)和我父亲都是我们当地非常有名的民间艺人,我大爷是说书的,我父亲会唱民歌和长调。我在小的时候,经常跟着我大爷和父亲参加各种各样的活动,有的时候一场活动可能持续半天,他们不停地说,不停地唱。那时候我总在想他们怎么会的那么多,感觉永远说不完,也唱不完。
>
> 后来我也开始学习四胡和马头琴,也有这样的感觉,那么多民歌根本拉不完。尤其是在进入乌兰牧骑工作以后,这种感觉更加深刻。那个年代的乌兰牧骑和现在有很大的区别,一般情况下,暖和的季节我们下乡演出,天冷的季节就在单位学习,或者在某一个地方培训,还有就是定期会举办

乌兰牧骑会演。不管是演出、培训还是参加会演，每次都会收获很多东西。我们下乡的时候，除了演出还会帮助牧民干活儿，也会跟牧民们联欢，虽然我们算是专业演员，但是牧民们唱的很多民歌、拉的很多曲子我都没有听过，而且都非常好听，每次听到都会尽量记录下来。另外，每年盟里都组织乌兰牧骑演员培训，其间请一些当时比较出名的演员给我们讲课，有的来自本地区的，有的来自其他盟市，每个人讲的都是他们当地最具代表性的，比如说通辽和兴安盟来的就讲科尔沁民歌和乌力格尔等，锡林郭勒盟来的就讲长调、阿斯尔等，总之都是当地最具代表性的东西。尤其到了盟里或者自治区举办乌兰牧骑会演的时候，各盟市的演员都带着看家本领来，每个节目都是为了参加会演精心准备的，甚至是新创作的，真是让人应接不暇。那时候我除了参加演出外，几乎每一场演出我都去看，遇到好的作品就去请教人家，不过因为太多了，难免学不过来。除此以外，乌兰牧骑特别开放，经常送演员出去学习。当时，我去鄂尔多斯鄂托克旗乌兰牧骑学习过一个月的鄂尔多斯短调民歌演奏，去锡林郭勒镶黄旗乌兰牧骑学过一个月的阿斯尔演奏，去呼伦贝尔找过巴依尔老师，去呼和浩特找过齐·宝力高老师，也找过布林老师等等。总之那时候这种学习机会特别多，而且单位特别支持和鼓励我们出来学习。在这个过程中，不同地区的老师教的东西都不一样，都是各个地区最具代表性的东西。

所以说，很多人觉得我拉的歌曲很有味道，这很大一部分归功于我当时接触过各个地区的民族文化。不管到哪个地区都不是待一两天或者三五天，最起码要待一个月。本来学习就不是一两天的事情，再加上各个地区的东西很多，在短时间内别说学会，就连粗略地了解一下都很难，毕竟各地区的文化差异很大，而且特色也很鲜明。但有一点是肯定的，无论到哪儿，学的都是最原汁原味的东西。

可见，出生于科尔沁草原的巴依尔，从小便深受科尔沁地区传统艺术的影响，以至于他在之后的专业成长道路上，始终将民歌、长调等极具原生性的艺术形式作为自己学习和表演的重要艺术形式，并以此为自己寻找到一种区别于他人的重要标识；他也将传承和保护这些传统音乐形式作为自己的毕生追求。

事实上，诸如民歌、长调这些原汁原味的传统民族音乐形式，在漫长的历史长河中，始终与其形成和流传的地域文化相关，也与该地域人民的宗教信仰、文化思想、民俗习惯、美学观点和价值观念等相关。同时，这些音乐形式也从另一个侧面反映着该地域人民的思想情感，展现着该地域人民的精神风貌，因此，它们对于该民族的人民更具有吸引力、感染力和凝聚力。

（二）区域：“民间文艺之乡”

相较于民族，区域是一个更为具体的空间形态。置身于具体区域的人无不受到区域文化的潜移默化的影响，区域文化为本地区的人民长期提供智力支持。对于“马头琴手”而言，虽然民族文化是共性的蒙古族文化，但他们往往来自不同的区域，因此，各区域的特有文化形态往往映射于他们的行为习惯与艺术表达中。格格便是一个典型的例子，由于格格来自阿斯尔的故乡，因此，格格无论是在专业学习还是艺术实践中，抑或是其价值观念，都始终深受区域文化的影响。

> 我出生在锡林郭勒盟镶黄旗，锡林郭勒盟镶黄旗是“中国民间文化艺术之乡”，获批这个称号是因为镶黄旗有一种古老的乐种——阿斯尔。阿斯尔是一种宫廷音乐，据说在元代的时候就特别盛行，这个历史我只是听说，没有做过详细的考证。不过我倒是听过好几种叫法，有的叫“asar”，有的叫“asuru”，其寓意是很好的。一般情况下，在重大的节庆、宴会或是迎接重要客人的时候，都会演奏阿斯尔。
>
> 其实我很早就接触了阿斯尔，可以说是听着阿斯尔长大的。那时候，我父亲在我们镶黄旗乌兰牧骑工作，我家就住在乌兰牧骑大院里，小时候经常听到我父亲和他单位的叔叔阿姨们一起排练阿斯尔，也经常看他们演奏阿斯尔，所以我从小对阿斯尔就有一定的了解。阿斯尔是一种器乐合奏，表演形式非常丰富。首先，使用的器乐很多，如马头琴、四胡、笛子、火不思和三弦等蒙古族的传统器乐。其次，曲目很多，包括苏勒盖阿斯尔、查干阿斯尔、苏鲁克阿斯尔等。总之那时候乌兰牧骑经常排练阿斯尔，我有的时候也会跟着我父亲到排练厅，他们排练，我就在旁边安安静静坐着

听。我当时也就十来岁,我就记得他们排练阿斯尔的时候,节奏感非常强,大多数都是像马步那种节奏型。后来我长大一点儿了,自己学了电子琴,就稍微懂一点儿了,我父亲后来也有意无意地会给我讲一些关于阿斯尔的事情。其实阿斯尔还有各种各样的变调,这是阿斯尔最明显的特征,包括韵律阿斯尔、花调阿斯尔、越得贝阿斯尔、桑拉盖阿斯尔等,那时候我也只是记得住这些名称,对于它们有什么不同搞不清楚。只是单纯地觉得很好听,而且看见我父亲他们演奏的时候很投入。后来我父亲跟我说过一个故事,他说在他刚参加工作的时候,好多乌兰牧骑演员把演奏阿斯尔当作一件特别荣幸的事情,尤其对于年轻人来说,可以演奏阿斯尔甚至是一种荣誉的象征。

直到现在,阿斯尔在我们镶黄旗依旧非常流行,和古时候不同的是,现在阿斯尔已经走进普通农牧民的生活,可以说是随处可见,只要有活动或者演出,就必须演奏阿斯尔。当然,政府方面也对阿斯尔的传承和保护非常重视,还成立了阿斯尔研究学会,做了很多研究和推广工作。2014年,阿斯尔被列入国家级非物质文化遗产名录。对于我来说,出生在阿斯尔的故乡,从小就深受其影响,自己也应该为之尽一份力。

可以看出,"民间文艺之乡"作为一个特定的文化空间(Culture Place),为格格提供了一个较为理想的成长空间。值得说明的是,空间是文化的载体,也是文化存续和发展无法脱离的原始土壤,特定的文化空间势必存在一种特定的空间文化。对于"马头琴手"而言,与其说是与特定的文化空间的互动,倒不如说是与特定的空间文化的互动。

在哈贝马斯(Habermas)看来,这种具有特别属性的空间文化可称为地域文化。[①] 地域文化所具有的地域性、稳定性、亲缘性、潜在性和认同性,对"马头琴手"的专业成长至关重要。一方面,地域文化有助于促进"马头琴手"形成正确而清晰的自我认识。由于长期"主体在地","马头琴手"可以直接受到地域文化的滋养和浸润,从而对"我能做什么"或者"我擅长做什么"

---

① 哈贝马斯.交往行动理论·第二卷[M].洪佩郁,蔺青,译.重庆:重庆出版社,1993:189.

等有较为清晰的认知，这种认知对他们的个性发展、形成自我意识和培养创新能力等具有重要的作用和价值。

另一方面，地域文化有利于促进“马头琴手”形成自己的风格特色。生活在一定地域文化中的“马头琴手”，久而久之会形成一种具有倾向性和稳定性的地域文化性格。比如，来自通辽的“马头琴手”大多喜欢且擅长拉科尔沁民歌等诸如此类的“惯习”，这种地域文化性格具有较强的延续性和传承性，对“马头琴手”形成自己的风格特色具有积极的意义。然而，地域文化的差异性和多样性，使得“马头琴手”不可能将所有的地域文化尽数“收入囊中”。因此，“马头琴手”在专业成长过程中必须面对如何处理和协调不同的地域文化的问题，以促进其专业成长。

（三）家庭：“炕头上的艺术”

家庭，作为一个微型的社会单位，是一个影响个体成长和发展的“个性化”环境因素。一般而言，家庭的经济状况、家庭的文化氛围、家庭成员的认知能力等，往往影响着家庭成员价值观念的形成、道德行为的规范，甚至是对外部文化的筛选。对于“马头琴手”而言，家庭的文化氛围往往是他们专业成长道路上的一个关键要素。在与大宝的交流中，他详细地描述了小时候家庭的文化氛围对他的深刻影响。

> 我出生在通辽市扎鲁特旗嘎亥图镇，“嘎亥图”翻译为汉语就是“有猪的地方”。从这个名字可以看出来，我们家那个地方不是牧区，是农区。平时除了种地，几乎家家户户都养猪，因此就有了这样一个地名。农区与牧区的区别就是农区有农忙和农闲之分，农忙的时候，人们都各自忙各自的，干农活、养猪等等；农闲的时候，人们喜欢聚在一起乐呵乐呵。尤其到了冬天，地里没啥活儿，家家户户几乎没什么事情做，一到晚上就在炕头上吃喝玩乐、吹拉弹唱，我们把这种形式叫作“炕头艺术”。

> 我家是个大家族，叔叔伯伯们比较多，平时大家很少聚在一起，一到冬天，几个叔叔大爷经常来我家聚会。我印象最深的是，他们来了我家先吃饭喝酒，酒足饭饱之后，他们在炕上围坐一圈，把家里的四胡、三弦、

笛子这些乐器都拿出来,有的弹琴,有的唱歌,有的边弹边唱,而且是没完没了地唱,很晚才各自回家,有时候还会吸引一些邻居跟他们一起玩。那时候他们主要唱民歌,还有乌力格尔和好来宝,这些都是我们科尔沁地区主要的艺术形式,而且特色非常鲜明,一听就知道是科尔沁的东西。它们有一个共同的特点就是叙事性比较强,每一首都是一个故事。拿民歌来说,他们主要唱的是如嘎达梅林、达那巴拉、诺恩吉娅等科尔沁最具代表性的民歌;乌力格尔主要是讲一些英雄史诗,比如忽必烈等;好来宝的话那就多了,有的时候一个人唱,有的时候对唱,还有的时候大家一起唱。当时让我最惊讶的是,大人们把原有的歌词唱完之后,就开始即兴编歌词,有的时候同一个曲调能唱出很多歌词,有的时候边唱边笑,总之特别欢乐。不过,不管是哪种形式,主要的内容都是赞美英雄、思念亲人等充满正能量的东西,一般不会唱特别俗的东西,反正我是没怎么听过。

那时候,我和我哥还小,大人们在唱的时候我们参与不进去,这是因为传统家庭里有一些禁忌,不允许小孩儿和长辈一起玩,我们只能乖乖地坐在旁边看他们玩,听他们唱歌。说来很奇怪,那时候我和我哥两个人根本没有刻意去学,也没有刻意去听他们唱了些什么,但我们记住了很多科尔沁民歌的旋律和歌词,也记住了不少乌力格尔和好来宝中所讲的故事,可能是在那个环境里,潜移默化地受到了一些影响。其实像我们家这种"炕头艺术"在东部地区一点都不罕见,这是一种娱乐方式,更是一种生活方式。所以,从小在这种家庭中生活,养成了爱听民歌,爱唱民歌,爱听故事,也爱讲故事的习惯。

大宝的童年时期是在农区度过的。与牧区的"常年劳作"和城镇的"朝九晚五"不同,农区有农忙和农闲之分,也就是人们常说的"干半年,歇半年"。尤其进入冬季之后,农区的人们往往用大部分时间消遣娱乐,这时,不同的家庭内部便上演着不同的娱乐项目。在大宝家,长辈们经常围坐在炕上,唱民歌、唱乌力格尔、说好来宝,然而,由于长幼次序等传统禁忌,像大宝和他哥哥这样的家族中的小辈始终无法参与其中,但在长期的熏陶下,大宝养成了爱听民歌、爱唱民歌、爱听故事、爱讲故事的习惯。

其实，作为一种家族式文化活动的"炕头艺术"，从表面上来看是特定家庭内部的一种消遣娱乐方式，而实质上是一种特定的家族文化。从教育社会学的视角看，家庭文化主要分为精神财富和文化氛围两个部分。①其中，精神财富属于家庭文化的内核部分，文化氛围属于家庭文化的外显部分。对于"马头琴手"而言，精神财富主要体现在对他们的价值观念、道德行为、情操和个人心理的规范与建构，通过家长的言传身教和在生活情景氛围中的反复演练中，帮助其形成刻苦钻研、永不放弃、尊师重道、精益求精的优良品性；而文化氛围则主要体现在"马头琴手"自身艺术审美价值取向的形成中，通过家庭文化潜移默化的影响，从而对"我想做什么"等具有指向性特征的追求。值得注意的是，家庭文化系统一经形成，对外部文化的渗入具有筛选过滤的功能，这是一把"双刃剑"，需要"马头琴手"自身具备一定的鉴别力。

综上，不论是原汁原味的民族文化，抑或是特定文化空间的地域文化，还是具体形态的家庭文化，都是在某一特定的情境中生成的，都具备相似的文化内核，即地方性。从这个角度来讲，这些具象的文化形态均属于地方文化。地方文化代表着某一空间的文化特性，同时也体现着该空间中绝大多数人的认知模式和知识观念。格尔茨（Geertz）将这种"内部人"所持有的文化称之为"地方性知识"（Local Knowledge）。当然，这种"地方性知识"对"马头琴手"同样具有教育意义，一方面为他们提供了充足的知识来源，另一方面为他们注入了生命的"底色"。这不仅关乎"马头琴手"是否了解其专业的本真，更关乎他们未来发展的可能性。

二、专业性知识为主的"学校场"

"学校场"是"马头琴手"专业成长的第二空间，也是"马头琴手"接受系统教育的主要场域。所谓"台上一分钟，台下十年功"，"马头琴手"的专业成长道路不仅充满艰辛和汗水，也充满掌声和鲜花。他们能否走向"舞台"，实现专业成长和个体生命发展，除了个人的主观意志，还取决于学校教育所传

---

① 鲁洁.教育社会学[M].北京：人民教育出版社，1991.

授的专业知识。我们从"马头琴手"的叙事中可以明显地看到,他们通过现代学校教育场域获取的专业知识主要包括三个部分:一是来自国内的本土专业性知识,二是来自蒙古国的现代专业性知识,三是来自西方大小调训练体系下的专业性知识。

(一)本土:独特的关键符号

所谓"核心",是指不能被轻易替代的东西。任何专业都有一部分内容是区别于其他专业而"独有"的,也正是这份"独有",保障着该专业的存在和发展。就马头琴专业来看,目前被公认的"核心"是传统的泛音演奏法和传统艺术作品。布和正是由于早就明白这个道理,才将马头琴的核心内容作为自己的毕生追求,并为此前赴后继。

> 自1994年进入学校,到2011年毕业参加工作,前前后后我跟着敖特根巴雅尔老师学了十年。在这期间,主要学习了马头琴演奏和潮尔演奏。马头琴和潮尔是相似的两种乐器,都属于马尾胡琴类乐器。当然,也有一些不负责任的人说"潮尔是马头琴的爷爷",这完全是无稽之谈。不过,这种说法也有些道理,但谈不上什么爷爷孙子的事情。这两种乐器确实同宗同祖,这也是学界公认的,二者之间存在很多共性的东西,尤其是演奏法。潮尔的演奏法要比马头琴丰富得多,您看过布林老师的文章吗?他总结了潮尔的三种定弦、五种演奏法,即潮尔定弦胡尔演奏法、潮尔定弦或黑力定弦厄鲁特演奏法(土尔扈特演奏法)、察哈尔定弦泛音演奏法、博尔赤斤定弦泛音演奏法、博尔赤斤定弦图布尔演奏法(反四度定弦顶指演奏法)。马头琴只有泛音演奏法。具体是遗失了,还是本来就只有一种,这个问题太学术了,我没有做过具体研究,不敢胡说八道。上学的时候,我的老师非常看重我,甚至把我当成他的儿子,如果我几天不去找他,他就会来宿舍找我,这一点很多跟我同一时期上学和工作的人都知道,他们说我很有福气,遇到了那么好的老师。那时候老师可以说是知无不言、倾囊相授,他把他所有会的传统演奏法全部教给了我,总是跟我说这些是好东西,千万不能丢了。不仅如此,遇到他自己把握不准的时候,他就把我送

到其他老师那里学。我记得当时上学的时候，他就把我送到布林老师那里，让我跟着布林老师学习；寒暑假的时候，他把我介绍给他认识的民间艺人，让我跟着他们学。

其实，我不仅在国内学过传统演奏法，2006年，我去蒙古国读硕士，专业就是潮尔研究，这个专业虽然看着像纯学术的，其实不是，当时的要求是演奏与理论研究并重，因此学的是传统演奏。后来我又去读了博士，虽然读博士时的学习是纯理论的，但主要还是依据传统演奏法做研究，包括之后在国内外做的一些讲座、参加的一些学术论坛，内容也都和传统演奏法相关。可以说，我这一路走来始终与传统演奏法为伴，在我看来，这才是马头琴的根本，也是潮尔的根本。对于每一个学马头琴的人来说，传统演奏法才是必须掌握的核心技术。

在求学过程中，布和始终将传统演奏法视作他的核心学习内容。在中专和大学期间，布和将学习的重点集中在"三种定弦五种演奏法"①上，并在此基础上学习了诸多马头琴和潮尔的传统作品。之后，为进一步提升自己对于传统演奏法的掌握程度，布和前往蒙古国完成了硕士和博士阶段的学习，在此期间，除了演奏，布和还从学术的角度对传统演奏法进行了深入研究。可见，在布和求学的整个过程中，始终与"传统"为伴。在他看来，无论马头琴如何发展，如何专业化，传统演奏法始终是马头琴的标志性内容，也是"马头琴手"必须掌握的关键性知识。

的确，文化也好，人也好，始终不能脱离其"关键符号"。一种文化脱离了"关键符号"，很快将会被另一种文化所同化；一个人脱离了"关键符号"，很快将会被另一个人所取代。"马头琴手"之所以能被称为"马头琴手"，其关键就在于他们所掌握的关键性知识，即传统演奏法。具体原因有二：从乐器本身角度来看，传统演奏法是马头琴区别于其他乐器、立于世界民族器乐之林的关键所在；从"马头琴手"角度来看，传统演奏法是衡量他

---

① 布林巴雅尔.概述马头琴的渊源及其三种定弦五种演奏法体系 [J].内蒙古艺术，2011（2）：123-128.

们是否具备演奏能力、能否被称为"马头琴手"的重要指标。可以说，传统演奏法是"马头琴手"必须掌握的"核心技术"。正如著名马头琴演奏家仟·白乙拉先生曾说："学马头琴最重要的就是要学三种定弦、五种演奏法，这些要是学不会，那就等于没学过马头琴。"国家级"非遗传承人"布林先生也说："很多人不太愿意演奏长调、阿斯尔等传统作品，主要原因是他们不会传统演奏法，其实传统演奏法才是马头琴最核心的东西。"话糙理不糙，从两位专家的讲述中，我们不难看出，传统演奏法对于"马头琴手"而言是极其重要的，在他们的专业学习中，更是"绕不过的火焰山"，原因在于，传统演奏法不仅是判断他们是否掌握核心技术的重要标准，也是他们作为"马头琴手"的重要标识。

（二）近邻：亲近的异质文化圈

与本土文化一样，异质文化也是人类的本质体现和精神生命的能量，对人类的成长和发展具有相似的功能和价值。相对于其他音乐专业的人而言，"马头琴手"在国内所学习到的知识相对比较少。一方面由于国内马头琴艺术教育资源有限，另一方面由于蒙古国的马头琴艺术教育存在诸多可取之处，他们便"另谋出路"。加之蒙古国的教育成本相对较低，生活习惯、语言环境类似等便利条件，使"马头琴手"往往将目光投向蒙古国。孟克便是如此，在接受了长时间的专业学习之后，为了在专业方面有所突破，他便选择去蒙古国继续深造。

> 9岁那年，我开始正式专业学习马头琴，经过中专和大学八年的时间，几乎将当时国内的马头琴专业作品全部学完了。尤其是上了大学以后，实在没有什么新鲜的作品，就只能将学过的作品再拉一遍。当然，也会有一些新的理解，不过毕竟就那些东西，的确没什么吸引力。本科毕业之后，我决定继续深造，面临的问题就是在国内读还是去蒙古国读。在国内读的话，一来考试难度很大，不一定能考上；二来即便考上了，学习内容还是那些东西。思来想去，我最终选择申请蒙古国的学校。
>
> 2016年，我去了蒙古国立艺术文化大学，真正地让我大开眼界。与

国内相比，蒙古国的马头琴教育确实有很多可取之处，当然也有他们的局限性。我最大的感受主要有以下四点。第一，蒙古国的琴和我之前用的琴不一样，尺寸要大一些，一开始不熟悉，总跑调。不过，总归还是马头琴，过了差不多一个星期的时间吧，也就慢慢熟悉了。第二，当时国内最常见的定弦有2-6定弦、1-5定弦，也有部分作品是3-6定弦。蒙古国基本通用4-降7定弦，一开始感觉有点儿别扭，不过后面演奏作品的时候就好多了，毕竟人家的作品都是按照定弦方式创作的。第三，蒙古国的训练体系和咱们国内不一样，咱们的训练体系大部分使用中国五声调式，也有小部分使用七声调式，而蒙古国的训练体系完全是按照大小调体系来训练的，这一点还好，毕竟在国内都有所接触。第四，蒙古国上课不是国内"一对一"的形式，而是每次上课除了专业老师还有钢琴伴奏老师，哪怕只拉一个简单的音阶，钢琴伴奏老师也会给配伴奏，不像国内，只有考试的时候才有机会合伴奏。其实更重要的是作品，蒙古国的作品非常成体系，民间的作品和专业的作品都非常受重视，尤其是专业作品，包括独奏作品、重奏作品、协奏作品、室内乐作品、小乐队形式作品，甚至是交响乐协奏作品，相当丰富，而且要求学生必须拉，当然老师不仅在教学中这么要求，考试的时候，这几种类型的作品也都是必考的。而且作品写得特别好，也特别有章法，给我的感觉有两点：一是那些作品都比较大气，二是演奏起来比较顺手。一开始我觉得有点儿奇特，为什么他们的作品那么好，后来才知道，蒙古国大部分写马头琴作品的作曲家都特别懂马头琴的性能和技术，甚至有一部分作曲家本身就是马头琴手，所以他们写出来的作品非常适合马头琴演奏。

所以在蒙古国的那两年，我到处收集作品，凡是碰到的谱子都复印一份，凡是碰到的书都买一本。学的时候呢，有时候为了多学一些作品，甚至有点儿追求数量，不追求质量。毕竟我只有两年的时间，如果像以前那样一句一句地抠的话，两年学不了几个作品。所以，我当时的想法就是尽可能多地学会，哪怕粗糙一点，等回国之后时间充裕了，我再仔细研究。不得不说，蒙古国的作品确实要专业一些，对于提高我的演奏能力确实很有帮助。

经过八年的专业学习,孟克已将当时国内的马头琴艺术作品悉数"收入囊中"。在这期间,因作品数量和质量所限,孟克在中专、大学两个阶段所学习的马头琴艺术作品高度重叠。因此,他在考虑继续深造时,便将目光投向相对熟悉的蒙古国。在孟克看来,蒙古国和国内的差异不仅仅体现于琴本身,更体现在训练体系和知识体系等方面,尤其是在专业作品方面,极大地丰富了他的知识结构。

当"马头琴手"具备一定的专业基础后,作品演奏便成为他们专业学习中最重要的内容,不仅可以帮助他们巩固基本功,同时也可以使他们的专业能力得以提升。更重要的是,通过演奏大量的作品,"马头琴手"可以积累丰富的演奏经验。然而,现实的情况是,国内的马头琴艺术作品存在数量有待增加、质量有待提升、更新迭代较慢等问题,导致"马头琴手"在作品选择和演奏的时候往往存在较大的局限性。其实,这个局限性不仅体现在"马头琴手"身上,就连教他们的教师同样深陷此困境。著名马头琴教育家纳·呼和老师就曾说过:"国内马头琴作品太少了,有的学生中专、大学、研究生时期都跟着我学,尤其是基础好、接受能力强的学生,就那么些作品,中专拉完大学拉,上了研究生以后又拉一遍,新作品的质量又不行,其实特别耽误事儿,这也是咱们国内马头琴教育最大的弊端。"

抛开传统作品不谈,国内的大多数新作品中,一部分由专业作曲家创作,另一部分则由马头琴演奏家创作。首先,专业作曲家所创作的作品往往是基于西方作曲理论和技术,且他们对马头琴的性能不甚了解,导致作品不适合使用马头琴演奏;另外,由于马头琴演奏家不具备作曲理论和技术,其创作的作品缺乏科学性和艺术性,不能很好地为"马头琴手"所用。因此,越来越多的"马头琴手"不得不"走出去",将目光投向马头琴艺术作品较为丰富的蒙古国,寻找更多的马头琴艺术作品,以此来丰富他们的知识结构,提升他们的专业能力。原因在于,蒙古国的马头琴艺术作品大多是由了解马头琴,或者本身就是马头琴演奏家的作曲者所创作的,这些作品既符合马头琴的演奏规律,又具有较强的艺术性,对"马头琴手"的专业训练更多的是一种强化和拓展。从这个角度来说,虽然两国在马头琴艺术教育模式和马头琴艺术人才培养方式上存在一定的差异,但终归都是马头琴,存在一定的互通性。

（三）西方：他山之石，可以攻玉

一般而言，获得成功需要正确的方向，更需要正确的方法。当一个人的能力无法满足成功的需要时，往往可借助他人的经验予以辅助。亨廷顿（Huntington）在论述文明的冲突时曾这样说过："几乎世界上所有非西方文明都至少存在了 1000 年，有些是几千年。有记录证明，它们都借鉴过其他文明来增强自己的延续。"① 对于"马头琴手"而言，当现有知识无法满足他们的专业成长需求时，"他者"的经验往往可以作为一种补充。瑞瑞正是由于有这种"他者"的眼光，因此，在学习阶段，选择将西方大小提琴的训练方式引入自己的专业训练中。

> 与其他音乐专业相比，马头琴专业的学生在考学的时候可选择的余地不是很大，全国范围内设有马头琴专业的学校没多少，其中好的也就两三所。我在艺考的时候，正好遇到蒙古国的学校来招生，当时咨询了老师，也征求了父母的意见，我选择了报考蒙古国的学校，幸运的是最终顺利通过了考试。那时候我的想法有两点：第一，虽然蒙古国的马头琴教学采用的是西方的教学体系，但毕竟都是马头琴，加上当时我的专业底子不错，应该能适应。第二，如果我留在国内上学，教我的那些老师多半也在蒙古国学过，既然有机会，不如在本科阶段就去。

> 去了之后发现，毕竟是两个国家，还是有一定的差别。好在语言互通，生活习惯也差不多，很快就适应了。但专业上和国内存在一定的差异。首先，琴本身就不一样，尺寸要比国内的琴大一些，不过还好，毕竟还是马头琴，很快就适应了。其实最大的区别在于训练的方式和内容上的差异。在训练的方式方面，那边的老师不像国内的老师那么事无巨细地讲解，很多时候靠自己摸索。比如说老师让我拉的东西，他只告诉我名称，至于我去哪里找谱子，他不管，他也不会给我谱子。在训练的内容方面，差别还是很大的，咱们国内主要沿用马头琴本身的内容，蒙古国则不是。蒙古国

---

① 苏浩．文明在国际关系中的冲突与合作：从亨廷顿的"文明冲突论"谈起 [J]．世界历史，1998（3）：18-27．

由于长期以来受俄罗斯的影响，其马头琴的训练内容方面，更多采用西方古典音乐的训练体系，当时我用的教材都是从大提琴、中提琴和小提琴教材中移植过来的，甚至有时直接使用大提琴教材，就像国内的大提琴教程一样，包含音阶练习、练习曲和曲目部分。当然也有蒙古国自己编写的马头琴教程，这些教程对级别和程度有明确规定，就像学钢琴一样，从拜厄开始，到599，再到849等，由易到难、由简单到复杂。更重要的是，蒙古国的马头琴训练有一套严格的标准，比如，学到什么程度用什么教程，拉什么练习曲，等等，这些都有明确的规定和要求，当时我的老师让我必须按照他的进度来，一个阶段训练完成后，才能进入下一个阶段，不可以越级，哪怕是到了三、四年级，有些东西也必须得拉。

不得不说，这样的训练体系确实对我非常有帮助。一方面，开发了我的技术技巧，极大地提升了我的演奏能力；另一方面，经过这样严格的训练，我的基本功相当扎实。西方的那种训练体系已经经过几百年的检验，其科学性和有效性已经得到全世界各个国家的认可，相当成熟了。尤其是对演奏能力的提升、技术技巧的开发，以及后期作品演奏都大有助益。

瑞瑞的经历与其他"马头琴手"存在一定的差异，相比于同龄人，他算是略胜一筹。在他上大学之前，瑞瑞一直跟随国内顶级的演奏家学习马头琴演奏，对马头琴的演奏技巧、知识体系、训练模式等已有充分的了解。因此，与其在国内读大学，瑞瑞更愿意去体验不同的学习内容和训练模式。在蒙古国，瑞瑞接受的是与大提琴、小提琴一样的西式教育，不管是演奏技术，还是艺术作品，甚至是教学方式，都与国内有着巨大差异。在瑞瑞看来，这种西式教育模式对于他演奏技术的开发、演奏技能的提升大有助益。

的确，"他山之石，可以攻玉"，大小提琴等西洋乐器的演奏技巧往往可以用于"马头琴手"的专业训练。主要原因有二：从乐器本身来讲，马头琴与大小提琴同属弓弦类乐器中的外弦乐器，不管是性能、表现手法，还是表现能力，都具有极高的相似性；从可行性来讲，两类乐器极具同质性，因此很多大小提琴的演奏技巧可以用于马头琴演奏。再加上大小提琴的演奏技巧形成时间较早、运用范围较广等，其科学性和体系化已经受到艺术界的充分检验和广泛认可，譬如对手指灵活度的开发、对演奏速度的提升、严格的训练过程，科学的训练方式、合理的训练内容，等等，同样对提升"马头琴手"的演奏技术具有极强的引导性和启迪性。不仅是瑞瑞，萨其拉也有同样的感悟："我在国内的时候，速度和力度始终上不去，有时候作品中的速度始终不够，经常被老师批评。到蒙古国之后，他们的训练方式和我们不一样，基本上都是用大小提琴的训练方法，特别科学，甚至用的教材也是大小提琴的教材，就这样按照老师的进度，一步步地训练，慢慢地就提升了。"可见，"马头琴手"的确可以借鉴这种来自西方的训练体系，使他们的演奏能力得以提升。

需要特别说明的是，大小提琴的训练体系毕竟不是专门为马头琴而建立的，再加上即便二者再怎么同质化，也不可能没有边界，依然存在本质上的差别。也就是说，即便"马头琴手"可以将大小提琴的训练体系作为他们提升演奏能力的手段并从中"获利"，但差异性依然存在。因此，在具体的训练中，"马头琴手"应当具备一定的甄别能力，更应当保持马头琴的核心技术不能"动摇"。

三、实践性知识为主的"职业场"

如果说，"学校场"是"马头琴手"接受专业教育的"共性场域"，那么，"职业场"则是他们实现自我价值的专属空间。所谓"实践出真知"，在"职业场"，"马头琴手"通过不同情境、不同形式、不同主题的艺术实践，逐渐生成一种极具"个性化、应用化的实践性知识"[①]。根据"马头琴手"的叙事，他们的实践性知识主要包含演奏经验、个人风格、反思能力、应变能力以及整体思维五个方面。

（一）经验：破解尴尬的良药

经验，是一个人面对困难时，能够保持平稳心态，并及时作出正确决定并付诸行动的意识和能力。在具体的舞台实践中，"马头琴手"往往会遇到一些

---

① 陈向明.教师实践性知识研究的知识论基础 [J].教育学报，2009（2）：47-55，129.

超出他们认知范畴和能力范畴的状况，致使他们不可避免地陷入某种"尴尬境地"，而丰富的经验往往可以使他们及时而有效地将"尴尬"化解于无形。格勒就曾有过类似的遭遇，即便他已经是一名成熟的"马头琴手"，也会遇到很多从未演奏过的作品、从未合作过的乐手以及从未经历的情境，而丰富的演奏经验往往可以帮助他摆脱舞台演出中的诸多困境。

　　20 世纪 80 年代末，当时我还在二连浩特乌兰牧骑工作，单位派我到呼和浩特跟齐·宝力高老师学习。有一天，齐·宝力高老师让我去北京找辛沪光老师，说辛沪光老师要和北京交响乐团合作录一首曲子，录什么他没跟我说，其实当时他也不知道。然后我坐火车去了北京，到北京之后，直接去了北京交响乐团，见到辛沪光老师之后，她临时给了我一张谱子，我一看像是一首好来宝，但可以确定的是我从来没有拉过。最开始我有点儿慌，一首从来没有见过的曲子和一个几十号人的大乐团，我还是第一次见到那么大的场面，感觉自己不太能胜任这个任务。当时辛沪光老师看出了我的顾虑，走过来安慰我，她告诉我不要紧张，让我平时怎么拉就这么拉，毕竟是和乐队合作，不要拉得太自由就行了，她让我按照自己的感觉走，交响乐团会跟着我的。然后我们开始录第一遍，完全是视奏，一次都没练过，当时录音的时候我没考虑什么指法、弓法的事情，更没时间考虑情感、处理这些事情，只能保证节奏不错、音准不错这些最基本的东西。录完一遍之后，北京交响乐团的人全都在鼓掌，指挥也在鼓掌，我回头看辛沪光老师，她也在鼓掌。看到他们的反应，我反倒是有点儿蒙，脑子里就一个念头：他们这是怎么了？这时候辛沪光老师走过来跟我说小伙子不错，录得特别棒，她很满意。但是在这个过程中，其实我自己很多时候都是脑子一片空白，什么都没想，两只眼睛都盯在谱子上。虽然所有的人都觉得很好，但是我自己其实一点感觉都没有，然后我跟辛沪光老师说能不能给我一点时间，我把谱子熟悉一下，再录一遍。后来大概用了不到十分钟的时间，我把指法顺了一下，把曲子稍微分析了一下，又录了一遍，录完之后所有人都觉得特别满意，我也特别骄傲，毕竟那是我第一次和那么大的乐团合作。不过后来听辛沪光老师说，最终用的是第一遍录的曲子。

在我看来，这完全是靠经验，因为毕竟时间那么短，根本没有办法仔细地思考。其实这算好的了，至少有谱子，还有没有谱子的时候，那更是如此。尤其是给长调歌手伴奏的时候，有时没有谱子，完全跟着长调走，长调唱到哪儿，马头琴就得跟到哪儿。有时即便有谱子，但长调本来就特别自由，而且每个歌手唱的都不一样，我只能尽量跟着长调歌手。尤其是在舞台上，经常会遇到一些突发事件，根本容不得我去思考那么多，又不能停下来，否则就会造成舞台事故了，只能随机应变。这个时候，就全靠平时的积累，或者说全靠经验。

不难看出，当格勒面对不熟悉的演奏内容时，由于没有足够的练习时间，他的心态和具体行动都产生了一定的波动，甚至以为自己不能很好地完成演奏任务。值得庆幸的是，在长期的专业学习和演奏经历中，格勒积累了丰富的演奏经验，即便在面对如此紧张而尴尬的情境时，依然可以在极短的时间内完成演奏任务，并且得到人们的认可。

可见，即便像格勒这样相对成熟的"马头琴手"，在日常的艺术实践中，也往往会遇到诸多力所不能及的领域，从而陷入一种"尴尬"境地。毕竟不是所有的"马头琴手"都有能力学到所有的知识，加之突如其来的演奏任务，往往容不得他们拒绝或"摆烂"，也容不得他们仔细研究，甚至连最基本的熟悉程度也不一定能够保证。此时，丰富的经验便成为"马头琴手"破解尴尬最有效的方式。对于"马头琴手"而言，一方面，丰富的经验可以帮助他们保持健康而平稳的心态。有过从艺经历的人都了解，舞台是一个既有鲜花和掌声，又有惊险与考验的地方。当"马头琴手"面对刺眼的灯光、挑剔的观众时，情绪难免产生波动，此时，健康而平稳的心态往往可以使他们保持从容和镇定，从而顺利完成演出。另一方面，丰富的经验还可以帮助"马头琴手"应对艺术实践中的种种困难，尤其当"马头琴手"在具体的实践中遇到"没见过"或"不熟悉"的演奏内容和实践情境时，丰富的经验往往可以使他们避免"无从下手"，甚至在有效解决困难的基础上，获得艺术实践中的"意外之喜"。

当然，"马头琴手"的经验也有其独特的生成逻辑和管理逻辑。从生成逻辑角度来讲，经验既不是可以从书本中获取的，也不是通过某一个人或某一些人就可以直接传递的，而是"马头琴手"在长期的专业学习和艺术实践中，不断总结和积累下来的。而积累的前提是"马头琴手"具有扎实的基本功、完善的知识结构以及丰富的艺术实践经验。从管理逻辑角度来讲，利用经验，"马头琴手"不仅可以有效应对艺术实践中遇到的诸多困难，而且可以准确把握这些困难产生的根源和发展过程，从而找到合理的应对方式和行动策略。

（二）风格：独树一帜的特色

"个人风格"是"马头琴手"区别于他人的独特属性，也是支撑他们立于行业、立于社会的核心素养。当然，个人风格作为"马头琴手"专业能力的外显，其形成和确立与他们对马头琴艺术的认识、对演奏技巧的掌握、对艺术作品的理解、对艺术实践的反思与总结密不可分。更重要的是，个人风格的确立需要"马头琴手"长此以往对某一类型演奏内容的坚守。比如，巴雅尔对科尔沁民歌的青睐与坚持，使得他被冠以"科尔沁民歌大王"的个性化标识。

坦率地说，虽然我在马头琴方面做出了一些成绩，不管是在社会上，还是在专业圈子里，别人都对我有一定的认可。有人说我是大师，有人说我是演奏家，也有人说我是"民歌大王"，每当听到这些赞美的时候，我愧不敢当。马头琴文化太博大精深了，任何人都很难说自己把马头琴文化全部掌握了。这么多年以来，我将大部分精力都投入到民歌上，一方面是因为自己出生并生活在科尔沁地区，深受民歌的滋养；另一方面是因为作为演奏者，一定要有自己的风格和特色。

1958年，我出生在哲里木盟（今通辽市）科尔沁左翼中旗一户普通牧民家中，不论是我所在的地区，还是我的家庭，都深受科尔沁民歌文化的影响，因此，我从小就表现出对科尔沁民歌的热爱，当然也学会了很多科尔沁民歌。1973年，由于过人的艺术天分，我被特招到哲里木盟歌舞团（今通辽市民族歌舞团），从那时候开始学习马头琴。经过三年的刻苦训练，演奏技法有了很大的进步。在这期间，我跟民间艺人学过，跟专业演员学过，跟马头琴大师也学过，不管跟谁学，主要的精力还是在民歌或者传统音乐方面。到1976年，我基本上可以独当一面了，开始参加各种演出，如下乡给农牧民演出、参加盟里的演出、接待外宾演出等，那时候基本上所有的演出都有我的身影。但不管到哪儿，不管什么级别的演出，我基本上都拉民歌。1985 年，由于表现突出，我被调到了呼和浩特民歌歌舞团，之后随国家民委的少数民族艺术团赴德国、法国、波兰等多个国家进行艺术交流，我都是拉民歌，当时我就想把最有特色的民歌带给西方国家的人们，让他们了解我们的民歌。其实，不光是演出时我喜欢拉民歌，其他方面我也非常重视民歌。1979 年，我根据科尔沁民歌元素创作了我的第一首马头琴作品《科尔沁的歌声》。在之后的几年中，我用这首作品拿了好几个奖项，其中包括哲里木盟全盟文艺汇演演奏一等奖和创作一等奖，内蒙古自治区全区民族器乐比赛演奏一等奖、创作二等奖，等等。从那以后，我就确定了我的民歌之路，不论是电影配乐、录制专辑、开音乐会，还是写马头琴教程，几乎全部都是民歌。2005 年，我将多年收集的色拉西老人珍贵的音像资料进行整理，自费出版了《潮尔大师色拉西纪念专辑》。2014 年 3 月，我发行的个人首张马头琴演奏专辑《科尔沁的琴声》由九州音像出版社出版，唱片中收录了我精心挑选的 12 首科尔沁民歌和乌力格尔曲调。除此以外，我还教了一些学生，当然也有很多年轻的马头琴手来找我学习，基本上我都教的是民歌。怎么说呢，我这一路走来，都是以民歌为伴。

当然，其他的东西我也可以演奏。20 世纪 90 年代，我曾经代表中国参加过第 28 届国际民间艺术节，当时我演奏的《波兰圆舞曲》获得了金奖。但我总觉得，作为一个演员，一定要有自己的风格和特色，这样才能在舞台上立得住，如果我完全学别人，和别人完全一样，那人家凭什么非得用我？所以说，这么多年来，我一直在民歌和传统音乐上下功夫，一方面是为了守住传统文化的根本，这是每一个中国人的使命和担当；另一方面，我也是在坚持我自己的定位，将民歌作为我的看家本领。

从巴雅尔的成长经历来看，出生于科尔沁草原的他，自幼便受到传统民歌的熏陶，进而对传统民歌产生热情。进入学习阶段后，巴雅尔便不辞辛苦地追随民间艺人，学习传统演奏法和传统民歌演奏。进入职业阶段后，巴雅尔更是将传统民歌作为前进的基石和奋斗的目标。可见，不管是在专业学习还是在艺术实践中,传统民歌始终与巴雅尔相伴。正是由于这样的坚持,巴雅尔被外界冠以"民歌大王"的称号,同时也逐渐形成了专属于他自己的艺术风格。

所谓个人艺术风格,就是艺术工作者在创造个性与技术实践中所呈现出的相对稳定的整体性艺术特色。[①]对于"马头琴手"而言,他们的个人艺术风格的形成,往往基于他们对某一类演奏技术或艺术作品长期的关注和坚持,在此基础上形成对这些演奏技术和艺术作品的深度掌握,从而使他们在竞争激烈的职业环境中获得"一席之地"。可见,方向的把握和持续的坚持对于"马头琴手"建构自己独特的艺术风格有着积极的作用。从方向性角度来讲,马头琴艺术是一项综合的、多元的艺术形式,即便"马头琴手"穷尽所有精力和能力,也不一定能够对所有的演奏技术和艺术作品驾轻就熟。因此,选择一个适合自己的方向,集中发力,或许可以在该领域有所建树。从持续性角度来讲,马头琴演奏技艺的练就和艺术作品核心思想的把握是极其艰难的,需要"马头琴手"长期而持续地练习、反思和总结才能得以实现,才能逐渐形成对某一领域超乎旁人的见解。因此,在确定方向的基础上,持续而有针对性的具体行为,可以保证他们在"练就一身好功夫"的基础上,形成自己独特的个人艺术风格。

事实上,个人艺术风格的形成除了依赖"马头琴手"自身的力量之外,来自外部世界的影响也不容忽视。首先,成长环境赋予"马头琴手"一种特有的"文化底色",长此以往,在某种文化形态的滋养和浸润下,他们对这种文化形态产生强烈的倾向性,这便是他们个人艺术风格形成的基础;第二,教育是"马头琴手"个人艺术风格形成的手段。教育过程不仅是文化选择的过程,也是文化生产的过程。老师们往往会"因材施教",将"马头琴手"擅长的部分逐步放大,并将"马头琴手""熟悉的"转变为"擅长的"。总之,个人风格的形成往往基于多重因素,然而一旦形成,便为"马头琴手"打上了特定的"文化标识"。

(三)反思:切莫舍本地悔悟

反思是一个人对过去经历过的和做过的事情的总结和归纳。通过反思,人不仅可以从过去的事中吸取经验和教训,同时也可以对未来的事提供必要的提

---

① 张悦,卢兆麟.论表演艺术家个人风格的建立 [J].艺海,2011(12):25-27.

醒和警示。对于"马头琴手"而言，在具体的艺术实践中，不可避免地会遇到超出他们认知范畴和行为范畴的内容，而对这些"超纲"内容的反思，往往对他们日后的艺术实践乃至专业成长具有积极的作用。那日苏正是经过这样的反思，才在专业成长的道路上有所突破。

　　2011年，我和几个热爱民族音乐的人组建了乐队，我们的定位是用现代的表达方式呈现原生态音乐。其实，最初我们也有过疑惑，原生态音乐是不是有市场，能不能被大众所接受？还好，通过我们的努力，乐队越做越好，不管在国内还是国外，都有一定的影响力了。因此，在2015年，内蒙古艺术剧团把我们乐队整体收编了，毕竟是正式单位，给我们提供了很多保障。到了2019年，因为我们年龄也大了，各方面也稳定了，一方面是想着把这个位置让给年轻人，另一方面是这么多年专业学习和演奏的经历，看似很专业，但内心总觉得有点儿空虚。内心空虚的主要原因是自己只懂技术，不懂文化。

　　我是学院派成长起来的，也深知学院派的弊端。上学的时候，与其说拼了命地练琴，不如说拼了命地搞技术，当时流行的一句话是"专业好就是王道"，现在看来，与其说专业好是王道，不如说技术好是王道。那时候除了知道马头琴是一种乐器之外，其他一无所知，老师也没有讲过，学校也没有开设过任何相关课程，也没有安排过采风，当然自己也没有这方面的意识。尤其是工作了这么多年，做了这么多年原生态音乐以后，我最大的遗憾就是马头琴最缺的不是技术，不是作品，而是文化。最可怕的是，人们对"马头琴怎么产生的""作品是什么地方的"这些基本问题都不是很在意。其实这些都是文化层面的东西，当然其中不仅包括历史意义上的文化，也包括文化意义上的文化。记得有一次在国外巡演，有一个人让我讲一讲马头琴的历史，当时我一下就懵了，说实话我真的不知道。那件事情对我触动很大，而且我无比羞愧，自己号称是专业的，号称做了那么多年原生态音乐，诸如此类的问题我竟然不知道如何回答。其实不仅是我，大部分演奏专业的人都不清楚这些根本性问题的答案。其实，马头琴发展到现在，演奏技术已经不是问题了，之所以不像其他民族乐器发展得那么好，根本原因在于文化层面的东西没有搞清楚。马头琴乐器本身如此，拉马头琴的人如此，我也如此。

离开乐队之后，我给自己制订了一个计划：用接下来的十年，去"补课"，去"寻根"。其实其中涉及两个方面，一方面是了解马头琴文化，另一方面是提高自身的文化素养。我们搞艺术的经常说的"艺术搞到最后，其实是在搞文化"。的确，艺术本身就是一种文化，马头琴也一样，本来就是游牧文化的一种形式。现在除了工作，大部分时间，我不是在写作品，就是在看书，有的时候还会去民间走一走。我想知道马头琴和游牧生活之间的关系，我想知道马头琴在牧民心中的地位。其实这在我们上学的时候就应该了解，或者说必须了解，可能当时身在其中，被技术"捆绑"了。回过头看，缺乏文化的演奏犹如无源之水。

由于缺乏传统知识的储备和传统文化的熏陶，那日苏在具体的艺术实践中，始终不能准确把握和表达传统艺术作品中蕴含的深层次意蕴。这也引发了他对自己的艺术观念、演奏技能以及知识结构等方面的深刻反思。在那日苏看来，之所以在具体的艺术实践中遇到诸多"掣肘"，实际上是因为长期以来"重技术轻文化"的错误观念，导致他始终将技术放在第一位，而忽视了文化的重要性。正是这种基于实践的反思，促使那日苏将目光和行动转向"寻根"和"补课"。

可见，反思并不是无根据的空想，而是针对人的某种行为、事物的某种状态，或者是人们习以为常的某种事实的一种积极的、正面的审视。通过这种审视，人们往往会根据自己的具体情况，进行行为上的调适。对于"马头琴手"而言，当他们真正投入学习和实践中时，往往由于认识范畴、文化背景、教育背景等因素的局限，出现诸如"钻牛角尖"一类的现象，从而不同程度地阻碍他们的专业成长。此时，积极反思就显得尤为重要。一方面，积极反思有助于"马头琴手"客观而合理地进行自我评估，从而找到自己演奏技能和知识结构中存在的不足；另一方面，积极反思有助于"马头琴手"及时调整自己的行为方式，避免出现类似于那日苏那样"重技术轻文化"的错位现象。更重要的是，积极反思还可以帮助"马头琴手"树立正确的艺术观和发展观。

诚如前文所述，反思不是空谈，而是基于某种具体事实的科学评判。对于"马头琴手"而言，能够做到科学合理的反思，与他们谦逊的态度、强大的认知能力、完备的知识结构息息相关。首先，"马头琴手"对待艺术的态度是决定他们成败的关键。俗话说"态度决定成败"，谦逊的态度往往能使"马头琴手"反思和正视自己的不足，从而有针对性地提升自己的演奏技能，完善自己的知识结构。另外，"马头琴手"的认知能力也是形成反思能力的重要条件。正所谓"认识决定行动"，强大的认知能力往往能使"马头琴手"正确地看待艺术实践、正确地看待自己的专业能力以及正确地看待自己与其他人之间的差距，从而对自己的专业能力进行有效反思。除此以外，"马头琴手"的知识结构也是他们进行合理反思的基础。知识是"马头琴手"了解自我和了解世界的基础，只有具备完善的知识储备，"马头琴手"才能做到对自己的有效评估和对外界的准确把握，才能形成对自身专业能力的反思。

（四）应变：即席而作的创造

心理学认为，应变能力是人在面对突发事件时，能够做出迅速反应、果断决策和灵活处理的能力。[①] 也就是说，当一个人面对突发事件时，往往需要在极短的时间内做出反应，并果断采取有效的方式，从而使事情得到解决。对于"马头琴手"而言，他们在艺术实践的过程中，往往会由于失误或者配合不当，面临突发情况。此时，"马头琴手"需要具备在最短的时间内作出判断和处置的能力，以达到预期演出效果。

> 大学毕业之后，我成为艺术学院的外聘教师，那时候马头琴专业老师非常少，中专和大学一共分给我 24 个学生，加上私人学生，我一周要上60 多节课，完全没有自己的时间，能顺利把那些课上完已经很不错了，别说练琴了，就连休息的时间都没有。就这么过了五六年吧，实在是坚持不下去了，那时候我也就二十多岁，正是发展的好时候，我想出去学习，也

---

① 邝丽湛.论教师教学的应变能力 [J]. 心理发展与教育，1995（4）：37-42.

想出去闯一闯。

2007 年我去了日本，刚到日本的时候，我住在富士山脚下的一个小屋里，那是一个像旅游区的地方，每天下午五点下班后，所有人都走了，就只有我一个人在那儿住，特别安静，我就拉琴、唱呼麦，跟个疯子似的，然后想家呀，就边拉边唱边哭，太孤单了，那时候我只能用马头琴与大自然对话。后来渐渐地熟悉起来了，遇到了很多来自全世界各个国家的音乐人，也接触到了全世界各个地方的音乐，慢慢地，我开始喜欢上了那种不同音乐碰撞出来的感觉。在日本的时候，我和欧洲的古典钢琴家合作过，和日本的本土音乐家合作过，也跟美国的流行乐队合作过，从他们身上学到了很多东西，逐渐迷恋上这种在碰撞中获得的东西。两年之后，我回到北京，因为有之前的经历，也喜欢合作，便继续跟一些国外的音乐人合作。那时候，我跟荷兰传统音乐乐队一起演出，跟西班牙的爵士乐队一起演出，跟比利时的爵士乐手一起即兴演出，跟丹麦的传统乐队一起演出……总之，只要有人找我，只要是全新的东西，我都愿意去尝试。后来，我加入了杭盖乐队，我们一起做了一张"民间音乐＋摇滚乐＋铜管乐"的专辑，也办了很多轮全国巡演。

在这个过程中，我无数次体会到马头琴的伟大，和那么多文化差异如此之大的音乐都能合作得那么融洽。当然，也有我自己的定位，一定要学会让步，要给自己留余地，也要给别人留余地，这其实跟我们做人是一个道理。在我看来，和别人合作要学会让步，毕竟大家都是搞独奏出身的，演奏能力都很强，表演欲望也很强，在完成同一个作品的时候，一定要让步。当然，这个让步是指音乐上的让步。就是一定要注意相互听，适时地调整自己的演奏状态，相互给对方留空间。其实，做乐队很多时候更讲究互补，这个互补不只是人的互补，更重要的是音乐上的互补。比如，一个乐句，要突出歌手的时候，我们要控制乐器的音量，免得盖住歌手的声音；一个乐句，吉他是主旋律，那么马头琴一定不能抢吉他的风头，这样才能达到平衡，才能做出好的音乐。如果一味抢风头，大家乱成一锅粥，没法儿合作。所以，尤其是合作演出的时候，一定不能只顾自己，不管对方，只有在相互扶持、相互让步、相互交流的前提下，才能做出好作品。

在艺术实践中，哈斯不仅会与传统音乐、爵士音乐、流行音乐等不同文化背景下的音乐形态合作，也会与钢琴家、管弦乐演奏家、歌手等不同专业背景的乐手和歌手产生互动。在此过程中，由于文化和专业的差异性，不可避免地会遇到诸如音乐协调性不好、艺术配合度不够、音乐表现力不足等实际问题，他需要在极短的时间内作出判断和调整，以保证演出的顺利进行。正是在这种充满可能性和不确定性的艺术实践中，他的应变能力得以形成和发展。

可见，应变能力是"马头琴手"面对艺术实践中的突发事件时，迅速做出反应、果断处理的才能，也是他们自身素质的表现之一。具体来说，当"马头琴手"在艺术实践过程中，遭遇类似忘谱、错音等突发事件，但不允许调整或重新演奏时，首先要保证心态平和而稳定，同时在肢体上、行动上做好应对这种突发事件的准备。在此基础上，尽快调动自己已有的知识和经验对突发事件进行及时而合理的评估。也就是说，"马头琴手"应该在极短的时间内，找出造成突发事件的原因，并对其做出正确的判断和分析，进而选择适当的行为方向和应对措施。譬如，到底是自己的失误，还是受周围环境和他人影响；到底应该使用何种方式化解这种突发事件。更重要的是，"马头琴手"需要根据自己的专业能力、实践经验等，通过运用"即席创作"[①]等创造性对策，有效解决实际问题。

那么，"马头琴手"该如何培养自身的应变能力呢？首先，在面对不同艺术实践的过程中培养应变能力。常言道，舞台艺术是"一次性"艺术，往往存在诸多不确定性，加上舞台演出涉及要素多，随时会出现突发事件，"马头琴手"便可在面对不同的突发事件，甚至处理不同的突发事件的过程中培养自身的应变能力。第二，在与不同音乐形态的合作中培养应变能力。马头琴作为一种民族性和风格性极强的乐器，在与任何一种其他乐器的合作中，总会或多或少存在不适应性，这时"马头琴手"需要根据马头琴的基本性能，根据马头琴音乐的基本特性，适时地进行调整，以适应音乐表达的需要。第三，在与不同音乐实践主体的互动中培养应变能力。不同的音乐实践主体由于专业不同、个性不同，在演奏同一首作品时，难免出现"互为主体""互不让步"的情况，"马头琴手"需要根据音乐的需要调整自己的演奏习惯，适当让步，以确保演

---

① 范梅南.教学机智：教育智慧的意蕴 [M].李树英，译.北京：教育科学出版社，2001：209.

奏的完整性和艺术性。总而言之，应变能力不仅是"马头琴手"艺术表达能力的综合体现，也是"马头琴手"艺术观、价值观的具体体现。

（五）整体：相互协作的思维

马克思主义的整体观认为，"任何客观事物本身都是由各个要素相互作用所构成的有机整体"[①]。这就需要人们在认识和把握客观事物时，一定要从客观事物存在形态的整体性出发，坚持整体性观念，从整体上对事物做出全局性的认识和把握。同样，艺术实践作为一种系统性、综合性极强的活动，需要"马头琴手"对其中所涉及的诸多要素和具体环节具有较强的掌控力。在与全胜的交流中得知，他获得如今成就的关键就在于他善于对艺术实践活动进行整体性思考和把握。

> 在过去的这么多年，坦率地讲，我只做过两件事，一件是教学，另一件是演奏。我想不仅是我，对于多数拉马头琴的人来说都是如此，不管是演奏员，还是教师，甚至是传承人，都同样做过这两件事情。在我看来，马头琴教学不单单是教技巧或者教作品，马头琴演奏也不单单是演奏技巧或者是演奏作品，其中涉及的内容相当丰富，毕竟不管是教学还是演奏，都不能单打独斗。
>
> 就教学来讲，其涉及方方面面的内容。在技术层面上，光教指法不教弓法肯定是不行的，光注重速度不注重力度也是不行的。在作品方面，除了技术层面的问题要解决，作品的历史背景、风格特点，甚至是曲式结构、音乐表现、情感把握，这都是教学要涉及的内容。另外，不能只教一类作品，民间的、传统的、专业的、蒙古族的、移植的等都需要涉及。往大了说，培养一个学生，不仅要培养专业能力，文化素养、道德品质这些也都要兼顾。音乐并不是凭空产生的，一定有非常深厚的文化底蕴。比如马头琴音乐，它与蒙古族的历史、游牧民族的思维方式和生活生产方式，以及现代人的思维方式和生活生产方式都有密切的联系。所以，我在教学中特别反对学

---

① 杜利英. 马克思主义整体性的哲学阐释 [D]. 北京：中共中央党校，2020.

生把所有的精力都用在技术上，要学的东西多了去了。

就演奏来说，这么多年我一直坚持做世界音乐，一方面需要对马头琴音乐有比较深入的理解，尤其是我们传统文化中的一些东西，必须深入挖掘；另一方面还需要对世界音乐的特质和发展趋势有一定的把握，最起码知道世界音乐发展到现在，审美取向是什么，不然做出来的音乐没人接受，岂不是一件很尴尬的事情。这些都是最基本的。除此以外，团队演出时，不是自己拉好琴就够了，还需要考虑乐器与乐器的配合、人与人的配合、乐队与歌手的配合等。舞台演出时，除了演绎作品之外，演员的状态、设备的性能、剧院的质量、舞美的效果，甚至是与观众的互动，这些都是需要考虑的问题。

所以，我并不是很赞同把所有的精力都用在演奏上。对于我来说，演奏很重要，那是我的看家本领。但是诸如我以上所说的那些与演奏相关的东西，往往是成就演奏非常重要的东西，而且是不能忽视的东西。因此，在我看来，马头琴演奏不是一件独立存在的事情，而是一件复杂的、整体的事情。

在全胜的叙述中，从教学和舞台实践两个方面，他讲述了自己是如何做到整体性把握的。在全胜看来，不管是教学还是演出，都应当关注其中涉及的每个环节。在教学中，全胜不仅将马头琴的基本演奏技巧传授给学生，与之相伴的历史文化、音乐理论，甚至是对待音乐和艺术的态度，也是他教学过程中的必要内容。在舞台演出中，全胜在保证基本的演奏效果的同时，对合作的乐手、舞台的环境、音响的效果，甚至是观众的反应和互动，同样有很高的要求。可见，全胜在具体的艺术实践中，始终保持着整体性思维。

所谓整体性思维，是指"人们在认识事物的过程中，从普遍联系和永恒发展的基本视角出发，将事物理解为由各要素、各环节、各方面之间相互影响，相互制约，相互作用的有机整体"①。也就是说，当人们认识某一种事物时，应

---

① 孙德忠.马克思主义的整体性与大学生整体性思维的培养 [J].武汉理工大学学报（社会科学版），2012（5）：753–757.

当关注该事物所涉及的各个要素和各个环节，以及这些要素和环节之间的联系，进而对该事物有全局性的把握。舞台艺术实践是一个"看山不是山"的活动，虽然从表面上看只是"马头琴手"为他人提供一种视觉和听觉上的体验，实则不然，其中所涉及的内容往往是立体的、多维的。舞台艺术实践不仅包含必不可少的艺术作品，还包含相关的场地、设备、人员等。因此，一次成功的舞台艺术实践往往需要"马头琴手"既考虑艺术作品的呈现，又考虑与其他乐手的配合，还考虑舞台设备的使用，甚至考虑与观众的互动，等等。正是在这种纷繁复杂的舞台艺术实践中，"马头琴手"的整体性思维才得以形成和锻炼。

当然，形成整体性思维需要"马头琴手"在日常的专业学习与实践中慢慢发现和总结。"马头琴手"需要具备对艺术作品的整体性把握，譬如作品中的技术技巧、风格特色、情感表达等；需要具备对演出环境的整体性把握，譬如剧场、灯光、音响、舞美等。更重要的是，从文化视角进行整体性认识。马头琴作为一种文化载体，归根结底是一种文化表达和文化传递的工具，因此，对于"传递什么样的文化""怎么样传递文化"等诸如此类问题的思考，同样是"马头琴手"整体性思维的体现。

四、本章小结

在本章中，通过多位马头琴手的叙事可知，他们的专业成长主要经历了三个阶段，即原生阶段、学校阶段、职业阶段。由于每个阶段"马头琴手"所处的环境和空间的差异，他们所习得的知识也有所区别。下面，笔者将从知识的结构、知识的形态、知识的习得方式以及不同知识对"马头琴手"专业成长的不同作用进行详细总结。

从知识结构来看，"马头琴手"在他们专业成长过程中主要习得的知识大体包含三种类型，即地方性知识、专业性知识和实践性知识。其中，地方性知识主要源于"马头琴手"专业成长的原生场域，在"马头琴手"还未进入学校之前，他们大多生活生长在自己的出生地，这些地方有可能是"大区域"，也有可能是"小环境"，无论如何，这些区域和环境中所承载的知识始终呈现出一定的原生性和地方性；专业性知识主要来自"马头琴手"专业成长的学校场域，当"马头琴手"通过艺考进入大学时，他们才真正算是进入"专业圈"，此时，他们所习得的知识相较于原生阶段，显得更为科学和系统。值得注意的是，"马头琴手"的专业性知识是一个相对丰富的体系，不仅包含国内的专业知识，还有蒙古国的专业知识，以及西方音乐教育体系的专业知识；实践性知识主要源于"马头琴手"专业成长的职业场域，当"马头琴手"经历了漫长而艰辛的专业训练后，他们便走向具体的艺术实践和职业环境，这时，他们的知识结构主要包含以即兴演奏能力为代表的经验性知识、以风格特色为代表的个体性知识、以艺术实践探究为主的反思性知识、以开放性思维为主的整体性知识和以应变能力为主的情境性知识等。

从知识形态来看，"马头琴手"专业成长过程中所习得的地方性知识、专业性知识和实践性知识大致可以归纳为显性知识和缄默知识两大类。其中，"马头琴手"的显性知识主要是指可以用文字、乐谱等"看得见，摸得着"的形式呈现的知识。比如，音乐文学、音乐史学、音乐美学等可以从书本中学习到的知识，以及视唱练耳、曲式分析、马头琴艺术作品等可以从乐谱中学习到的知识；"马头琴手"的缄默知识是相对于他们的显性知识而言的，主要是指演奏技术、音乐风格、情感处理等既不能用文字准确描述，又不能用语言准确表达的"只可意会不可言传"的知识。

从知识的习得方式来看，由于知识形态和产生环境的不同，知识的习得方式也不尽相同。其中，地方性知识主要来自"马头琴手"所生活的自然环境、社会环境和家庭环境，这种知识不仅与"环境"共在，也与"马头琴手"本身共在。因此，地方性知识往往是通过浸润、熏陶、影响等比较隐匿的方式习得的。专业性知识主要来自学校教育，由于学校教育对于课程设置、课程结构、课程安排等都具有严格的规定，加之马头琴专业训练是一个相对于规范和严苛的过程。因此，"马头琴手"的专业性知识往往是通过具有科学性、系统性的专业训练习得的。值得注意的是，专业性知识的训练体系不仅包含传统的艺徒制训练方式，也包含西方大小提琴的训练方式。实践性知识主要来自"马头琴手"的具体艺术实践和舞台演出，这就不得不提到艺术实践的特殊性。由于艺术实践场地的多样性，表演形式和合作者的多元性，"马头琴手"不可避免会遇到诸多不适应或者不确定的环境和他者，他们需要在具体的演奏过程中不断地调整自己、完善自己，以呈现最好的艺术效果。因此，实践性知识的习得往往是基于"马头琴手"与不同艺术实践环境、不同合作对象、不同演奏形式等诸多要素的互动。

从作用机制来看，不同的知识对"马头琴手"的专业成长有不同的作用。其中，地方性知识由于与草原游牧文化、地域特色文化、家庭特定文化的关联性，往往可以被视为"马头琴手"的"文化基因"。因此，地方性知识不仅可以为"马头琴手"注入生命的"底色"，更重要的是，地方性知识可以帮助"马头琴手"准确把握马头琴艺术专业的本质属性并有效弥补专业教育所出现的知识空白。专业知识一般来源于科学的、系统的专业教育，这种经过严格训练得来的知识，不仅可以帮助"马头琴手"打下扎实的基本功，还可以帮助"马头琴手"练就完备的演奏技巧，更可以帮助"马头琴手"提升自身的演奏能力。更重要的是，专业性知识是"马头琴手"得以立足于行业的重要标志，更是关乎他们是否具备未来发展可能性的必要条件。实践性知识主要源自"马头琴手"丰富的艺术实践活动，是专属于"马头琴手"的个性化知识。因此，实践性知识对于"马头琴手"的作用和意义相对于专业知识更为重要。一方面，实践性知识是"马头琴手"区别于其他"马头琴手"的重要标志，这种个性化的知识在一定程度上可以确保他们能在"有我没你，有你没我"的"舞台"上找到属于自己的"位置"；另一方面，源自具体艺术实践的知识，往往可以促使"马头琴手"对自身专业能力、知识结构进行反思，当反思作用于他们的专业学习时，会让"马头琴手"更加明确自身的专业优势和知识盲区，从而在一定程度上促进他们专业成长的良性循环。

总而言之，不管是地方性知识，抑或是专业性知识，还是实践性知识，对于"马头琴手"专业成长的积极作用都是显而易见的。需要特别说明的是，文化是相对的，知识也是，尤其是对于"马头琴手"的专业成长而言，上述三种知识形态，既没有高低贵贱之分，也没有优劣、先进与落后之分。恰恰是这种多元的知识结构为"马头琴手"的专业成长提供了多元文化的动力，进而促进了他们全面的、系统的、科学的知识结构的形成。

第四章

"自在""他主""自主"：
"马头琴手"专业成长的三重关系

马克思主义认为，人的社会性是人的本质属性。[①] 由此我们不难推断，人的任何形式的活动始终发生在具体的关系之中。当然，成长也不例外，同样可视为一种关系性存在。正如杜威所言："个体的成长始终是关系的，并始终体现个人和各种事物，以及个人和其他人们之间交互作用。"[②] 可见，人的成长不仅同其所处的世界发生着密切的关联，同时也与其所处世界中的人发生着密切的互动。

对于"马头琴手"而言，他们的专业成长归根到底是"经验"的获得过程。在这一过程中，"马头琴手"不可避免地与"外部世界"及"外部世界中的人"保持密切互动的关系。除此之外，"马头琴手"作为自身专业成长的主体，其来自自我世界的天赋、意愿、选择等，同样是他们专业成长过程中必不可少的关键性要素。在本章中，根据"马头琴手"的叙事，将着重从"马头琴手"专业成长过程中的"三重关系"加以论述。具体来讲，第一重关系是"马头琴手"与客观世界的关系，其中包括"马头琴手"与自然世界、文化世界和教育世界的关系；第二重关系是"马头琴手"与他者世界的关系，包括与"马头琴手"专业成长产生关联的父母、老师、同学、同事、同行等；第三重关系则是"马头琴手"与自我世界的关系，其中包含"马头琴手"的自我意识、自我选择以及未来愿景对其专业成长所展现的积极作用。

---

① 马克思恩格斯选集（第一卷）[M].北京：人民出版社，1995：56.

② 约翰·杜威.我们怎样思维·经验与教育 [M].姜文闵，译 .北京：人民教育出版社，1991：267-268.

一、"自在"之境："马头琴手"与客观世界的交互

人是客观世界的存在，人的成长和发展不仅需要自身的努力，更需要客观世界的"加持"。正如著名教育家约翰·怀特（John White）所言："个体生命是以整体的方式存活在环境中，并在与环境一日不可中断的相互作用和相互构成中生存与发展。"① 对于"马头琴手"而言，促使他们专业成长的条件不仅包含自我意识、自主选择等来自主观世界的诸多要素，客观世界同样也为其专业成长提供了必不可少的支持。在与"马头琴手"的交流中得知，影响其专业成长的客观世界主要包含自然世界、文化世界和教育世界三个部分。

（一）"润物无声"的自然

孔子的自然世界观认为，自然世界包含由天、水、火、山、川、风、雷等因素所构成的人类无法战胜的无生命的世界，以及由草、木、鸟、兽等因素构成的人类可以控制的、有生命的世界。在他看来，自然世界不仅为人类提供了最基础的生存环境，同时也提供了丰富的物质基础。可以说，自然世界与人类息息相关，是人类生存的依靠。② 对于"马头琴手"而言，草原的日月星辰、冬去春来、牛羊牲畜等，同样可以为他们的专业成长注入鲜活的力量。哈斯就是因为在专业成长过程中缺少与自然的交往互动，导致他在演奏传统作品时总是难以把握其精髓。所以他在经历多年的艺术实践后，又将自己置身于草原生态环境中。

> 对我而言，技术技巧和演奏能力不是问题，毕竟经过了长期的系统训练，这方面已经有了相对扎实的基础和功底，但在作品表达方面还存在一些缺憾，总觉得差一点儿味道。其实早在学校的时候，老师就对我提到过这个问题，尤其是作品风格和情感把握，一直不是特别理想。这个事情其实困扰了我很长时间，直到多年以后，我终于找到了答案：环境，这个跟

① 叶澜.教育创新呼唤"具体个人"意识 [J].素质教育大参考，2003（4）：6-7.
② 陆建华.孔子的自然世界 [J].兰州学刊，2017，（11）：91-96.

环境大有关系。

我出生在赤峰市巴林右旗大板镇，从小在镇里长大，后来一直在城市里生活和工作，没有体验过真正的草原环境和牧区生活，确实很遗憾。直到 2007 年，一个在日本发展的兄弟联系我，问我愿不愿意去日本发展。那时候他和别人在富士山脚下投资了一个叫清水国民的自然学校，主要是让东京这样的大城市居民去亲近自然、体验生活的一个类似于度假村的项目，里面有十几个蒙古包，他让我去那里拉琴。我觉得挺有吸引力的，再加上对当时的工作环境并不是特别满意，又想寻求一种真正的突破，我就去了日本。因为工作的学校离市区比较远，我就住在富士山脚下的一个小木屋里。白天有客人的时候，我就在蒙古包里演出。下午五点下班之后，游客和工作人员基本都走了，就剩下我一个人。跟绝大部分身处异乡的人一样，人多的时候或者工作忙的时候顾不上想家，一个人的时候就感到无比孤独，格外想家。每当一个人的时候，我就拉着马头琴，唱着家乡的歌，有时竟然就哭起来了，甚至哭得自己没办法拉琴，像个疯子一样，但每次都非常酣畅、非常尽兴，而且有一种在和大自然对话的感觉，特别纯粹，特别奇妙，有时候还能激发出很多灵感。在日本待了两年之后，我回国加入了杭盖乐队，当时就有个想法，能不能把排练厅建在草原上？没想到我这么一提，大家都非常赞成。之后我们就多方联络，最终在锡林郭勒盟正蓝旗的草原上找到一个地方，也是牧民自己的草场，搭了一个比较大的蒙古包，作为杭盖乐队的排练厅。一般情况下，演出结束或者准备演出时我们都在那个蒙古包里，像是在充电一样。在草原上拉琴、在蒙古包里拉琴与在城市里完全不一样，我觉得自己和音乐近了很多，有一种能把心里话说出来的感觉，慢慢地，之前我的问题也就解决了，在音乐的表达上也越来越自如了。

所以我特别主张，拉琴、唱长调的人都该去草原住一段时间，把自己真正融入那个环境中，去体验一下真正的草原生活，去感受草原的日月星辰，去感受草原的春夏秋冬。这对于音乐的表达大有帮助。当然，这种帮助不像学会一首作品、练好一项技术那么直接，而是一种潜移默化的影响，只可意会，不可言传。

不难看出，由于缺乏草原游牧生活的经历和与自然环境的互动，哈斯在很长一段时间内无法深刻理解和准确把握马头琴艺术作品的风格特色和情感基调，甚至对于造成其演奏缺乏“味道”的原因也不甚了解。直到在富士山下的经历，才使得他真正感受到人与自然、音乐与自然互动的重要性，并在日后的专业成长经历中更加重视去“自然环境中寻找”，在与自然的互动中不断丰富和充实自己的艺术表达。

的确，人本身就是自然的存在物，人的生存和活动往往受制于自然界。正如马克思所言：“人是自然的、肉体的、感性的、对象性的存在物，同动植物一样，是受动的、受制约和受限制的存在物。”①可见，人的生存与活动始终与自然环境密不可分，必须以自然环境为基础。事实上，除了基本的生存条件和物质基础，自然界同样对人类的精神世界产生重要影响。比如舞蹈家杨丽萍在创作《云南印象》之初，通过感受河水的流动、树枝的摇摆、虫鸟的活动等来自自然界的“养分”，从而丰富自己的创作和表演。正如杜威认为的那样，人与环境（即客观世界）的交换和互动是人与自然最本质的关系。“马头琴手”作为一种特定的自然物存在，其专业成长始终处于一定的自然环境之中，同样受到自然环境的影响和制约。离开了自然环境，“马头琴手”将失去生存和发展的根基。可见，“马头琴手”的专业成长始终不能摆脱对自然环境的依赖。

事实上，自然环境中往往蕴藏着一些“只可意会不可言传”的超自然能量，潜移默化地影响着“马头琴手”。“马头琴手”不断从自然环境中吸取能量和信息，从而塑造“马头琴手”的性格特征和精神面貌，也塑造着“马头琴手”的艺术追求。需要特别说明的是，现代艺术教育往往侧重于学校教育，而忽视了自然环境对“马头琴手”的积极影响，再加上草原生态的变化和游牧生活方式的变迁，致使越来越多的“马头琴手”没有机会接受自然环境的滋养，从而造成“总觉得缺点儿什么”的尴尬局面。如何破解这种“尴尬”，正是现代艺术教育需要思考的问题。

---

① 马克思.1844 年经济学哲学手稿 [M].中共中央马克思恩格斯列宁斯大林著作编译局，译.北京：人民出版社，2008：105.

（二）"无处不在"的文化

"文化"一词，看似宏大，实则具体。个人无论身处何种环境，都不可避免地受到该环境中特有的文化的影响，可以说文化对个体的影响是"无孔不入"的。同样，个人的成长和发展往往受制于文化。正如本尼迪克特（Benedict）所指出的，"文化提供了个人赖以生存创造的原料。如果文化贫瘠，个人便会受害；如果它丰富灿烂，个人便会得到大大发展"[1]。对于"马头琴手"而言，他们的成长同样受制于不同的文化形态，而特定的文化形态往往给予"马头琴手"特定的滋养。在与全胜的交流中，他就深刻地表达过科尔沁传统文化和西方流行音乐文化对他专业成长的不同意义。

> 1969年，我出生在科尔沁草原上。我们科尔沁地区有着深厚的文化底蕴，随处可见民歌、四胡、好来宝、乌力格尔，等等。我在无形中受到这些传统文化的影响。当时因为我父亲被下放到牧区，我就在那里长大，那是一个连电都没有通的地方，平时只能听人们唱唱歌，讲讲故事。1984年，小学毕业后我考上了内蒙古艺术学院中专部，跟随色拉西老人的关门弟子敖特根巴雅尔老师学习潮尔和马头琴演奏。那时候不像现在，马头琴还没有那么多现代的东西，我学的东西基本上都是特别传统的音乐，可以说我现在做的事情，很多都源于那个阶段传统音乐对我的影响。1987年，我考上了民院（现中央民族大学），民院可以说是一个多元文化的集散地，有来自全国各地不同民族的学生，当然也有来自各个民族的文化，在那种文化氛围里学习和生活，很容易产生艺术上的碰撞和共鸣。我后来做的很多音乐中就有来自不同民族的音乐元素。2006年，蒙古族马头琴音乐被列为国家级非物质文化遗产，可以说马头琴文化受到了前所未有的重视，对于我来说也是一个发展的好机会，正是那年，我创建了HAYA乐团，我的初衷是让传统音乐贴近现代人的生活，让世界了解我们中国人的传统音乐。就这么做了十几年吧，效果还是挺好的。HAYA之所以能在国内外都那么受欢迎，在很大程度上也是文化滋养的结果，当然其中有中华文化，也有世界各地的文化。现在国家对传统文化越来越重

---

[1] 鲁思·本尼迪克特.文化模式 [M].张燕，傅铿，译.杭州：浙江人民出版社，1987：238.

视，不管是中央还是地方，都出台了很多好的政策，这些政策的出台其实就是为了传承和保护我们的传统文化。当然，在音乐领域也是如此，国家为了振兴和发展国乐也做了不少努力。就在不久之前，我作为特殊人才被引进到中央民族乐团，授予我"国家一级演员"称号，还给我爱人解决了工作和户口问题，这些都是出于对文化的重视。

在我看来，人不可能离开文化，离开文化我们什么也不是。对我而言，首先要把马头琴文化传承好，马头琴不仅是个民族乐器，也是国乐。去年我受邀参加了一档电视节目——《国乐大典》，其间我就说过，不能把少数民族音乐和国乐分开来谈，少数民族音乐本身就是国乐的一部分，国乐本身就是由我们 56 个民族的音乐共同组成的，当然其中就涉及更高层次的国家文化战略，所以说，人也好，音乐也好，始终受文化的影响。

根据全胜的叙述，他在专业成长的不同阶段，始终受到不同形态文化的滋养。从最初学琴时期科尔沁地区的传统文化，到求学阶段的蒙古族传统文化以及各民族的传统文化，再到职业阶段所接触到的不同国家和地区的文化，可以说，文化始终影响着全胜的专业成长。以至于在他日后的艺术实践中始终致力于传统文化的现代性表达。此外，由于国家对于传统文化的重视程度不断提升，这也为全胜提供了新的专业发展机遇。可见，文化对于全胜的专业成长始终有着重要的作用和意义。

正如张楚廷所言，"人是后天成长和发展起来的，虽然可以自己把握自己的命运，但人始终离不开自己成长的文化世界"①。全胜如此，其他的"马头琴手"亦如此，正是在这种与文化世界的交往互动中，"马头琴手"不断实现着他们的专业成长。文化不仅为"马头琴手"提供了丰富的知识滋养，同时也为"马头琴手"确定自己的专业发展方向提供了指引，更重要的是，文化还赋予"马头琴手"特定的社会角色。值得注意的是，文化是动态的、多元的，在"马头琴手"专业成长的各个阶段，不同的文化所扮演的角色也不尽相同，对"马头琴手"专业成长的影响同样呈现出多样性。具体来讲，在启蒙或者初学

---

① 张楚廷.张楚廷教育文集（第四卷　校长叙论卷）[M].长沙：湖南教育出版社，2007：494.

阶段,传统文化对于"马头琴手"的影响较大,譬如某个地区的特色文化(如科尔沁民歌、鄂尔多斯民歌等);在学校阶段,"马头琴手"们往往接受的是专业教育,此时现代文化则成为"马头琴手"习得的文化形态;在职业阶段,由于面对不同的艺术实践需要,"马头琴手"将不单单接受某一类型文化的影响,这时候,文化的形态更多地倾向于"复合"文化形态,如传统文化、本土文化、外来文化等。当然,随着时代的发展以及"马头琴手"对于文化的认知和理解的不断深入,传统意义上的文化可能会被颠覆甚至被解构。

值得注意的是,不论文化如何发展或变迁,始终有其内在规律性和边界,尤其像马头琴这样的传统民族乐器,其文化内核始终以"传统"为核心。当然,也有不少"马头琴手"和学者们主张马头琴应趋向专业化和国际化,在日常的专业训练和艺术实践中将大提琴、小提琴等其他西洋乐器的训练方式和作品用于马头琴演奏,并且取得了一定的成效。但笔者认为,即便如此,只能说明马头琴这个乐器本身具有较大的可能性,或者说西洋乐器作品的适切性较为广泛,依然无法完全取代传统文化对于马头琴和"马头琴手"的塑造力。正如有学者提到:"看不到文化的民族性,以至于人们在如何对待中国文化传统、如何接受外来文化方面,都难以提出正确意见和方案。"① 因此,在浩瀚的文化世界中,需要"马头琴手"根据自身的专业成长特点做出基本的甄别与取舍。

(三)"不可替代"的教育

马克思主义哲学告诉我们,人具有"自然"和"社会"的双重属性。那么,人如何实现从"自然人"到"社会人"的完美蜕变?我们脑海中可能自然而然地涌现出两个字——教育。正如康德(Kant)在论述人与教育的关系时提到的,"人只有通过教育才能成为一个人,人是教育的产物"②。可见,教育对于人的"社会化"的确功不可没。"马头琴手"作为特定身份的"社会人",在他们的"社会化"进程中,教育所发挥的作用,始终无可替代。在纳森的成长经

---

① 庞朴.文化的民族性与时代性 [M].北京:中国和平出版社,1988:106.
② 曼弗雷德·库恩.康德传 [M].黄添盛,译.上海:上海人民出版社,2008:86.

历中，正是由于有机会得到不同阶段和不同层次的教育，才使得他从一个牧民成长为一名"马头琴手"。

  我出生在赤峰市阿鲁科尔沁旗的一个传统的牧民家庭，我们家有九个孩子，我父亲很早就去世了。母亲经常说世上有两条路：一条是努力读书出人头地，一条就是留在草原上放牧。当然并非我们一家如此，这是那个年代大多数牧民家庭的真实写照。因为小时候家里条件不好，再加上牧区生活艰苦，所以在我很小的时候就知道，要想摆脱这种生活，就只能读书，努力接受好的教育。事实证明，我能有今天的成绩，与我所经历的、所接受的教育息息相关。

  起初老师对我特别好，特别用心，几乎是手把手地教我，我拉什么老师就陪着我拉什么。而且我们成天待在一起，相依为命。那时候我家没钱交学费，只能从家里拿点儿干肉和黄油给老师，但老师从来不会因为我交不起学费而不好好教我，还是一如既往地用心教我，对这一点我无比感恩。两年后，我考上了 N 大学，有机会接受正规的教育。在那个年代，能考上本科算是一件很了不起的事情，尤其对我这样一个牧民家庭的孩子。所以我特别珍惜，没日没夜地在学校练琴。除此之外，我还教了很多小朋友，因为家里穷，我需要自己挣学费和生活费。毕业之后我被分配到白云鄂博文化馆工作，在这里不得不提一下当年的教育政策，我们那时候是包分配的，可以说一考上大学就有了铁饭碗，只要顺利毕业就能有工作。后来我跌跌撞撞拉了十几年琴，其间去过包头，也去过北京，拉过琴，也教过课，还成立过自己的马头琴乐团，虽然看似风生水起，但是专业上面一直觉得自己差得很远。到了 2009 年，有一个很好的机会可以去蒙古国读研究生，当时我几乎放弃一切去了蒙古国。我记得蒙古国的老师告诉我，一个合格的马头琴手，不光要有技术，还要懂得感恩，感恩大自然，感恩父母，感恩老师等身边遇到的一切，另外就是要对马头琴的历史，自己民族的历史，自己国家的历史有所了解。如果只会拉琴的话，充其量也就是个琴匠。这些话对我的影响也特别大，可以说直到今天依然是我做人做事的准则。从蒙古国回来之后，我成为包头师范学院的老师，但是有一个新的问题来了——我会拉琴,但是我不会教别人拉琴,这么多年虽然也教了一些学生,但始终觉得自己不是特别能胜任这个工作,当老师要是教不好,还不如不教,否则教错了就把学生害了。更重要的是,我在专业上越来越觉得吃老本,在教学上觉得自己不懂教学理论和方法。所以,2018年,我申请了蒙古国国立教育大学的教育学专业,现在是博士生,目前我也在准备博士论文。

所以说,我能从一个放羊娃成为大学老师,不久的将来还能成为一个博士,教育对我来说太重要了。当然,这个过程中,与父母对我的教育,老师对我的教育等是分不开的,所以我常怀感恩之心,有时候一个人安静的时候也在想,如果没有这些接受教育的机会,我可能到现在还是一个牧民,和我的父辈、祖辈一样,过着艰苦的生活。可以说,教育改变了我的一生,也成就了我的一生。

从纳森的专业成长经历中不难看出,教育始终与他有紧密的联系。在纳森的不同成长阶段,所接受的教育也有所不同。具体来讲,在最初拜师学琴的时候,纳森所接受的是传统师徒制的教育,主要通过老师的口传心授、言传身教等方式,习得马头琴演奏技巧。当纳森进入学校教育阶段以后,受教育的模式发生了一定的转变,从老师的"手把手"教学模式逐渐转变为以"自学"模式为主。不过,这只是教育形式上的变化,从本质上来讲,纳森始终没有脱离教育。

可以说,只有接受了一定的教育,"马头琴手"才能具备自我认识和自我改造的能力。值得注意的是,教育可以促进人发现生命的意义,提升生命的质量。原因在于,教育本身就是"按照一定的社会目的和要求,通过对知识信息的传递,来引起、激发、调节和控制人的生理和心理的发展过程的实践活动"[①]。对于"马头琴手"而言,教育帮助他们实现了从"自然人"到"知识人"的转变,不管是知识与技艺的习得,还是人格品性和艺术修为的养成,始终是通过教育才得以实现的。更重要的是,教育还塑造了"马头琴手"的"社会人"角色,可以说教育在赋予"马头琴手"知识与技艺的同时,带给"马头琴手"立足行业、立足社会的可能性。可见,教育对于"马头琴手"的专业化和

---

① 洪宝书.教育本质与规律 [M].成都:成都科技大学出版社,1992:89.

社会化所具有的作用是不可替代的。

当然，教育的模式也不尽相同，传统也好，现代也罢，不同的教育模式对于"马头琴手"专业成长往往呈现出不同的效果。具体来讲，基于模仿式的传统师徒制更加注重师徒间的互动，通过演示、观察、模仿等亲历式教育，使"马头琴手"在直观、真切的感受中更好地习得马头琴演奏技艺，更准确地把握艺术作品的内涵。基于启发式的现代教育模式，更加注重"马头琴手"的个人能动性，通过老师的讲解、提示等启发式教育，更好地培养"马头琴手"的自主学习能力和艺术创造能力。可以说，教育作为"马头琴手"专业成长的摇篮，始终对"马头琴手"的专业成长有所助益。

二、"他主"之助："马头琴手"与他者世界的交互

个体作为复杂社会中的一员，从本质上来讲，并不是孤立的"单子式存在"，而是"一切社会关系的总和"①。可以说，个体不仅是一种社会性存在，同样也是一种关系性存在。正如麦克林（McLean）所言，"一个人并非孤独地拥有世界，而是进入这个世界并分享这个世界，其他人也是一样 …… 人的世界就是与他人在一起"②。对于"马头琴手"而言，他们的世界可以被看作是与他者在一起的世界，也正是在与他者的交往互动中，"马头琴手"才能不断发现自我、形塑自我，从而找到自己在具体世界中的"归属"。根据"马头琴手"的叙事，在他们专业成长的进程中，父母、老师、同学、同事和同行等这些社会性关系始终扮演着重要角色，发挥着重要作用。

（一）"身体力行"的父母

俗话说，父母是孩子的第一任老师。在孩子的成长过程中，来自父母的"能量"往往直接影响孩子的思想观念和行为方式，甚至决定着孩子的未来成长趋向。对于"马头琴手"而言，是否遗传父母的"艺术基因"，能否获得父

---

① 马克思恩格斯选集：第 1 卷 [M]. 北京：人民出版社，2012：135.
② 乔治·麦克林. 传统与超越 [M]. 干春松，杨凤岗，译. 北京：华夏出版社，2000：60.

母的物质支持和精神支持，直接关系着他们专业成长顺利与否，成败与否。这一点，在伊明的专业成长经历中显得尤为突出。

与其他人相比，我的经历可能比较特殊。我出生在一个艺术世家，我的父亲是呼伦贝尔歌舞团的马头琴演奏家巴依拉，我的母亲是呼伦贝尔歌舞团的舞蹈演员，我是在呼伦贝尔歌舞团的大院长大的，不管是整体的环境氛围，还是家庭的艺术气息，总归要比其他小孩儿优越一点儿，所以说我是幸运的。

由于父亲的原因，从小到大不管是学琴还是上学、工作，我都比其他人少走一些弯路。小时候，歌舞团的院子里全是搞艺术的，氛围特别好，不夸张地讲，早晨叫醒我的是音乐，晚上伴我入睡的也是音乐，甚至有人笑称我还没出生时，在我母亲肚子里听的都是马头琴声。其实最初学琴的时候，我一点儿都不快乐，我父亲是一个特别严格的人，在我的印象里，我总是因为拉琴挨打，一般两遍再拉不对就是打，而且打得特别狠。那时候总怕拉不好被他打，但越怕越拉不好。后来我母亲就不让父亲教我了，找了一个我父亲的学生教我。直到我十三岁的时候，我父亲觉得再不教我就迟了，于是又成为我的老师，一直到我从呼伦贝尔艺校毕业，都是我父亲教的。那时候我记得很多人都来找我父亲学琴，比如布林老师、陈·巴雅尔、纳·呼和、仟·白乙拉他们都来过，来了就住在我家跟我父亲学琴，我比他们年龄小很多，叫他们哥哥。刚参加工作的时候，由于我是个新手，没有舞台经验，父亲演出的时候就带着我，从合奏到二重奏，再到我自己独奏。我父亲就是这么一步一步扶着我过来的，那时候在父亲的光环下，受到了很多赞美。当然我专业不差，我相信有些赞美是真心的，有些可能就不一定了。尤其是在我父亲去世之后，以前对我大加赞赏的那些人，一下子一百八十度大转弯，说话难听极了。开始听到那些话我真的受不了，当时我还找过我父亲以前的学生哭诉过，他也劝我说，别人讲什么不重要，重要的是用自己的实力让别人闭嘴。

那时候我把QQ签名改成"要想让别人闭嘴，就得让自己变得更强大"，父亲不能陪我一辈子，我也不能总活在父亲的光环下。然后我就拼命地练琴，有时候在琴房里一坐就是一天，既然管不住别人的嘴，那就只能靠实力，练得更好。也就是从那个时候，我开始学着让自己变得强大起来，因为我不想让父亲的技艺后继无人，如果失传了，不仅是我自己的损失，也是马头琴的损失。所以，我从来不避讳别人谈及我的父亲。从父亲身上，我不仅学到了马头琴演奏技术，还得到了很多人脉和机会。但同时因为父亲的离开，促使我在马头琴上的投入，更刺激我找到了专业发展的方向。

从伊明的叙事中可知，父亲在伊明专业成长的各个阶段始终表现出极高的参与度。从最初的启蒙教育阶段，到专业学习阶段，再到后来的职业阶段，伊明始终与父亲保持着极为密切的互动。即便在父亲去世之后，其艺术作品、道德品行、人格修为以及对待马头琴艺术的态度，依然对伊明的专业成长具有全方位的影响，可以说，父亲一直伴随着伊明专业成长的全过程。

伊明是幸运的，其父亲演奏家的身份和经历为他提供了得天独厚的条件。首先，从遗传基因的角度来说，伊明或多或少遗传了父亲优良的音乐基因，这关系着伊明是否具备学习马头琴的先决条件，更重要的是，优良的音乐基因也关系到伊明在艺术成长的道路上是否行稳致远，对此前文有所论述，在此不多赘言；另外，作为乌兰牧骑演员的父亲，长年累月与马头琴艺术相伴，同样为伊明提供了一个较为理想的成长环境和学习氛围。需要说明的是，父亲在马头琴界乃至艺术界的人脉关系，同样可以为伊明的专业成长提供诸多便利。不过，在众多"马头琴手"中，伊明尚属特例，多数人没有他这样的福气。在与布赫的交流中，他就曾说过："我的父母是特别传统的牧民，他们本身没上过几天学，也没怎么见过世面，对于我学习马头琴这件事情其实最初是不支持的，在他们的观念中，马头琴只是日常娱乐和消遣的东西。尤其是在我第一次艺考失利后，我的父母就告知我家里没有条件支持我继续学马头琴了，他们甚至希望我能回去放牧，尽早娶妻生子。直到现在，他们依然对我所从事的工作不是很了解，当然也就给不了什么实质性的支持了。所以，多年以来，我在同龄人中其实算是走得相对比较艰难的。"可见，相较伊明，布赫的父母在他专业成长过程中的参与度明显"逊色"。当然，笔者在此引用布赫的故事，并非将二者的经历进行比较，而是通过两个具有差异性的案例，进一步说明父母在

"马头琴手"专业成长历程中所具有的积极作用。

事实上，抛开主观能动性不谈，父母在"马头琴手"专业成长中始终扮演着重要的角色。一方面，在"马头琴手"尚不具备认知能力时，父母的意愿和选择往往为"马头琴手"提供了接触马头琴的可能，这种可能促使"马头琴手"有机会走上专业成长的道路；另一方面，在"马头琴手"尚未形成自主学习能力时，父母的监督甚至管束，可能使"马头琴手"逐渐从"不自愿"到"自愿"，再到形成习惯，进而培养和建立起自主学习的意愿。另外，家庭的温暖往往被人们视作"疗伤的港湾"和"能量的补给站"，在"马头琴手"遇到专业成长瓶颈时，父母的宽慰与体谅成为"马头琴手"继续前行的动力。需要特别说明的是，学琴是高投入的，昂贵的乐器、高额的课酬等成本，同样考验父母及家庭的经济能力和物质基础。

（二）"事无巨细"的老师

"师者，所以传道受业解惑也"[1]。与父母相比，老师在"马头琴手"专业成长中的作用往往更为显著。老师不仅为"马头琴手"提供专业知识，也帮助他们学习处世之道，更有甚者，老师还能满足他们一定意义上的情感需求。这种"多元性"在苏德的成长经历中表现得淋漓尽致。

> 我上学的那个年代和现在不一样，本来学生就不多，而且工作是包分配的。所以那时候招生就非常慎重，每一个都是精挑细选出来的，不管老师还是学校都非常下功夫。而且那时候老师的压力也很大，既然要这个学生，就必须得教出来，学生每个学期汇报一次，必须达到一定的标准，这也算是对老师教育能力的考核。此外，那时候老师也要参加专业考核，和学生一样，每半年考核一次。所以，那时候老师对我们要求特别严格。各方面都会"特殊关照"，我经常回想起当年上学时的种种情景，觉得自己太幸运了，能够遇到那么好的老师。
>
> 老师对我们的专业要求可以用苛刻来形容，长弓拉成什么样子、练习

---

① 韩愈.韩昌黎文集·师说 [M].北京：中国书店，1991：89.

曲拉成什么样子、作品拉成什么样子都有非常严格的演奏标准。在平时上课的时候，老师教的东西，如果第一遍拉不对，老师会再讲一下，如果再拉不对，他会做一下示范；要是再拉不对，那就免不了被打手，那时候我们基本都被打过。这还不算啥，平时几点起床、几点睡觉都要管，有时候如果早晨起不来，老师就跑去宿舍，直接掀开被子就拎起来了。除了专业上，老师对我们行为举止方面也很严格，印象最深的一次就是当时老师带着我们几个去北京参加演出，因为那次是在中南海给国家领导人演出，规格非常高。在去北京的火车上，老师就给我们立了很多规矩，比如出去的时候要把衣服穿好，不能邋里邋遢的；演出的时候要把自己的服装和琴管理好，不要给别人添麻烦；见了长辈，不管认识不认识都要打招呼，要有礼貌；去人多的地方不准吵闹，不准大声说话；吃饭的时候不准剩饭，不准浪费食物，吃完了自己把盘子收了；等等。总之说了一大堆。不过，虽然老师对我们要求很严格，但是在平时的生活中对我们确实无微不至。那时候学校是封闭式管理，只有在周末的时候才允许出校，尤其我们都是从牧区来的，一个学期只有放假的时候才回家，父母开学的时候就把生活费直接给老师，我们要用的时候就向老师申请。不过，老师也不是随便给钱，花钱的时候得找老师申请，必须说清楚要干什么，说不清楚就不给，而且只有周末放假的时候才给，平时不给。那时候家里生活条件也不太好，没那么多钱，每次向老师申请五块钱或者十块钱，很少。即便如此，老师还要求我们：其中必须留出两块钱去洗个澡，其余的可以买点儿零食。另外，那时候我们学校实行的是周日单休，基本上每周日老师都把我们几个人叫到他家里改善一下伙食，师母就给我们做一些红烧肉、鱼这些平时在学校食堂吃不到的东西。老师和师母总说我们那么小就离开家乡、离开父母出来上学，而且一个个都那么努力，他们也很欣慰。除了学习上，老师在生活上也很照顾我们。但是，每次到老师家吃饭的时候，我们都特别紧张，头也不敢抬，甚至不敢吃饱，但内心确实很温暖。

所以我们经常说，我们这一批人，生在那个年代，遇到这样的老师和师母，像是我们的第二对父母，确实是我们的幸运，更是我们的福气。我们经常说自己有两对父母，一对是亲生父母，另一对就是老师和师母。虽然专业上对我们要求很高,有时候甚至还会打我们,但是真心地把我们几个当成自己的孩子。我记得老师的女儿以前说过,她作为老师的女儿都很羡慕我们,她自己都没有享受过这样的待遇。

在苏德的专业成长过程中,老师的确承担着多项任务,同时也扮演着多重角色。在学习方面,老师的悉心指导,不仅帮助苏德练就了扎实的基本功,为他日后的专业发展打下了坚实的基础;在生活方面,老师的亲切关怀,使像苏德这样远离父母在外求学的孩子们体会到难得的"家庭温暖";在行为规范方面,老师以身作则,使苏德懂得了做人做事的原则和底线。如此经历,从不同角度彰显出老师对苏德的全方位影响。

事实上,正是由于老师的种种"特殊关照",苏德的专业成长之路显得无比顺利。当然,若能像苏德一样,遇到这样事无巨细的老师,着实是幸运的。其实,对于绝大多数"马头琴手"而言,老师对他们的影响,往往体现在他们专业成长过程中的各个环节。首先,老师是"马头琴手"专业知识的主体来源,尤其是在"马头琴手"专业成长的初期和中期,这种主体性作用显得尤为重要,原因在于,老师所教授的专业知识关乎"马头琴手"是否具备一定的专业素养,更关乎"马头琴手"是否有继续发展的可能性。其次,老师是"马头琴手"日常生活的情感寄托,尤其是在学校期间,"马头琴手"们远离家乡和父母,往往将情感寄托于老师。当然,情感的需要不仅仅体现在日常生活中,还体现在专业学习中。尤其是对于艺术专业的学生而言,那些艺术作品中的情绪表达、风格把控等隐性知识的传递,往往得益于师生间的情感互通。最后,老师是"马头琴手"为人处世的行动指南,通过日常的教学与生活互动,老师将自己对待专业的态度、对待生活的态度以及对待他人的态度,潜移默化地传递给学生,从而不断塑造着"马头琴手"的品格、启迪着其心智。总而言之,在"马头琴手"专业成长的历程中,教师始终是一个极为重要的角色,他们不仅完善着"马头琴手"的知识结构,而且对人生观、世界观、价值观的形成与发展同样有着重要的作用和意义。

（三）“相互扶持”的同学

一般而言，关系往往随着时空的变化而变化。当“马头琴手”进入学校学习后，父母在他们专业成长中的参与度逐渐降低，而老师和同学则成为他们交往互动的“主角”。事实上，相对于师生关系，同学间的朋辈关系往往表现得更为密切。对于“马头琴手”而言，“低头不见抬头见”的学校环境，往往使他们很难回避与同学的交往互动，同学也不同程度地影响着他们。在与卓拉的交流中，她始终将同学看作影响她专业成长的最重要的一个群体。

　　我最初选择学琴并不是出于自己喜欢，完全是误打误撞，或者说是听从我母亲的安排。从内心来讲我其实不太喜欢马头琴，尤其是最早学拉长弓那段时间，特别枯燥，而且怎么也拉不好，几乎到了放弃的边缘。要不是我母亲坚持，我应该早就改学声乐了。再加上艺校的前两年频繁地换老师，导致我对专业始终兴趣不大。除了上课，我不会特别努力地去练琴，甚至有时候还有点逆反心理。总之学习状态不是很好，直到三年级，才开始主动练琴。

　　那时候我们班有几个男孩子专业特别好。尤其是存布乐他们几个，存布乐您认识吗？他是我在艺校时的同学，毕业之后在内蒙古艺术学院任教，现在在俄罗斯读博士。他们几个本身条件就很好，再加上特别刻苦，一天少说也得练七八个小时，已经有很强的演奏能力了。虽然进校的时候我和他们的水平差不多，但由于自己当时不太喜欢马头琴，学习兴趣也不大，过了两年，人家已经和我拉开很大一段距离了。那时候我最害怕的就是考试，一到考试，所有人都要上台展示，别人一个比一个拉得好，我只能战战兢兢地把自己准备的曲子拉完，有的时候看见他们拉得越好，我越紧张，本来练得还不错的东西，考试的时候发挥得一点儿都不好。总之那时候特别不喜欢参加集体活动，尤其是和那几个专业好的男孩子，这可能是一种逃避，也是一种不自信。我记得有一次学校举办一个活动，让我们所有马头琴专业的学生齐奏《万马奔腾》，当时老师就把专业好的同学安排在前面。专业不好的安排在后面，像我这样专业平平无奇的只能坐在后排，其实就是坐在后面凑个数，反正观众也看不见，撑撑场面而已。排练的时候，我们班那几个男孩子一个比一个酷，一个比一个潇洒，当然，本来《万马奔腾》难度也不是很大，他们几个游刃有余。我虽然也能拉下来，但始终是中规中矩，比起他们几个来说，不管是技术层面，还是舞台表现，都差得很远。

总之，他们对我的触动还挺大的，可能是受到他们的刺激，也可能是性格中本来就有一种不甘落后的劲儿，经过几次这样的事情之后，我也慢慢改变了。以前总把练琴当作任务，练一下不练一下的，即便去练，也不是那么心甘情愿。后来，别人六点起床，我也六点起床，别人一天练七八个小时，我也练七八个小时，学习的主动性比以前强多了。以前不太爱表现，上台总是哆哆嗦嗦的，后来也好多了，变得自信了。尤其到了四年级的时候，每天雷打不动八九个小时的练习，不练够时间肯定是不回宿舍。有演出的机会自己也会去努力争取，尽量去展现好的一面。

从卓拉的成长故事中不难看出，她与同学的交往互动表现出一种动态性。具体来说，卓拉最初学琴并非出于自愿，刚进入学校后学习的主动性并不强。然而，面对一个个"身怀绝技"的同学，卓拉从最初的"羡慕"到倍感压力，再到主动投入。从某种角度来讲，是同学以及他们的表现激发了卓拉自主学习的意愿，从而使卓拉的学习态度和学习行为发生了根本性的转变。因此，在卓拉看来，正是与同学的交往互动，才逐步"唤醒"了她对于马头琴的兴趣，从而促进了她的专业成长。

的确，在学校阶段，同学间的交往互动往往是最为频繁和密切的。正如有学者提到，同学关系是"学习共同体在共同的学习与生活中形成的人与人之间的社会关系，是在学生阶段面临的最主要的社会关系"[①]。尤其是在学校环境中，同学间的交往互动在程度和频次上都远远超过与老师的交往互动。从程度上讲，由于长时间的共同生活、共同学习，同学间的交往互动往往表现得更为紧密；从频次上来讲，"低头不见抬头见"的学校环境，使得"马头琴手"很难回

---

① 闫周秦，程华．唐甄论和谐同学关系在成长过程中的作用 [C].2008 年北京第二届青少年学生公民教育国际论坛论文集，2008：443-449.

避与同学的交往互动，同学间的交往互动往往更为频繁。

那么，与同学的交往互动是如何促进"马头琴手"专业成长的呢？一方面，同学间的相互配合有利于提升"马头琴手"的专业能力。如果说老师的课堂教学是"马头琴手"专业知识习得的主要途径，那么课后练习和专业实践便成为他们巩固课堂教学、提升专业能力的有效途径，其中，除了"马头琴手"自身的刻苦钻研，还需要同学间的相互配合，比如共同完成一部作品、共同参与一项演出等，正是在这种同学间的相互配合、相互切磋之下，"马头琴手"不仅巩固了专业知识，同时也提升了专业能力。另一方面，由于同属一个专业，甚至同属一个师门，"马头琴手"在技术技巧、知识结构、专业能力等方面会有"好坏优劣"之分，所以同学之间往往会产生一种"镜子效应"。聪明的"马头琴手"往往会从同学身上"映射"自我，进而在与同学的交往互动中，不断发现和弥补自身专业上的不足。总而言之，同学不仅在"马头琴手"的学习和成长、性格调适、身心健康等方面有着极其重要的影响，同时也是"马头琴手"处理人际关系、培养健康人格、建立基本人脉的重要内容，对"马头琴手"走向社会后的生活、事业发展，都有着极其重要的作用。①

（四）"亦师亦友"的同事

人在不同的成长阶段，与之交往互动的对象圈层也不同。当"马头琴手"进入职业阶段后，家长、老师以及同学逐渐淡出他们的人际交往圈，取而代之的则是另一个群体——同事。同事关系的优劣往往影响着"马头琴手"专业成长的"绩效"。正如卓拉说的那样，她之所以能在专业成长的道路上走得如此顺利，在很大程度上都归功于那些一直给她提供帮助的同事。

从14岁开始学琴到22岁留校任教，一路都很顺利，这与父母的支持，同学的帮助和我自己的努力是分不开的。刚留校那会儿，一门心思扑在工作上，一边教学，一边继续练专业。其间我也办过几场师生音乐会，反响

---

① 闫周秦.思想政治理论课教学应重视和谐同学关系的养成[J].桂林电子科技大学学报，2009，29（2）：198-202.

还不错,也受到了业内一些专家的肯定。过了几年,很多同事都去读研究生了,有的是为了解决学历问题,有的是踏踏实实地去学习,各种情况都有,有的在国内,有的去蒙古国,有的去日本,总之大家都在努力。

其实,当时我自己也想过,趁着还没有成家,趁着还没有那么多事情分散精力的时候,去深造一下。只是当时确实还没有想好到底去哪儿读书,到底读哪个方向或者哪个专业。正在我纠结的时候,碰到了我的同事萨切荣贵,他放假从乌兰巴托回呼和浩特了,当时他在蒙古国立艺术文化大学读研究生。他问我有没有继续深造的打算,我说正在考虑呢,但是还没拿定主意,不过我自己更倾向于读演奏专业。他当时非常鼓励我出国读研,还帮我详细地分析了一下。一方面,那时候还没有马头琴演奏专业的硕士,只有内蒙古师范大学有一个民族音乐学专业,里面涉及一些演奏方面的内容。另一方面,我的文化课是最大的障碍,因为我从中专到大学是保送的,没有参加过高考,可以说从初中之后就没有好好学过文化课,考研那么难,恐怕过不了线。此外,如果要在国内读研的话,就必须换专业了,那时候换专业和改行差不多,他觉得有可能会影响我以后的职业发展。总之,不管是从现实情况来说,还是从专业发展来说,他都建议我去蒙古国读研。更重要的是,那时候在国内已经学了七八年了,该见识的东西也见识得差不多了,他觉得我应该出去看看蒙古国在马头琴方面是怎么做的,不光是学专业,还能学学蒙古国那边的教学理念和教学模式。听了他这一系列的分析,我觉得很有道理,而且确实符合当时的实际情况。所以,我最终在2009年的时候也去了蒙古国立艺术文化大学,在我从申请到去乌兰巴托这个过程中,不管是找导师还是办签证等一系列的准备工作,他都给了我很大的帮助。

拿到录取通知书之后,还没去乌兰巴托,他已经帮我找好了房子。当然,除了这些,在专业方面他也给过我不少的帮助,毕竟他比我早过去几年,对那边的情况比较了解。比如选哪个导师、在哪里买谱子、去哪里练琴等他都事无巨细地跟我说。所以直到今天,我其实都特别感谢当年他对我的帮助。不过,准确地说也不只是当年那一件事情,本来他就是我的同门师兄,不管是在我读书的时候,还是留校工作以后,乃至到现在,他始终在帮助我。对我来说，能遇到这样的同事是幸运的。

可见，同事对卓拉的专业成长始终表现出一定的"正相关"作用，同事不仅为卓拉提供了学习的资源、生活的帮助等"可靠信息"，更重要的是，当卓拉处在专业成长的迷茫期和徘徊期时，同事的鼓励和支持，帮助她尽快走出"阴霾"，从某种意义上来讲，同事也为卓拉进入另一个成长阶段提供了积极而有力的经验向导。对于卓拉而言，这种健康的同事关系对她的专业成长是有所助益的。

的确，当"马头琴手"真正进入职业阶段后，与他们交往互动的"核心"群体就逐渐从父母、老师、同学转向同事，也就是说，与同事之间的关系成为"马头琴手"职业阶段最为重要的人际关系。另外，同事极有可能是伴随"马头琴手"专业成长时间跨度最长、相处密度最大的人际关系，在职业情境下，"马头琴手"往往很难回避同事间的人际交往。那么，如何正确处理与同事之间的交往互动，如何经营一种良性而健康的同事关系，便成为"马头琴手"专业成长道路上一个重要的"处世哲学"。事实证明，卓拉与同事之间的关系是一种良性、健康的关系，而都兰的同事关系却是一个"反面教材"。她曾这样描述与同事之间的关系，"刚进单位的时候，由于我是个新人，总抱着一种虚心的、学习的态度，有时候会向同事们咨询一些问题，或者要一些谱子等等，在我看来都是一些微不足道的事情，但是却屡屡受挫，搞得我有一段时间都不知道该如何与同事相处了，总是感觉特别不舒服，特别难融入他们。"不难看出，都兰与同事的交往互动与卓拉相比就显得有些不尽如人意。

其实也不难理解，凡事总有好有坏，同事间的关系也是如此。不同的同事关系对于"马头琴手"专业成长的意义也不尽相同，具体来说，健康的同事关系往往具有正向作用，毕竟相似的学习经历、相似的职业境遇，甚至相似的职业发展方向，极易在同事之间产生"共情"，以便他们在相互切磋、相互扶持下实现"双赢"，进而促进彼此的专业成长。相反，不健康的同事关系则表现出一定的负面作用，毕竟同事之间除了合作，还有竞争，不管是日常演出机会，抑或是职称晋升等，诸如"有我没你，有你没我""一个萝卜一个坑"的具体事件往往成为"横在同事之间的鸿沟"，甚至是破坏同事关系的"祸根"，使同事之间在"内卷"与"内耗"中迷失自我,进而忽视了自己的专业成长和职业发展。可见,同事关系的健康与否在一定程度上直接影响"马头琴手"的专业成长。

(五)"一路相伴"的同行

与同事相比,同行的范围更为广泛。对于"马头琴手"而言,同行不单单指那些与他们一样从事马头琴演奏工作的人,也包括与他们同属一个专业大范畴的音乐工作者,甚至是更大范围的艺术工作者或文艺工作者。虽然不同工种和职业的人在面对同一问题时视角和看法有所不同,但这种多维度视角往往可以给予"马头琴手"全方位的帮助。格勒的经历便是如此,在他专业成长的过程中,正是由于那些不同专业的同行们的帮助,他收获了很多意想不到的成果。

回想我拉琴这么多年的经历,要说谁对我的影响最大,其实很难说清楚,小时候是父母,在学校的时候是老师,工作以后是同事,他们都对我学习马头琴或者从事马头琴演奏工作有很大的影响。如果非要选的话,在我看来,陪伴我成长的更多还是马头琴圈子里的这些同行们。

这一路走来经历过几件大事儿,都与同行有很大的关系。第一件事就是1986年,齐·宝力高老师从全区范围内号召了一批专业较好的马头琴手,成立了"野马马头琴乐团",当时很荣幸自己也受到老爷子的邀请。那时候有仟·白乙拉老师、纳·呼和老师等这些在当年就小有名气的演奏家,乐团里个个专业水平相当了得,这无形之中对我是一种鞭策,在跟他们一起演出的过程中,我也学到了不少东西。第二件事就是通过齐·宝力高老师的推荐,我得到了作曲家辛沪光老师的提携,与北京交响乐团合作录制了作品,那是我第一次跟交响乐团合作,给我印象很深,在此之前我没有见过马头琴与乐队这种演出形式,更没有机会亲自尝试,甚至都不知道马头琴还可以跟交响乐合作。第三件事是2006年的时候,蒙古族马头琴音乐被列为国家级非遗,第二年自治区要遴选一批传承人,当时我自己倒是没有这样的想法,那时候总想着把民乐团做好就已经很不错了。不过很多同行都鼓励我去申报,毕竟我从小拜过好几位民间大师,自治区文化厅也认定过我是阿旺·希日布大师的接班人。后来大家一起帮我写申报材料，我最终被认定为马头琴音乐自治区级非遗传承人。第四件事情是 2017 年，自治区有一个文化长廊的重点项目，邀请我加入马头琴组的项目，那几年我和其他几位成员跑了很多地方，收集整理了 700 多首民间长调歌曲、宫廷音乐、民间乐曲和传统民歌，并且用马头琴的几种定弦法演奏把这些曲目全部录制出来。后来一起撰写了 400 多万字的材料，最终由内蒙古文化音像出版社出版了一套丛书《马头琴琴系》，一共有五册。

明年我就要退休了，回想我这一辈子，就干了一件事，就是拉马头琴。当然一个人一辈子做好一件事就已经很了不起了，在这个过程中，我拜了很多位老师，自己也从来没有放松过，也算做出了一点成绩。不过，直到今天，我一直特别感谢我遇到的这些同行，不管是老一辈的大师，还是年轻后辈，在和他们学习、交流、合作的过程中，无形中都是对我的一种鞭策。

在格勒的专业成长历程中，他经历了几件足以改变他人生轨迹的重大事件，而在这些重大事件中，同行起到了关键作用。在格勒看来，正是在与同行的交往互动过程中，他的专业技能得到了极大的提升，同时也获得了诸多专业发展的机遇。尤其是在他已经提前进入"退休状态"的时候，同行的不断鼓励和鼎力相助，还使他收获了"非遗传承人"这一殊荣。

所谓"一个篱笆三个桩，一个好汉三个帮"，个人的能力和精力始终是有限的。因此，在"马头琴手"专业成长的历程中，除了自身的努力，往往还需要外部力量的"加持"。格勒之所以能够取得成绩，一方面得益于自身的勤奋与努力，另一方面则得益于同行的认可与提携。格勒的"成功案例"，正面反映了格勒良好的专业素养和道德修养，侧面体现了同行优秀的人格品性和处事格局，本质上是"双赢"的。事实上，同行是一种极为微妙的人际关系，尤其是在艺术界，由于同属一个"行当"，彼此对于对方的专业能力、性格品性、处事方式都较为了解。在日常的交往互动中，同行之间的视角往往是刁钻的，态度往往是苛刻的，甚至会出现"买红的见不得卖绿的""你看不上我，我看不上你"的现象，同行不能正确、理性地对彼此进行有效研判，更谈不上相互扶持、相互帮助和相互促进。

其实同行也不一定是"冤家"，抛开竞争关系不谈，与同行的良性互动，往往会使"马头琴手"获得诸多意外之喜。所谓"外行看热闹，内行看门道"，那些来自"外行人"的溢美之词，更多时候会让"马头琴手"陷入自我满足的漩涡，这对于他们的专业成长无疑是不利的。而同行的评价对于"马头琴手"的专业成长则更为有意义，譬如，在看待同一部马头琴艺术作品时，"马头琴手"往往着眼于演奏技巧和情感表达等技术层面，而作曲家往往着眼于音程关系、旋律走向等理论层面，音乐学家则将目光投向文化层面等。因此，在与同行的交往互动中，"马头琴手"其实是可以从中受益的，也可以从不同的视角，深入且透彻地反思自身专业成长中所遇到的问题。

三、"自主"之动："马头琴手"与自我世界的交互

个体对自我的认识既是哲学使命，也是实现个人成长的必然要求。正是有了对自我的认识，个体才能不断地塑造自我、更新自我和超越自我。[1] 对于"马头琴手"而言，他们的专业成长不仅仅是认识世界、认识他人的过程，更是认识自我的过程。正如卡西尔（Cassirer）所言，"从人类意识最初萌发之时起，我们就发现一种对生活的内向观察伴随着并补充着那种外向观察。人类的文化越往后发展，这种内向观察就变得越加显著"[2]。这种"向内观察"便是"马头琴手"与自我交往互动的最好体现，也是他们实现专业成长的最佳途径。根据"马头琴手"的叙事，自我意识、自我选择和未来愿景是他们与自我世界交往互动的主要途径。

（一）自我发展的意识

与外部世界的影响和"刺激"一样，个人的成长和发展往往需要自我意识的觉醒。意识作为"人类生存和发展的必要条件"[3]，对于个人的成长和发展意

---

① 张文．人生：从认识自我开始 [J]．大学教育科学，2016（1）：112-116.
② 恩斯特·卡西尔．人论：人类文化哲学导引 [M]．甘阳，译．上海：上海译文出版社，2013，985：5.
③ A. 阿诺尔德，洪佩郁，蔺月峰．人类意识的本质和发展 [J]．哲学译丛，1988（2）：9-20.

义重大。毕竟外因只是条件，而内因才是根源。在与朝克的交谈中，笔者发现正是由于他始终保持强烈的自我发展意识，才使得他的专业成长之路走得相对顺利和平稳。

在我们上学的那个年代，每一个人都非常拼。当然，学校的支持也很重要，老师都是出类拔萃的好老师，学生学习的主动性也非常强。也就是说，整体氛围很积极，再加上同学们一个比一个努力，即便自己想松懈一下也不好意思。毕竟周围的同学以及其他人都拉得非常不错，而且还非常努力，自己也不甘落后。其实，当时也不光是在跟别人较劲，更多的是在跟自己较劲。

那时候，我练琴可以说简直就是在拼命，在没有监督的情况下，一天不说十个小时，也得有七八个小时。学校一般要求我们六点半起床，但是我们基本五点多就已经坐在琴房练琴了，根本不需要人叫，自然而然就醒来了，然后赶紧跑去琴房，那真是冬练三九，夏练三伏，早晨练、中午练、晚上练、宿舍练、琴房练，随便一个地方都能练，而且只要在学校，天天如此。即便放假回家了，按理说应该能放松一下，能休息一下吧？怎么可能！照样练琴，去放牧的时候，牛羊吃草，我就在旁边练琴，晚上回到家吃完饭就练琴，有时候母亲叫我吃饭，我说等我练完琴以后再吃，母亲都怀疑我是不是在学校受了什么刺激了，一天到晚就知道拉琴，连吃饭都顾不上了。当时整个人就是这个状态，就像着魔了一样，感觉全世界除了拉琴还是拉琴，与拉琴无关的事情都不在意。那个年代交通还不像现在这么方便，从学校到我们嘎查又比较远，一天之内还不能直接回去，需要在旗里住一晚招待所，第二天才能从旗里到嘎查。一到招待所，我二话不说就把琴拿出来开始练琴，当时就那么疯狂。有人跟我说话我都嫌烦，甚至觉得在车上那七八个小时不能练琴都是在浪费时间。更魔怔的是，就连做梦都是与拉马头琴有关的事情。总之，那个时候，拉琴就跟上了瘾一样，一年三百六十五天，除了生病实在起不来，没有一天耽误练琴，就这么夸张。

现在回想起来，真的挺感谢当初的那段经历。当然，不光是因为老师对我的用心栽培，也不光是因为同学们都很努力，无形中对我的鞭策，其实更多的还得感谢自己当年不顾一切的那份拼劲儿和闯劲儿,才让我练得一手好功夫,才让我通过拉马头琴有了现在的工作和现在的生活。要不是当初自己那么努力地学,那么拼命地练,我可能和父辈一样,在草原上当一个牧民。所以,我一直认为,无论什么时候,无论什么情况下,都不能放弃自己的追求。直到现在,我还是时刻提醒自己,一旦松懈,别人不淘汰你,你自己就已经把自己淘汰了。当然,现在时代不同了,也有可能出现很多客观因素。但是,专业好始终是王道,任何时候都不怕没有用武之地。

从朝克的叙事中不难看出,在他专业成长的方方面面都充满着强烈的自我发展意识。不论是专业学习和专业训练的持之以恒,还是时间管理的"分秒必争",或是生活方面的井井有条,甚至是对自己未来专业发展的设想,都表现出强烈的自我发展意识。在他看来,"专业好始终是王道",也是他专业成长的目标和未来有所成就的前提。正是在这种强烈的自我发展意识的鼓舞下,朝克一步步实现了自己的专业成长。

的确,相比外部世界的影响,自我发展的意识往往在"马头琴手"专业成长中的作用和意义更为关键。只有具备较强的自我意识,方能在自己成长和发展的道路上掌握主动权。正如叶澜先生认为的那样:"只有具备了一定水平的自我意识,人才在完全意义上成为自己发展的主体。"[1] 对于"马头琴手"而言,强烈的自我发展意识往往可以促使他们成为自己专业成长道路上的掌舵者,并影响其中的具体环节。强烈的自我发展意识决定着"马头琴手"的目标追求,也就是说,自己想成为怎样的"马头琴手"或者自己认为"马头琴手"应当具备何种素养,这些往往基于自我发展意识。我们很难想象一个"摆烂"的人能成为优秀的演奏家。另外,强烈的自我发展意识支配着"马头琴手"的具体行为。一般而言,目标的实现往往建立在与之相应的实践行为之上,正是在这种支配力的作用下,"马头琴手"才有可能一步步接近自己预设的目标。更重要的是,强烈的自我发展意识往往可以调节"马头琴手"在专业成长中所遇到的诸多负面情绪,比如老师无法满足他们的学习需要,没有更好的作品辅助练习,或者

---

① 叶澜.教育概论[M].北京:人民教育出版社.1991:218.

较难的技术无法攻克。此时的自我发展意识往往会"提示"他们做出某种调适，比如考虑换一位更合适自己的老师，寻找一些更加有利于练习的作品，或者寻求某些帮助来攻克技术难题等，从而更好更快地实现自己的专业成长。

然而，这种自我发展意识并非"马头琴手"与生俱来的特质，不仅需要他们在专业成长的道路上不断积累知识、不断刻苦训练、不断开阔眼界，还需要有一个对马头琴艺术专业发展极为敏感的引领者给予充分的支持和帮助。总而言之，强烈的自我发展意识不仅是"马头琴手"专业成长的基础条件，也是他们实现专业成长的内在动力。

（二）自主学习的选择

自主学习是学习者自己主宰的一种学习形式。[①] 也就是说，学习的主体是自己，而非他人。与"他主"学习相比，自主学习更强调学习主体与自我世界的交往互动。对于"马头琴手"而言，自主学习是在不受他人干扰的情况下，根据自己专业成长的需要，自主选择学习内容，完成学习任务，从而使自己的专业知识、演奏技能得以提升，情感表达和价值传递能力得以升华。在与吉勒图的交流中得知，相比于拜师学琴，他更愿意去"偷学"，因为这样更方便集众家之长。

> 我在北京的时候确实吃了不少苦，日子过得非常艰难。跟大多数"北漂"的人一样，住过地下室，冬天冷得要命，屋里都结冰，夏天热得要命，就跟蒸桑拿似的。那时候我在饭馆儿打过工，自己还卖过羊肉串，什么活儿都干，根本没有拉马头琴的机会。其实最初来北京的想法非常单纯，不是为了出名，而是为了学习，想来大城市提升自己。那时候我给自己定了一个目标，无论怎么困难，挨饿受冻也好，被人欺负也罢，我必须坚持两年，好好提升一下自己的专业能力。虽然生活很艰苦，但是精神很富足。
>
> 然而，我把地方选错了，当时马头琴发展最好的地方不是北京，而是呼和浩特。后来，我义无反顾地转向，去了呼和浩特。在呼和浩特的那三

---

① 余文森.略谈主体性与自主学习 [J].教育探索，200（12）：32-33.

年，其实我没有真正地拜过哪个老师，所有东西都是偷学的。怎么说呢，因为之前我在专业学校学过，再加上自己工作了那么多年，已经具备了一定的鉴别能力。我内心的想法是，要是拜一个老师，那我只能学到他一个人的东西，太少了；如果拜很多老师，一来经济上是很大的压力，二来容易"打架"，最后谁的东西也学不好。所以那时候我就去"偷学"，呼和浩特只要有马头琴活动，不管是音乐会也好，晚会也好，讲座也好，我肯定会去。大师也好，普通老师也好，演员也好，甚至是学生演奏也好，我从来不缺席。我观察他们的演奏，看他们手型是什么样子的，运弓是什么状态，曲子是怎么处理的，甚至演奏时候身体和表情是什么状态，统统都要仔细观察。然后自己回去对比和分析，为什么人家会这么拉，而我不是这样的；为什么人家的音色那么好听，我怎么做不到；为什么人家曲子处理得那么到位，我怎么那么粗糙。有时候甚至同一首作品，我会去"偷"不同人的版本，比较他们之间的差异，再比较我和他们的差异。那时候没有录音笔，有些东西看到了我就赶紧记下来，回去赶紧总结归纳，不然很容易忘掉。就这么一点一点地琢磨，一点一点地比较，一点一点地改进。

以至于后来我演奏一首作品的时候，会出现很多人的影子。当然，那时候听完我的演奏之后，一部分人认为很不错，学到了很多优点。但也有些人不买账，认为我的演奏又像这个人又像那个人，总之就是"四不像"。但是，我从来没有因为这些不好听的话而难受过，毕竟自己知道自己想要的是什么。在我看来，当时我就是抱着一个非常谦虚、非常虔诚的态度来学习的，别人的优点我为什么不学呢？我们在学习的阶段，就是应该把好的东西都吸纳过来，然后经过自己的加工展示出去，这才算真正学到了东西。那时候我不管别人怎么评价我，也不在乎别人怎么说，我只有一个信念：我是来学习的，我要学好。我一如既往地游走在各种活动现场，去听，去观察，去"偷学"。

当吉勒图经历了长时间的专业学习和丰富的专业实践之后，逐渐对自己的专业知识结构中的优势和短板有了较为清晰的认知。通俗地讲，他明白自己好在哪儿，也清楚自己缺什么，更重要的是，他知道自己如何才能获得他需要的。因此，在他专业成长的某一个阶段，他既没有拜师，也没有寻求他人的帮助。在他看来，即便拜师或请教同行，充其量只能学到一个人的东西，而观摩则可集众家之所长。因此，他选择了一种极为独特的学习方式——"偷师"，以此来弥补自己知识结构中的不足。

其实，吉勒图的这种极具自主性的学习方式使他在专业能力上有所提升，从侧面体现出他极强的独立性和能动性。从独立性上来讲，每个"马头琴手"都是一个独立的个体，而且学习本身也是他们自己的事情，即便有老师、父母、同学等他人的支持，但始终不能代替"马头琴手"自己。况且，演奏技巧、情感表达等等具有隐性特征的内容往往重在"悟"，无论他们的老师如何"高明"，"马头琴手"也无法完全复制老师。因此，自主学习在他们专业成长的过程中显得尤为重要。从能动性上来讲，马头琴作为弓弦类乐器的一种，其学习难度大是不争的事实，单调、枯燥的学习过程对于任何一个"马头琴手"都是一种极大的考验。当然他人的鼓励和支持的确能在一定程度上消解"马头琴手"的负面情绪，不过严于律己、主动学习才是他们克服困难、走出"阴霾"的关键力量。

自主学习并非"马头琴手"与生俱来的能力，而是需要他们具备较强的认知能力和行动能力。认知是行动的前提，"马头琴手"需要对自己的知识结构和演奏能力有一个较为清晰的认知，才能有针对性地选择可以帮助他们解决具体问题的老师、可以提升他们专业能力的学习方式和学习内容等。另外，行动是解决问题的重要保障。在具体的专业学习过程中，"马头琴手"需要保持饱满的学习热情、持续的学习行为，才能真正做到自主学习。可以说，在"马头琴手"的专业成长过程中，自主学习不仅体现出他们的能动性，同时也体现出他们的独立性。

（三）美好未来的愿景

所谓愿景，是一种"想要变成什么样子"的愿望和理想、"想要实现某种目的"的目标和追求。正如彼得·圣吉（Peter Senge）所认为的那样，愿景往往是一种愿望、理想、远景或目标。[①] 人们往往为了实现某种"愿景"而采取相应的措施，实施相应的行动。对于呼日而言，他之所以能够夜以继日、不辞辛苦地努力，在很大程度上源自他对追求美好生活的执念。

上学的时候，学校的学习氛围特别好，所有人都非常努力，一个比一个用功，一个比一个刻苦。好像学校也没有要求必须怎么样，但是所有人都非常默契地拼命苦练，用现在的话讲就是"内卷"，同学们都在暗自较劲，学习特别主动，根本不需要老师督促，更不需要学校督促。那种氛围不是紧张，也不是攀比，就是大家都想学好，几乎无一例外。因为我是从牧区出来的，总想着通过学习改变自己的命运。

我基本上每天都是五点起床，夏天还好，五点钟天也就亮了，起床也不困难。到了冬天就很难受了，五点钟天还黑着呢，再加上天气又冷，实在是起不来。但是什么也阻挡不了想去练琴的欲望，总想着能多练十分钟就多练十分钟。我想了一个特别原始的办法，强迫自己清醒过来。头天晚上，我会打一盆冷水放在宿舍，第二天早晨起来把毛巾在冷水里浸湿，然后迅速放在脸上，那真是透心凉，人一下子就完全清醒了。起床后简单收拾一下，也不敢开灯，怕打扰其他同学休息。灯都不开，摸黑就跑去琴房练琴。到了琴房也不开灯，也是摸黑练，等其他同学陆陆续续来了之后我才把灯打开。记得有一次，我像往常一样不开灯练琴，练着练着天也渐渐地亮了，突然发现琴弦变成了红色，我还以为自己没睡醒，恍惚了，再看一下左手，指头上全是血，原来手指已破皮了，我都不知道。那时候年龄小，条件也有限，加上牧区出来的孩子小磕小碰很常见，我也没弄点儿碘伏什么的消毒，随便从作业本上撕一张纸，擦了擦手上和琴弦上的血就继续练。不仅早晨，中午也不休息，哪怕吃完午饭只有一个小时，也赶紧跑去琴房练琴。那时候晚上基本没有课，所以从晚餐之后就一直练到很晚，总之琴房的老师不催肯定是不会离开的，即便催也不愿意走，一直到要熄灯了，实在熬

[①] 彼得·圣吉.第五项修炼: 学习型组织的艺术与实务 [M].郭进隆，译.上海: 上海三联书店，1998: 241.

不过去了才不得不离开琴房。

还有就是那时候不像现在，与专业不相关的课程很少，大部分都是与专业相关的课，比如视唱练耳、乐理这些音乐理论课。当然也有一些文化课、政治课、体育课，不过很少。基本上除了吃饭、睡觉和上课，几乎所有的时间都在练琴，每天至少也得有十个小时，甚至会更多。所以说，学琴不下功夫是不行的。当时想着，既然从牧区走出来了，我就一定要学好，不能对不起父母和老师的培养，更重要的是牧民的生活确实很辛苦，既然我能在千挑万选中考上，那就必须努力为自己争取一个好的未来。所以，即便没人要求，我对自己的要求也很高。

在呼日专业成长的过程中，始终有一种无形的力量在指引和鼓励着他，使他能够全身心地投入到专业学习中。哪怕是冬练三九、夏练三伏，也从不觉辛苦，哪怕遇到再多困难，也从未想过放弃。之所以如此"拼命"，是因为呼日希望通过学习马头琴为自己争取一个美好的未来。在他看来，只有努力学习，才能改变自身的命运，才能争取一个美好的未来。可以说，这种对于美好未来的愿景，始终支撑呼日在专业成长的道路上坚持不懈。

的确，对美好未来的愿景在呼日的专业成长之路上具有极其重要的意义，一方面为呼日指引着专业成长的方向，另一方面也影响着呼日在日常专业学习中的具体行动。由此可见，愿景在一定程度上可以视作个人成长的"导航系统"，而这个"导航系统"往往能够作用于个人的具体行动和行为，从而促进个人成长。对于"马头琴手"专业成长而言，美好未来的愿景不仅为他们指明了专业成长的方向，更重要的是引导和影响着他们具体的专业学习和艺术实践。具体来说，就"方向性"而言，按照职业的分工，"马头琴手"的未来发展方向一般包括非遗传承人、专业演员、专业教师、自由音乐人等，未来愿景能够促进"马头琴手"提前明确和规划自己专业成长的方向。就"行动性"而言，不同的"职业"和"角色"对于"马头琴手"的知识结构和专业素养有着不同的要求，当"马头琴手"明确自己专业发展的方向后，未来愿景可以激励他们逐渐提升自己的专业能力，完善自己的知识结构，以适应未来专业发展的需求。此外，学琴的过程是艰难而枯燥的，惰性和倦怠如影随形，尤其是当

"马头琴手"遇到瓶颈和困难时,对美好未来的愿景或可成为他们消解负能量的有效途径,从而积极乐观地应对挫折和磨难。

需要说明的是,美好未来愿景往往受个人认知能力和价值观的影响。虽然对美好未来的愿景可以为"马头琴手"专业成长提供有效帮助,但由于认知能力的局限、理想与现实的差距,往往也会对"马头琴手"造成诸多负面影响,从而不利于他们的专业成长。因此,科学理性地引导"马头琴手"确立正确而清晰的未来愿景,并在日后的专业成长过程中不断修正和调适,使之更加科学、合理和有效,才能更好地发挥对美好未来的愿景在"马头琴手"专业成长过程中的积极作用。愿景不仅可以为"马头琴手"的专业成长提供方向上的指引,同时也能影响"马头琴手"具体的专业学习和艺术实践,从而促进他们的专业成长。

四、本章小结

在本章中,通过"马头琴手"的叙事可以清晰地看到,在他们专业成长的过程中,与其产生交往互动的"主体"大致可以分为三个部分,即客观世界、他者世界和自我世界。由于交往对象的广泛性、交往方式的丰富性等现实原因,不同的交往对象和交往方式对"马头琴手"专业成长所起的作用也不尽相同。下面笔者将从"马头琴手"专业成长过程中交往互动的具体对象、具体方式以及不同对象对"马头琴手"专业成长所起的作用三个维度,详细总结"马头琴手"专业成长过程中的关系性存在。

首先,交往对象呈现多层次性。"马头琴手"作为一个社会性、关系性的存在,在他们专业成长的过程中,不可避免地与不同主体和对象产生密切联系。诚如前文所述,"马头琴手"专业成长始终离不开与客观世界、他者世界和自我世界的交往互动,其中客观世界主要包含自然世界、教育世界和文化世界。具体来说,自然世界主要是指"马头琴手"生长生活的草原生态环境和现代城市生活环境,教育世界主要是指"马头琴手"专业成长中所接受的传统师徒制和现代专业教育是两种不同的教育模式。文化世界主要是指"马头琴手"在专业成长中经历的不同文化形态;他者世界主要是指与"马头琴手"产生密切关联的父母、老师、同学、同事和同行等个人或群体;自我世界主要包含“马头琴手”专业成长所必备的自我意识、自我选择以及对美好未来的愿景等来自“马头琴手”自身的关键性要素。需要说明的是，由于“马头琴手”成长经历和生活环境的差异，与他们产生交往互动的客观世界以及客观世界中的诸多要素和对象出现的顺序可能与本研究中所叙述的情况有所差异，但无论如何，上述提及的关系性存在始终是“马头琴手”专业成长过程中最为重要的交往互动“主体”和对象。

其次，不同的交往对象对“马头琴手”的专业成长表现出不同的作用。在客观世界中，“马头琴手”通过与草原生态环境的交往互动，往往可以从中汲取诸多书本上没有办法习得和老师没有办法给予的知识和能量，比如山川起伏、河流蜿蜒、牛羊嘶鸣、骏马奔驰等，这些对“马头琴手”表达音乐的线条、节奏等具有极强的启发性；“马头琴手”通过与传统师徒制、现代专业教育等不同教育模式的交往互动，往往可以不断提升他们的演奏技巧、完善他们的知识结构、提升他们的专业能力；“马头琴手”通过与传统文化、现代文化、西方文化等不同文化形态的交往互动，不仅可以从中习得诸多知识，更重要的是，不同文化形态对于“马头琴手”塑造自身艺术观念、明确自身发展趋向等具有积极的意义。

最后，在他者世界中，与“马头琴手”交往互动最为密切的他者主要包括父母、老师、同学、同事和同行。其中，父母是陪伴“马头琴手”专业成长时间最长的交往对象，可以为其提供一定的物质基础，来自父母的关爱、呵护等精神层面的支持也是“马头琴手”专业成长过程中必不可少的因素。老师是“马头琴手”专业成长过程中最重要的交往对象，“马头琴手”之所以能够立足于社会、立足于行业，在很大程度上得益于老师所传授的专业知识和专业态度。同学和同事可以视为“马头琴手”专业成长过程中的合作型交往对象，不管是在学校还是在职业环境中，“马头琴手”总是“独角戏演员”，更多时候需要与同学、同事共同协作完成学习和演出任务，这些合作型交往对象不仅可以帮助“马头琴手”提升自身的专业水准，更重要的是，在与同学和同事间的交往互动中，“马头琴手”也可以发现自身的不足。同行是“马头琴手”专业成长过程中的一类特殊交往对象，同行的范围相对宽泛，可以是“马头琴手”，也可以是从事与马头琴艺术相关职业的人，还可能是从事更为广泛的音乐或艺术职业的人。诚如前文所述，在艺术界，同行的视角往往是尖锐的、苛刻的，甚至是挑剔的。在与同行的交往互动中，"马头琴手"往往可以从不同的视角审视自己。可以说，不同角色和身份的同行，可以从不同的角度对"马头琴手"的专业成长产生积极影响。

事实上，无论外部世界如何有效地作用于"马头琴手"的专业成长，都不能忽视他们自身在其专业成长中的主体性作用。除了必要的音乐天赋以外，来自"马头琴手"自身的主体意愿、价值选择以及对美好未来的愿景同样是他们专业成长中不可或缺的因素。其中，积极的主体意愿可以帮助"马头琴手"克服专业成长过程中的诸多困难，从而增强其学习和成长的主动性；正确的价值选择往往可以帮助"马头琴手"树立正确的价值观念和选择正确的成长路径；对美好未来的愿景作为一种精神性的引领，可以帮助"马头琴手"克服专业学习过程中遇到的诸多困难。事实上，这些来自主观世界的力量，从一定程度上激发着"马头琴手"的主观能动性，调整着"马头琴手"的实际行为。

总而言之，"马头琴手"的专业成长始终离不开他们所处的环境、所经历的教育、所感受的文化以及所遇到的人，更离不开他们自身坚持不懈的努力。正是在与环境、教育、文化、他者以及自我的交往互动中，"马头琴手"不断完善着自己的知识结构，不断形塑着自己的道德观念，不断提升着自己的专业能力。更重要的是，在与外部世界和自我世界的交往互动中，"马头琴手"逐渐增强自己的专业认同感，进而促进他们专业成长。

第五章

"过程""要素""路径":
"马头琴手"专业成长的三维反思

当一个个马头琴手的声音汇聚起来的时候，他们的专业成长经验便构成了一系列教育故事，这些故事从不同角度、不同侧面展现了他们完整的专业成长过程。作为一项教育叙事研究，本研究不单单只是为了原样再现"马头琴手"的专业成长历程，更重要的是通过一个个鲜活的故事进一步探明马头琴手专业成长中的"何以而为""何以可为"。那么，"马头琴手"的专业成长故事中蕴藏着什么？他们到底经历了怎样的成长过程？在这个过程中他们获得了什么，是如何获得的？诸如此类的问题，需要我们进一步反思。

一、阶段、进阶、持续："马头琴手"专业成长的过程反思

常言道，学艺从来不是一条好走的路。对于马头琴手而言，从最初的"人琴连接"到成长为一个成熟的"马头琴手"，的确是一个漫长而艰辛的过程。其中不仅涉及"马头琴手"自身的因素，来自环境、教育、文化、他者等外界因素也时刻影响着他们的专业成长，更决定着他们专业成长的成败。然而，艺术专业的特殊性往往使得大多数人只关注光彩夺目的一面，而真正的艰难和付出只有亲历者冷暖自知。事实上，"马头琴手"的专业成长并不是一蹴而就的，更不是一劳永逸的，除了自身必要的基础条件和能动作用，还要经历不同的成长阶段、遵循一定的成长规律，并始终保持学习的状态，方能真正意义上实现专业上的成长和突破。

（一）"马头琴手"的专业成长呈现阶段性特征

通过"马头琴手"专业成长的纵向叙事，不难看出，"马头琴手"的专业成长具有明显的阶段性特征，这一特征体现在"马头琴手"专业成长的整体过程中。诚如前文所述，"马头琴手"的专业成长是一个线性的历时性过程，在这个过程中，"马头琴手"经历了不同的成长阶段。具体来讲，"马头琴手"专业成长的过程经历了三个不同阶段，即专业准备阶段、专业规训阶段和专业发展阶段。

1."马头琴手"专业成长的准备阶段

所谓专业准备，主要是指为进入专业领域所做的准备。现代艺术教育往往将未接受过正规学校教育的"马头琴手"称为业余琴手，而将接受过学校教育的"马头琴手"称为专业琴手。因此，人们普遍将进入学校之前的学习阶段视作"马头琴手"为接受专业教育、进入专业领域而做准备的阶段。在该阶段，"马头琴手"会先后经历人与琴的最初连接、启蒙教育和艺考，从而在专业知识、演奏能力上都具备一定的储备。事实上，专业准备并非只是知识和技能上的准备，还涉及价值追求和行动策略两个层面。就价值追求而言，主要体现在"马头琴手"的专业成长目标和取向上，与他们确定和选择自己的求学目标和方向密切相关；就行动策略而言，主要体现在"马头琴手"具体的学习行为上，与他们能否完成既定的学习目标并实现求学目标密切相关。总体来讲，在专业准备阶段，"马头琴手"除了需要掌握一定程度的专业知识和演奏技能，还要初步明确自己未来发展的方向。

2."马头琴手"专业成长的规训阶段

所谓专业规训，是指按照一定的程序进行的规范的专业训练。对于"马头琴手"而言，专业规训阶段主要是指他们在学校接受正规专业教育的阶段，这一阶段是"马头琴手"最重要的成长阶段。在该阶段，"马头琴手"通过系统而严格的专业学习和专业训练，在知识结构和演奏能力上都得到极大的提升。事实上，专业规训远不止知识和技能两个层面的规训，同时涉及审美取向和艺术价值层面等的规训。就审美取向而言，主要体现在"马头琴手"对待马头琴艺术和自己专业成长的理解与思考，这与他们如何演奏作品和如何处理作品密切相关；就艺术观念而言，主要体现在"马头琴手"对待艺术的价值观念上，这与他们选择何种学习内容、何种发展路径密切相关。总体来说，在专业规训阶段，"马头琴手"通过科学、严格、系统的专业训练，形成较为完善的知识储备、较为全面的演奏能力和较为正确的艺术观念，这也是"马头琴手"正式走向"舞台"、走入职场的重要前提。

3."马头琴手"专业成长的发展阶段

所谓专业发展，是指"专业人员在专业思想、专业知识和专业能力等方面不断发展和完善的过程"[①]。对于"马头琴手"而言，专业发展阶段主要是指他们离开学校、进入职业环境的阶段。在该阶段，"马头琴手"利用专业规训阶段所储备的专业知识和专业能力，通过具体艺术实践的历练，使他们的综合能力得到进一步提升和完善。事实上，专业发展阶段改变了以往"他主"的成长方式，转变为"自主"成长方式。在脱离老师和学校教育的观照后，"马头琴手"真正以自我形象活动于舞台艺术实践，穿梭于复杂的社会环境中，此时的他们，通过具体的艺术实践往往会迸发出新的知识和新的能力，同时在思维上、观念上逐步形成属于自己个性化的意识，从而进一步明确自己的专业定位和未来专业发展的方向。

（二）"马头琴手"的专业成长遵循进阶性规律

万物的运动都遵循着一定的规律，而这种规律往往不以人的意志为转移，比如冬去春来、生老病死等。所谓规律，是指"事物之间的内在的必然联系，往往决定着事物发展的必然趋向"[②]。通常，规律有一般与特殊之分，一般规律具有一定的普适性，而特殊规律则具有一定的针对性。"马头琴手"作为特殊身份的人，其专业成长的规律往往具有一定的特殊性。诚如前文所述，规律与事物本身具有一定的内在联系。事实上，"马头琴手"的专业成长往往与他们的成长阶段和马头琴艺术作品的内在结构及其学习顺序保持高度一致。

---

① 郑雁.高质量发展背景下高职师资队伍现状分析与发展路径：以浙江省为例 [J].职业技术教育，2022，43（36）：58-64.
② 马克思主义哲学编写组.马克思主义哲学 [M].北京：高等教育出版社，人民出版社，2009：110.

1."马头琴手"专业成长遵循由"生"到"熟"、由"熟"到"专"的进阶性规律

"马头琴手"专业成长的进阶性往往与他们所经历的不同成长阶段相互交织。如前文所述，"马头琴手"专业成长主要经历专业准备、专业规训和专业发展三个阶段。其中，专业准备阶段的"马头琴手"由于认知体系、知识结构、演奏能力等还处在启蒙或初级阶段，从"知识人"的视角来看，这个阶段的"马头琴手"可以称为"生手"[①]；进入专业规训阶段后，通过系统而科学的学校教育，"马头琴手"在知识结构、演奏能力等方面均得到显著提升，此时的他们被称为"熟手"；在专业发展阶段，"马头琴手"通过丰富而多样的艺术实践活动，逐渐积累丰富的演奏经验，形成自己独特的艺术个性，此时的他们已经具备了立足社会和立于行业的多重能力，不仅是一个相对成熟的"马头琴手"，更是向专家型人才迈进。

2."马头琴手"的专业学习遵循由易到难的进阶性规律

一般而言，任何人的学习都遵循由易到难的进阶性。事实上，"马头琴手"专业学习的进阶性是由马头琴艺术作品的演奏内容所决定的。如前文所述，马头琴艺术作品的演奏主要包含基本功、技术技巧、音乐风格、情感处理四个维度，这四个维度的难易程度不同，在具体的学习过程中必须遵循先易后难的进阶性规律。具体而言，基本功是马头琴艺术作品演奏最基础的内容，也是"马头琴手"相对比较容易掌握的内容。当基本功得到有效提升后，他们的学习内容才能转向难度更大的弓法、指法等技术技巧层面。也就是说，技术技巧的练就很大程度上依赖于扎实的基本功。而当技术技巧相对熟练之后，"马头琴手"便将学习的重点放在如何准确把握音乐风格。需要说明的是，音乐风格的把握除了需要具备扎实的基本功和全面的技术技巧之外，还需要和声、曲式等音乐理论以及演奏经验等同样重要。相比而言，对音乐作品的情感表达才是"马头琴手"专业学习的最高级别的内容，毕竟情感是音乐作品的灵魂，同时也是作曲家内心感受的"外化"。"马头琴手"若想准确地表达音乐作品的情感内涵，

---

① 朱炳祥.知识人 [M].北京：中国社会科学出版社，2021：101.

不仅需要具备扎实的基本功和成熟的演奏技巧，对作曲家的创作意图和内在情感的感受力同样不容忽视。总的来说，在马头琴艺术作品演奏的四个维度中，前项往往是后项的基础，而后项的习得往往依赖于前项。因此，"马头琴手"在具体的学习过程中，同样需要遵循这种先易后难的进阶性规律。

（三）"马头琴手"的专业成长应遵循持续性原则

"台上一分钟，台下十年功"，成就舞台上的瞬间闪耀，往往需要"马头琴手"付出常人难以想象的努力，这不仅是个人成长的必然性，也是弓弦类乐器的内在规律性。事实上，"马头琴手"的专业成长需要他们始终保持一种持续的学习状态[①]，而这种持续性往往是"马头琴手"实现专业成长的关键所在。

1. 持续学习有助于"马头琴手"提升专业能力

所谓专业能力，主要是指一个人从事某种工作所必备的能力。一般而言，专业能力主要包括扎实的基本功、体系化的专业知识、解决实际问题的能力和持续自我发展的能力四个维度。所谓"吾生也有涯，而知也无涯"，"马头琴手"作为一个特殊的社会群体，他们的专业能力往往与马头琴艺术存在必然的相关性。因此，我们或可将"马头琴手"的专业能力视为他们从事马头琴演奏和完成马头琴演奏所必须具备的能力，其中包含扎实的基本功、技术技巧的掌控能力、音乐风格的把握能力和作品情感的表达能力。这些能力的提升不是一蹴而就的，需要"马头琴手"始终保持一种持续性的学习态度和行动。

事实上，专业能力的提升往往是一个"增量"的过程。[②]这个"量"不仅体现在训练量上，也体现在知识量上。就训练量而言，由于马头琴基本功和技术技巧的不易掌握性，加上风格特色和情感表达的不易把握性，往往需要"马头琴手"在专业学习过程中反复、持续地训练和领悟，才能得以生成和固定。就知识量而言，马头琴艺术的知识结构较为复杂，不仅有来自本土的知识，还有来自蒙古国和西方的知识，而知识往往是无穷尽的，更需要"马头琴手"积

---

① 向光忠．中华成语大辞典 [M]．长春：吉林文史出版社，2002：910.

② CHAUDHRY A, DOKANIA P K, AJANTHAN T, et al.Riemannian walk for incremental learning：Understanding forgetting and intransigence[C]//Proceedings of the European Conference on Computer Vision（ECCV），Munich，Germany，2018：532–547.

累到一定的知识量，才能使他们的专业能力有所提升。因此，"马头琴手"唯有始终保持一种持续的、不间断的学习状态，方能练得一手好功夫，方能将"老师的"转化为"自己的"。

2. 持续学习有助于"马头琴手"维持专业水准

所谓专业水准，一般是指在某一专业或者某一领域具有较高的造诣，甚至可以以超出社会平均水平的专业性评价标准。对于"马头琴手"而言，专业水准是判断他们专业能力的重要标志，也是他们完成艺术实践的有力保障。然而，专业水准往往与训练强度有着密切而特殊的关系，也就是说，增加训练强度不一定能维持专业水准，而训练强度减弱势必会导致专业水准的下降。因此，若想维持一定的专业水准，持续学习是必不可少的。

俗话说："一天不练手脚慢，两天不练丢一半，三天不练门外汉，四天不练瞪眼看。""马头琴手"专业水准的维持本来也不是一劳永逸的，抛开乐器本身不谈，"马头琴手"手指的灵活度、技巧的娴熟度、作品的熟悉度等，通常会随着练习频次和强度的降低而逐渐失去往日的"高光时刻"，即便是一个相对成熟且经验丰富的马头琴演奏家，同样难逃宿命，可见持续学习对于"马头琴手"专业水准之重要意义。其实，持续学习还有另一层含义，那便是"马头琴手"应当树立"终身学习"①的理念，尤其是那些已然有所成就的"马头琴手"，往往会因为美誉而失去持续学习的动力，从而导致演奏事业每况愈下，从这个角度来讲，持续学习不仅对维持"马头琴手"的专业水准有着积极意义，同时也影响着"马头琴手"艺术生命的长短和质量。

3. 持续学习有助于"马头琴手"突破专业瓶颈

所谓"瓶颈"，是指个人成长或发展中遇到的停滞不前的状态。这种停滞不前往往是由于现有的知识结构无法满足个人成长和发展而造成的，同时会对个人的心态产生消极的影响。对于"马头琴手"而言，他们在专业成长历程中同样会遇到诸多瓶颈。一方面，由于弓弦类乐器本身学习难度大，马头琴的专

---

① GUPTA P, CHAUDHARY Y, RUNKLER T, et al. Neural topic modeling with continual lifelong learning[C]//International Conference on Machine Learning（online），2020：3907–3917.

业水平短时间内并不能得到有效提升；另一方面，技术技巧、作品风格等往往多为隐匿性极强的缄默知识，掌握起来也并非易事，导致"马头琴手"的专业成长不可避免地遇到诸多磨难和瓶颈，从而影响他们专业成长的进度。因此，突破瓶颈是"马头琴手"持续发展的前提。

有人说，适当的放松可以使"马头琴手"从纠结中挣脱出来，甚至会带给他们诸多意想不到的收获；还有人说，借助"他者"的力量或可尽快消解"马头琴手"专业成长中的瓶颈，并走出"高原期"。然而，这种"逃避"和"外力"通常并不能从根本上改变"马头琴手"的思维惯性，也不一定能帮助他们突破瓶颈。事实上，事物发展中，往往内因才是关键，"马头琴手"专业成长中的瓶颈通常只能依赖他们自身的持续学习。尤其对于技术技巧性的内容，若不经过"冬练三九，夏练三伏"的持续学习，难以实现根本性的突破。

二、艺德、知识、能力："马头琴手"专业成长的要素反思

虽然"马头琴手"由于个体成长环境、成长阶段、成长方式等的不同，整体上呈现出一定的异质性，但从他们专业成长的核心部分来看，却表现出极高的同质性。所谓核心要素，主要是指"学生在接受相应学段的教育过程中逐步形成适应个人终生发展和社会发展需要的必备品格与关键能力"[①]。根据"马头琴手"的叙事，他们专业成长的"核心"主要包括艺德、知识和能力三个维度。其中，艺德主要表现为"马头琴手"对待艺术的价值观念和为人处世的道德规范两个方面；知识主要表现为"马头琴手"所习得的显性知识和缄默知识两个方面；能力主要表现为"马头琴手"行走社会的处事能力和立足行业的专业能力两个方面。

（一）艺德是"马头琴手"的立身之本

所谓艺德，是指"艺术从业者的思想道德"[②]。其中，"艺"是外在的审美形

---

① 全面深化课程改革 落实立德树人根本任务 [N]. 中国教育报，2014-06-23（008）.
② 康式昭，王能宪. 谈谈艺德建设及对演艺人员的管理 [J]. 求是，1995（24）：22-26.

式和手段，"德"是内在的精神内容和根本，"艺"只有承载了"德"的内容，才能达到最高的艺术审美境界。① 古往今来，一切有成就的艺术家都十分重视艺德的培养和修炼，并将艺德视为艺术生命中为人处世的根本。事实上，艺德主要包括"艺品"和"人品"两大基本构成。其中，"艺品"是指文艺工作者对待艺术的价值观念，"人品"则是指文艺工作者的为人处世的道德规范。

1. 对待艺术的价值观念

所谓价值观念，是指"人们基于一定思维感官之上做出的认知、理解和判断，也就是人们认识事物、辨别是非的一种思维取向"②。值得说明的是，"价值观念是在实践活动中生成的"③。在"马头琴手"的专业成长历程中，不可避免地受到周遭环境、教育、文化和他人等既有价值观念的影响，并通过具体的学习和艺术实践将其内化，逐渐形成自身对待艺术独特的价值观念，并在此基础上指导他们的专业学习和艺术实践。譬如在与外部世界交往互动过程中逐渐形成的持之以恒的学习态度、多元开放的艺术思维、传承文化的责任与使命，往往都在他们日常的专业学习和实践中有所体现。可见，对待艺术的价值观念在一定程度上决定着"马头琴手"进行专业学习和艺术实践的动机和行为，也是他们专业成长行稳致远的关键因素。

2. 为人处世的道德规范

所谓道德规范，是指"在人们社会生活的实践中逐步形成的，对人们的道德行为和道德关系的普遍规律的反映和概括。作为一种社会规范的形式，道德规范是从一定社会或阶级利益出发，用以调整人与人之间的利益关系的行为准则，也是判断、评价人们行为善恶的标准"④。事实上，道德规范往往是人们衡量各行各业人才的重要标准。对于"马头琴手"而言，由于社会人和专业人的双重身份，他们的道德规范不仅体现于作为社会人的行为规范，如善良的人格品行、正直的处事风格、无私的奉献精神等，同时体现于他们作为艺术工作者

---

① 岳音. 先秦儒家的"艺德观"构建论析 [J]. 山东社会科学，2020（8）：110-117.
② 宋景东. 教学相长：研究生导师专业发展的叙事研究 [D]. 长春：东北师范大学，2017.
③ 罗法洋. 价值观念实践生成研究 [D]. 桂林：广西师范大学，2019.
④ 胡碧蓝. 道德规范新论 [J]. 中共福建省委党校学报，2007（8）：59-62.

的行业规范,譬如对马头琴艺术的热爱、对马头琴技术的精益求精、对马头琴文化传承的责任等。可以说,道德规范不仅是"马头琴手"立足于社会和从事艺术工作的重要基础,而且决定着"马头琴手"专业成长的路径和方向。

(二)知识是"马头琴手"的传世之术

所谓知识,是指人类在实践中认识客观世界的成果。波兰尼(Polanyi M.)认为,"人类有两种知识。通常所说的知识是用书面文字或地图、数学公式来表述的,这只是知识的一种形式,还有一种知识是不能系统表述的,例如人们有关自己行为的某种知识。如果我们将前一种知识称为显性知识的话,那么,后一种知识可以称为缄默知识"[①]。对于"马头琴手"而言,他们的知识同样可以划归为显性知识(Explicit knowledge)和缄默知识(Tacit knowledge)[②] 两个维度。

1. 基于"共享"的显性知识

所谓显性知识,亦或称为"可表达的知识"[③],是可以通过文字和图像等具体方式传递出来的,并可以通过陈述与书面等方式"看得见,摸得着"的知识形态。对于"马头琴手"而言,他们专业成长过程中所习得的显性知识,一方面来源于马头琴艺术作品的乐谱,另一方面则来源于与马头琴艺术相关的书籍。事实上,无论是乐谱还是书籍,显性知识因其可表达性,往往可以被共享。正如有学者认为的那样,显性知识是可以"用明晰的语言文字表达明确的意义,并能够被人们掌握和理解的,具有客观性、普适性特征的知识"[④]。也就是说,显性知识往往不单单适用于某一位或者某几位"马头琴手",甚至可以"扩散"至与马头琴类似的弓弦类乐器的演奏者身上。也正因此,显性知识的习得往往更为直观和便捷。

---

① POLANYI M.The study of man[M].London:Routtledge & Kegan Paul,1957.
② 波兰尼.个人知识 [M].许泽民,译.贵阳:贵州人民出版社,2000:150.
③ SVEIBY K E.Tacit knowledge[A]// CORTADA J W,WOODS J A.The Knowledge Management Yearbook 1999–2000. Butterworth Heinemann,1999:18–27.
④ 刘小红.默会知识视野下的音乐教学观 [J].中国音乐,2021(1):184–189.

2. 基于"个体"的缄默知识

所谓缄默知识，主要是指那些"不能通过语言文字符号清晰表达或直接传递给人们的知识"[①]，也就是说，缄默知识往往既无法用语言明确定义，也无法用语言准确表述，是一种"只可意会不可言传"的知识形态。[②] 对于"马头琴手"而言，他们专业成长过程中的缄默知识，不仅来源于他们生活成长的环境，也来源于他们所演奏的艺术作品，更来源于他们具体的艺术实践活动。事实上，缄默知识因其不可言传性，往往只能在特定的情境中通过体会、模仿、领悟等方式习得。比如，通过观察山川的起伏、河流的蜿蜒、骏马的奔跑、牛羊的嘶鸣，感受音乐的线条和节奏；通过观察和模仿，感受艺术作品中的揉弦、"诺古拉"等，通过具体的舞台演出和艺术实践，领悟音乐的变化，从而调整自己的演奏方式。需要说明的是，与显性知识不同，缄默知识往往是一种"内化"的知识，是属于"马头琴手"特有的、个性化的知识。

（三）能力是"马头琴手"的前行之法

所谓能力，是人们完成某一目标或者任务所体现出来的综合素质，直接影响着人们实现目标和完成任务的效率。对于"马头琴手"而言，由于他们具备社会人和专业人的双重角色，相应的能力也需要分而视之。其中，作为社会人，"马头琴手"需要具备行走于社会的处世之道；而作为专业人，"马头琴手"则需要具备立足行业的专业能力。

1. 行走于社会的处事能力

作为社会成员的"马头琴手"，不仅要往来于狭窄的舞台空间，更要行走于广阔的社会场域。而舞台上练就的专业能力难以诠释复杂的社会万象，更难以支撑他们在纷繁复杂的社会场域中应变自如。事实上，"马头琴手"在其专业成长的过程中，始终行走于不同的社会空间和不同的社会角色之间，已然将自身的"触角"延伸至舞台之外，无形中为自己构建了一个相对复杂的社会关系网

---

① 波兰尼.个人知识 [M].许泽民，译.贵阳：贵州人民出版社，2000：150.
② 刘小红.默会知识视野下的音乐教学观 [J].中国音乐，2021（1）：184-189.

络。正是在与这个关系网络及其各要素之间的交往互动的过程中,"马头琴手"不断提升自身的处事能力,这种能力不仅推动他们从"自然人"向"社会人"的转变,更重要的是,恰当的处事能力往往可以帮助他们赢得专业成长所需的诸多资源,譬如学习的机会、艺术实践的机会等。

2. 立足行业的专业能力

所谓专业能力,就是"人们为了完成专业活动所必备的、所需要的能力的总和,能够满足所从事专业活动的能力总称"[①]。对于"马头琴手"而言,专业能力是他们能够胜任马头琴演奏相关工作的一系列稳定的、综合的特质,譬如完备的知识体系、纯熟的演奏功底、丰富的舞台经验等。诚如前文所述,"马头琴手"专业能力的养成,不仅有赖于他们持续的专业学习,也有赖于他们丰富的舞台实践,更有赖于他们对自我的不断反思。事实上,艺术行业是残酷的,"舞台"是有限的,对"马头琴手"专业能力的要求更是苛刻的。从这个角度而言,完备的专业能力不仅是"马头琴手"从事马头琴演奏相关工作所必备的基本能力,更能够确保"马头琴手"在"有你没我、有我没你"的行业竞争中,寻找到合适自己的"席位",甚至是立于不败之地。

三、环境、方式、内容:"马头琴手"专业成长的路径反思

互动源于交往,交往促进发展。对于"马头琴手"而言,他们的专业成长始终是自我世界和外部世界共同作用的结果。如果我们将自我世界看作是"马头琴手"专业成长的前提条件,那么来自外部世界的支持则可以看作是他们专业成长的具体路径。根据"马头琴手"的叙事不难发现,在他们专业成长的不同阶段,教育环境、教育方式、教育内容等始终是关键因素。

(一)见之于"开放"与"创设"的环境

如果用一句话来描述人与环境的关系,那么"水之于鱼,土壤之于草木"

---

① 翟惠根 . 职业素质教育论 [M]. 湖南:中南大学出版社,2006:146.

便再贴切不过了，人无论身处任何时代、任何背景，始终不可能脱离环境而独立存在。当然，环境同样以其独特的功能价值，对人的成长和发展产生巨大的影响。对于"马头琴手"而言，影响他们的环境因素往往是立体的、多维的。若单从教育的视角来看，影响"马头琴手"专业成长的环境主要包括两个部分，其一是与马头琴文化密切相关的草原生态环境，其二是为培养马头琴艺术人才而人为创设的学校环境。

1. 基于"开放"的草原生态环境

"地者，万物之本原，诸生之根菀也"①。草原生态环境对于包括马头琴在内的各种文化的产生与发展有着积极的影响，这种影响当然也可顺理成章地迁移到从事马头琴演奏工作的人身上。然而，随着游牧生活方式的变迁与城镇化进程的深化，草原生态环境对"马头琴手"专业成长的积极影响被逐渐解构，尤其是在"教育万能论"的错误引导下，草原生态环境对"马头琴手"专业成长的作用机制被大大消解，更有甚者认为让"马头琴手"接触草原生态环境是"大可不必"或"浪费时间"，从而导致越来越多的"马头琴手"丧失了与草原生态环境交往互动的机会。事实上，不管是马头琴还是"马头琴手"都与草原生态环境有着诸多必然联系，"开放"的草原生态环境总以其独特的方式为"马头琴手"提供着专业成长所必需的物质基础和精神能量。

首先，草原生态环境为"马头琴手"提供专业成长所必需的音乐元素。所谓音乐元素，主要是指构成音乐的基本单位，比如节奏、旋律、和声等。众所周知，马头琴是蒙古族特有的乐器，其形成和表达往往与蒙古族赖以生存的草原生态环境息息相关。比如马头琴音乐中的节奏型与骏马奔跑时所产生的节奏密切关联；马头琴音乐中的演奏技巧与草原生态环境中动物的嘶鸣声，甚至是风雨雷电所产生的声音密切关联；马头琴音乐中的歌唱性旋律线条往往与山川的走向、河流的蜿蜒密切关联。而这些音乐元素恰恰是"马头琴手"专业成长中极为重要的内容，也是马头琴艺术作品中常常出现的音乐元素。因此，亲身体验草原生态环境，往往更加有利于他们准确把握这些原生性的音乐元素，事

---

① 〔唐〕房玄龄注，〔明〕刘绩补注，刘晓艺校点. 管子（第十四卷）[M]. 上海：上海古籍出版社，2015：285.

实上，"让民族特色乐器在其原有的生成环境中活态传承是民族特色乐器传承保护的最理想方式"[①]。对于"马头琴手"而言，置身于草原生态环境中，与草原生态环境的良性互动，往往可以弥补学校教育的知识与能力盲区。

另外，体验草原生态环境有助于塑造"马头琴手"坚韧不拔的精神品质。所谓"一方水土养一方人"，地区的生态环境往往影响着该地区人们的生活方式、生产方式和行为习惯，也塑造着该地区人们的价值观念和道德品行。诚如前文所言，"马头琴手"的专业成长既不是一蹴而就的，也不是一劳永逸的，而是需要经历一个漫长而艰辛的过程，这对"马头琴手"来说无疑是心灵与身体的双重考验，不仅需要坚韧不拔的毅力，也需要持之以恒的耐力，更需要处变不惊的定力。而基于草原生态环境的艰苦卓绝的游牧生活往往对于培养"马头琴手"的毅力、耐力和定力有着巨大的作用。因此，改变现有专业教育的思路，让"马头琴手"重回草原，去体验和感受那些来自草原生态环境中说不清、道不明的"超能量"，或许可以为他们专业成长寻得另一种可能性。

2.基于"创设"的学校环境

学校是根据人才培养需求而创设的教育空间，是学生接受科学文化知识、培养良好道德品质的主要场所。现代意义上的学校具有明显的结构化、标准化特征，不仅仅是一个相对稳定的物理空间，同时也是一个承载着丰富知识的非物理性空间。对于"马头琴手"而言，学校不仅为他们提供了必要的学习和实践场所，更为他们提供了丰富的知识。

第一，学校为"马头琴手"提供了稳定的学习环境。相比于传统艺徒制教育随时随地的特点，现代学校教育往往具有一个相对稳定的学习环境，不仅为"马头琴手"提供了学习的场所，也为"马头琴手"提供了实践的舞台。一般而言，艺术院校的空间设施主要包括教室、琴房、排练厅、音乐厅、剧场等，其中教室、琴房往往用于专业学习，而排练厅、音乐厅、剧场则往往用于艺术实践活动。此外，相比于其他专业学习环境的迁移性和可变性，艺术专业教育的空间设施往往是固定的。比如一个学生在进入学校后往往就有固定的琴房。

---

① 秦瑞莹．"活态传承"理念下民族特色乐器的传承研究：以京族独弦器为例 [J].贵州民族研究，2016（7）：90-93.

老师在教授学生时同样有固定的空间，此外，排练厅、音乐厅等艺术实践场地都是根据专业需求而建设的，一定程度上避免了因学习环境变化而导致的不适应，从而为"马头琴手"创设出相对稳定的学习环境。

第二，学校为"马头琴手"提供了完备的知识体系。知识是教育内容最基本的组成单位，也是人才培养最基础的内容。一般而言，马头琴艺术专业的知识体系主要分为两大类，其一是专业技能知识，比如基本功、技术技巧等演奏知识；其二是专业理论知识，包括基本乐理、视唱练耳和声曲式等音乐理论知识和音乐美学、音乐史学等与专业相关的理论知识。事实上，以上只是马头琴艺术专业范围内的"个性化"知识。而现代学校教育不仅是为了培养专业的"马头琴手"，也是为了培养文化意义上的"马头琴手"，更是为了培养社会意义上的"马头琴手"。因此，德、智、体、美、劳相关的知识都属于学校教育的知识范畴，包括思想道德知识、文学知识、体育知识等，与专业知识共同构成马头琴艺术教育完备的知识体系。对于"马头琴手"而言，完备的知识体系不仅是实现专业成长的重要保障，也是他们与舞台对接、与职业对接、与社会对接的重要基础和条件。

（二）见之于"灵活"与"规范"的方式

所谓教育方式，是指为实现教育目标所采取的手段和方法。诚如前文所述，马头琴艺术教育的目的是培养优秀的"马头琴手"，这就需要我们着眼于与之相符的教育方式。事实上，马头琴艺术教育大致分为传统艺徒制教育和现代专业教育两种方式，前者以其灵活性见长，后者则以其规范性见长。下面笔者将以此来详述"马头琴手"专业成长的现实性与可能性。

1. 基于灵活的传统艺徒教育

传统艺徒制是人类历史进程中延续时间最长、影响范围最广的艺术人才培养模式之一。虽然相较于现代专业教育的规范性，传统艺徒制无论从教育制度上，还是从教育组织上都略显"松散"，但基于言传身教、口传心授的传统艺术教育模式，即便放在专业教育发展如此之好的当下，依然具有相当的可取之处。尤其在教学安排、教学方式、师徒关系等方面所展现出的优势，往往更有益于提升"马头琴手"的学习效率。

第一，灵活的教学安排使"马头琴手"的专业学习不再受限于特定的时间和空间。一般而言，传统艺徒制的教学安排不受制度规范等"技术理性"的限制，教学时间可早可晚，教学场地可在室内或室外，一定程度上取决于老师的意愿和热情，而正是这种灵活的教学安排，往往更有益于提升教学效能。从教的视角来看，老师可以根据既定的时空情境，随时随地给予"马头琴手"相应的指导，并在不经意间捕捉"马头琴手"在专业学习过程中暴露出的优点或问题，并及时予以放大或修正；从学的角度来看，这种灵活的教学安排，可以使"马头琴手"在感受特定情境的同时，学到那些乐谱和书本中没有的"活知识"，从而丰富自己的知识结构和能力结构。需要特别说明的是，当稍纵即逝的艺术灵感瞬间迸发时，"马头琴手"若能及时向老师汇报自己的心得体会，或者老师若能及时给予相应的指导，往往会使他们的专业学习事半功倍，甚至收获诸多"意外之喜"。

第二，多变的教学方式使"马头琴手"的专业学习不再局限于"冰冷"的乐谱和书本。诚如前文所述，在"马头琴手"专业学习过程中，往往会遇到一些既不能用文字准确描述，又不能用乐谱准确标记的内容，比如演奏技巧、音乐风格、情感处理等。此时，老师的言传身教、口传心授就显得极为有意义、有价值。一方面，老师可以通过示范和演示，将那些"只可意会不可言传"的缄默知识直观地展现给"马头琴手"，以供他们模仿；另一方面，老师可以通过口诀和手势等特殊的表达方式，将那些看似深奥的学习内容生动地呈现给"马头琴手"，以供他们参考。除此之外，被现代专业教育视为"玄学"的"心授"，往往可以使"马头琴手"在潜移默化中，在不经意间习得诸如味道、感觉等极具隐匿性的知识和技能。

第三，亲密的师生关系有助于提升"马头琴手"的学习效率和塑造其道德品性。相对于专业教育师生间的疏离，传统艺徒制如亲人般亲密的师生关系，往往更有助于提升"马头琴手"的学习效率。一方面，在破解"教会徒弟，饿死师父"的陈旧观念的基础上，亲密的师生关系极大地激发着老师的传承意愿，从而使老师愿意将自己的绝活、绝技等看家本领传授给"马头琴手"；另一方面，亲密的师生关系往往可以使师生间产生"神交流"，在具体的教学过程中，无须老师过多地讲解，学生便可了然于心。这种超乎语言的交流方式，对于"马头琴手"习得那些具有隐匿性的缄默知识尤为重要。此外，由于亲密的师生关系所带来的师生间长期"共同在场"，老师对待艺术的观念、对待人生的态度等也不同程度地影响和塑造着"马头琴手"的人生观、世界观和价值观。

2. 基于规范的现代专业教育

所谓专业教育，就是指"国家根据社会职业分工、学科分类、文化科学技术发展状况及经济建设与社会发展需要划分各个学科和专业，高等学校根据此制订专业培养目标和专业教育计划，组建专业课程体系，为国家培养、输送所需的各种专门人才，学生亦按学科和专业的划分来进行学习，形成自己在某一专业领域的专长，为未来的职业活动做准备"[①]。可见，专业教育是一种有目标、有计划、有安排的规范的教育实践活动。马头琴专业作为现代艺术专业教育的一个分支，同样承袭了专业教育的规范性。事实上，马头琴专业教育的规范性主要体现为训练方式的规范性和课程设置的规范性两部分。

第一，规范的训练方式有助于夯实"马头琴手"的专业功底。诚如前文所述，目前马头琴艺术教育主要采用一种从基本功到情感表达的"渐进式"训练方式，这种训练方式具有极强的规范性，不仅符合先易后难的次序性，也符合作品演奏的规定性，更符合人才培养的规律性。具体来讲，"马头琴手"的学习内容大致可分为基本功、技术技巧、音乐风格、情感处理四个维度。这四个维度由于难易程度不同，往往需要"马头琴手"遵循由易到难的进阶过程。原因在于，前项内容往往是后项内容的基础，也就是说，前项内容不扎实，后项内容则很难顺利完成。因此，采用这种循序渐进的训练方式，一定程度上可以避免因"跳跃式发展"而导致的基本功不扎实、技术技巧不全面、作品风格和情感把握不准确等问题，从而有助于"马头琴手"奠定扎实的专业基础。

第二，规范的课程设置有助于"马头琴手"完善知识结构。一般而言，马头琴艺术专业的课程设置主要包含专业技能课、专业理论课和专业实践课三大部分。其中，专业技能课主要是指马头琴专业演奏课，其内容包含马头琴演奏技术等，目的在于帮助"马头琴手"练就一定的专业技能。专业理论课包含

---

① 顾明远. 教育大辞典 [M]. 上海；上海教育出版社，1999：642.

围绕马头琴或音乐专业设置的音乐美学、音乐史学、音乐理论（如视唱练耳、曲式分析）等理论性课程，其目的在于帮助"马头琴手"习得与演奏相关的其他专业知识。专业实践课主要是指与舞台艺术实践相关的课程，其目的在于巩固与检验专业技能课程中所学的演奏技术，更重要的是，专业实践课程为"马头琴手"走向具体的工作岗位储备一定的实践知识。可以说，规范的课程设置为"马头琴手"源源不断地提供专业成长所需要的各种关键要素，不仅可以将"马头琴手"培养成专业意义上的人，还可以将"马头琴手"培养成文化意义上的人，更重要的是有助于将"马头琴手"培养成社会意义上的人。

（三）见之于"独擅"与"科学"的内容

与教育方式一样，教育内容也是为实现教育目的而服务的。一般而言，艺术教育的内容往往分为知识维度、技能维度等。而马头琴作为从传统文化语境走向专业化教育的民族传统乐器，其内容本来就兼具传统性与现代性。那么，对于"马头琴手"而言，他们的专业成长同样应当既立足于"传统"，又放眼于"现代"。需要特别说明的是，"传统"与"现代"往往因其文化特性不同，对"马头琴手"专业成长的价值和意义也体现出一定的差异性。

1. 基于独擅的传统性内容

"在教育实践中，不管教育者声称正在进行的教育内容是何等的'原汁原味'，实际上也必然是经过了'筛选'之后的"[①]。原因在于，传统文化本身的内容十分广泛，必然只能选择其中的某些部分，甚至是很小一部分成为教育的内容。诚如前文所述，马头琴的传统性内容主要包含传统演奏技法和传统音乐作品两个部分，这是"马头琴手"必须掌握的。可以说，传统演奏技法和传统音乐作品不仅是"马头琴手"的关键性符号，也是关乎他们专业成长质量甚至成败的基础性内容。

第一，传统演奏技法是"马头琴手"必备的"关键符号"。"关键符号"是人类学研究中重要的学术概念，一直以"核心要素""核心价值""支配价值"

---

① 王立刚. 论传统文化教育的内容体系 [J]. 当代教育与文化，2017，9（1）：10-16.

等不同阐述用语在使用，具有不可替代性和专门性。诚如前文所述，一种文化脱离了"关键符号"，很快将会被另一种文化所同化；一个人脱离了"关键符号"，很快将会被另一种文化所取代。马头琴之所以被称为马头琴，不仅仅在于琴体有马头之造型，更重要的是其独有的传统演奏技法。所谓传统演奏技法，主要是指马头琴的"三种定弦五种演奏法"①。对于"马头琴手"而言，传统演奏技法的掌握与否是判断他们是否成为一个合格的"马头琴手"的重要标志，也是评判一个"马头琴手"专业能力的极其关键的评价指标。换句话说，若一个"马头琴手"没有掌握传统演奏技法，从某种意义上来说，便不能称之为一个合格的"马头琴手"。

第二，传统音乐作品是"马头琴手"必须掌握的基础性内容。所谓基础，往往是指事物发展的根本和起点。对于"马头琴手"而言，传统音乐作品往往可以视作他们专业成长过程中必须学习且必须掌握的基础性内容。原因在于，绝大多数马头琴音乐作品都是以传统音乐作品为基础而创作的，若"马头琴手"对传统音乐作品不能很好地掌握的话，很大程度上会影响他们专业成长的进程，同时也会制约他们专业成长的质量。一般而言，马头琴的传统艺术主要分为两部分，其一是各地区、各部落的传统民歌与长调作品，如鄂尔多斯民歌、巴尔虎长调等；其二是以传统民歌与长调为动机和元素而创作的马头琴艺术作品，比如李波先生创作的《遥远的敖特尔》选材于锡林郭勒长调民歌，辛沪光老师的《草原音诗》选材于科尔沁民歌。事实上，很多现代作品往往选材于传统音乐作品，由此足以说明传统音乐作品对"马头琴手"专业成长的基础性和重要性。

2. 基于科学的专业性内容

虽然马头琴是蒙古族的传统乐器，但经历了半个多世纪的专业化进程，依然具备了一定的专业性。加之受国内其他民族乐器以及西方音乐教育体系的影响，如今的马头琴艺术教育已具备一定的专业规模，不管训练内容还是音乐作品都具有一定的科学性和系统性，这对于"马头琴手"演奏技能的开发和演奏

---

① 布林巴雅尔.概述马头琴的渊源及其三种定弦五种演奏法体系[J].内蒙古艺术，2011（2）：123-128.

能力的提升都具有非常积极的意义。

第一，科学的训练内容有助于开发"马头琴手"的技术技巧。诚如前文所述，"马头琴手"的演奏技术不仅是他们完成艺术作品的重要保障，也是他们立足艺术行业的重要基础。而演奏技术的开发，除了依赖于"马头琴手"自身的能动作用和老师的亲历指导，科学的训练内容往往也是必不可少的关键因素。作为弓弦类乐器的马头琴，其演奏技术的训练内容不仅包含传统的马头琴训练，也包含二胡、板胡等其他中国民族器乐的训练，还包含大、小提琴的训练。需要特别说明的是，由于马头琴与大、小提琴同属于弓弦类乐器中的外弦乐器，其性能、表现手法等都具有极强的相似性。因此，大、小提琴演奏技巧的训练往往可以"移植"到马头琴的学习中。事实上，大、小提琴的训练内容由于形成时间较早、运用范围较广等原因，其科学性、体系化已经得到全世界范围内的充分检验和广泛认可，譬如对手指灵活度的开发、演奏速度的提升，其严格的训练过程、科学的训练方式以及合理的训练内容等，同样对提升"马头琴手"的演奏技术具有极强的引导性和启迪性。

第二，系统的艺术作品有助于提升"马头琴手"的演奏能力。所谓演奏能力，就是指演奏者驾驭作品的能力。事实上，演奏能力的提升不仅有赖于扎实的基本功和纯熟的技术技巧，系统的艺术作品也是提升"马头琴手"演奏能力的关键。诚如前文所述，目前马头琴艺术作品已经较为体系化。从作品分类来看，主要包含传统民歌和长调，国内的专业作品、蒙古国的专业作品和西方音乐移植作品等；从形式来看，主要包含独奏作品、齐奏作品、重奏作品、协奏作品等。不同分类和形式的艺术作品对于"马头琴手"演奏能力的提升具有不同的意义和作用，比如民歌长调与国内的传统作品往往可以训练"马头琴手"的专业功底，蒙古国以及西方音乐移植作品往往可以训练"马头琴手"的演奏技术，而重奏与协奏作品往往可以训练"马头琴手"与其他乐器或乐手的协作能力。可见，"马头琴手"的专业成长过程中，对不同作品的演绎往往对于他们提升自身的演奏能力具有积极意义。

结　语

时至今日，有关"马头琴手"专业成长路径和意义的问题，依然是学界罕至的研究领域。虽然传统与现代的共生互补、内因与外因的共同作用，早已成为马头琴文化传承研究领域的普遍共识，但这种"共识"更多地流于形而上的理论层面或大而化之的宏观层面，始终未能触及根本，更未能关注到"人"对于马头琴文化传承与保护的关键性作用。事实上，"马头琴手"作为马头琴文化传承与保护、马头琴艺术教育和人才培养的主体，他们的专业成长事关马头琴文化能否得到有效传承，事关马头琴艺术教育和人才培养是否真正发挥其特殊功能，理应受到广泛关注。

正是基于这种重要性和关键性的思考，本研究确立以"'马头琴手'专业成长"为主题，采用探究式的教育叙事方法，综合运用观察、访谈和文献等多重研究方法，通过对50位"马头琴手"专业成长故事进行深度挖掘和意义诠释，旨在梳理"马头琴手"专业成长的过程，挖掘"马头琴手"专业成长的核心要素，探寻"马头琴手"专业成长的具体路径。

在过去长达一年半的时间里，笔者通过全面的构思、充分的调研、详细的论证和系统的反思，最终得到三方面重要启示。

第一，从成长过程来说，"马头琴手"的专业成长必然要经历一个漫长而艰辛的过程。如前所述，学艺从来不是一条好走的路。抛开外界的复杂因素不谈，单就马头琴本身而言，由于弓弦乐器的难以把握、基本功与技术技巧的难以习得以及音乐作品风格与情感内涵的隐匿性，往往使得"马头琴手"的专业成长之路异常艰难。事实上，"马头琴手"的专业成长是一个漫长的过程，并严格遵循进阶式的成长规律，从而实现由"生"到"熟"、由"熟"到"专"

的飞跃。此外，"马头琴手"的专业成长也不是一劳永逸的，需要他们始终保持努力和进取，方能克服重重困难、突破层层阻碍，最终实现综合能力的全面提升，并将其维持在一个稳定的水准。

第二，从成长要素来看，"马头琴手"的专业成长必须坚持艺德、知识与能力的全面发展。如前所论，"马头琴手"具有复合身份，他们不仅是社会意义上的"马头琴手"，也是专业意义上的"马头琴手"。作为社会人，他们的道德品行、行为规范、处事能力往往是他们行走社会的关键因素；而作为"专业人"，他们对待艺术的价值观念、完备的专业知识结构、超群的专业演奏能力往往是他们立足行业的重要保障。从这个角度来讲，"马头琴手"在专业成长的过程中，必须坚持艺德、知识与能力的全面发展，才能具备"专业"与"社会"的双重能力，才能游刃有余地行走于复杂多变的社会环境，才能在"有你没我，有我没你"的职场中寻求一席之地。

第三，从成长方式来看，"马头琴手"的专业成长必然是开放与创新、灵活与规范、独擅与科学之教育方式共同作用的结果。如前所论及的，影响"马头琴手"专业成长的关键性要素主要来自客观世界的自然、教育与文化，他者世界的父母、老师、同学、同事与同行以及主观世界的音乐天赋、主体意识等。正是由于"马头琴手"与这些关键要素的交往互动，方可不断形塑他们的道德品质，不断完善他们的知识结构，不断提升他们的专业能力。前文对此多有论述，在此不多赘言。人都是在互动关系中成长的，"马头琴手"也一样，与外部世界、他者世界与自我世界的交往互动可被视为"马头琴手"专业成长的具体路径。

虽然通过系统的论述和理性的反思在一定程度上展现了"马头琴手"专业成长的理想之境。可惜现实往往并不能被理论所穷尽。"马头琴手"作为马头琴文化的承载者和传递者，面对多元文化的冲击、复杂的国际形势，他们的专业成长环境并不尽如人意，加之因空间置换而导致的传统文化"脱域"、过度"专业化"而导致的人才同质化、"能力至上"造成的个性"空场"始终是"马头琴手"专业成长难以摆脱的桎梏。传统与现代、守正与创新的联系与矛盾仍然是制约"马头琴手"专业成长的"致命问题"。事实上，"传统"是相对于"现代"的"传统"，"现代"也必将成为"未来"的"传统"，关键在于我们如何思考"传统"与"现代"的共生关系、"守正"与"创新"的协同作用。因此，现代马头琴艺术教育应当注重培养具备深厚文化底蕴、现代表达方式和国际视野的"马头琴手"，这不仅仅是马头琴艺术教育与人才培养的目标追求，也是马头琴艺术传承与保护的现实需要，更是"推动中华优秀传统文化创造性转化、创新性发展"①的重要保障。

　　尽管本研究始终遵循理论与实践相结合、主位与客位相结合的原则，并开展了较为充分细致的田野调查，所呈现的研究结果可以为正在学琴或即将走上学琴之路的人提供一定的理论借鉴和实践参考，但由于时空限制、能力有限等现实因素，本研究尚存诸多不足之处：一是在研究方法的运用上，笔者明显感到单纯运用质性研究方法一定程度上影响了研究过程和结果的系统性和可靠性；二是在资料收集过程中，笔者明显感到部分研究对象在某些问题的回答上未道出内心最真实的想法，这对资料的真实性和丰富性有一定影响；三是在具体的访谈和论述中，笔者虽然尽可能保持价值观中立，但由于个人的主观情感和偏好，或多或少给人以"粉饰"的印象。据此，在后续研究中，笔者将依据上述不足逐一改进，继续对"马头琴手"及其专业成长进行全面关注，并逐步探索出新时代马头琴艺术教育与人才培养的具体行动策略。

---

① 中共中央关于党的百年奋斗重大成就和历史经验的决议 [N]. 人民日报，2021-11-17（001）.

参考文献

一、著作类

[1] 亚里士多德.形而上学 [M].吴寿彭，译.北京：商务印书馆，1997.

[2] 亚里士多德.诗学 [M]，罗念生，译.北京：人民文学出版社，2002.

[3] 费尔巴哈.费尔巴哈哲学著作选集 [M].荣震华，李金山，译.北京：商务印书馆，1984.

[4] 夸美纽斯.大教学论 [M].傅任敢，译.北京：教育科学出版社，2014.

[5] 恩斯特·卡西尔.人论：人类文化哲学导引 [M].甘阳，译.上海：上海译文出版社，2004.

[6] 卡尔·罗杰斯.论人的成长 [M].石孟磊，等译.世界图书出版公司，2015.

[7] 约翰·杜威.民主主义与教育 [M].王承绪，译.北京：人民教育出版社，2001.

[8] 约翰·杜威.我们怎样思维·经验与教育 [M].姜文闵，译.北京：人民教育出版社，2005.

[9] 鲁思·本尼迪克特.文化模式 [M].张燕，傅铿，译.杭州：浙江人民出版社，1987.

[10] 约翰·怀特.再论教育目的 [M].李永宏，沈昌胜，刘瑀，等译.北京：教育科学出版社，1997.

[11] 皮埃尔·布尔迪厄.文化资本与社会炼金术 [M].包亚明，译.上海：上海人民出版社，1997.

[12] 丹尼·卡瓦拉罗.文化理论关键词 [M].张卫东，张生，赵顺宏，译.南京：江苏人民出版社，2006.

[13] 克劳斯·迈因策尔.复杂性中的思维、物质、精神和人类的复杂动力学 [M].曾国屏，译.北京：中央编译出版社.1999.

[14] 李小龙.生活的哲学 [M].李倩，译.贵阳：贵州人民出版社，2020.

[15] 迈克尔·波兰尼.个人知识——迈向后批判哲学 [M].许泽民，译.贵阳：贵州人民出版社，2000.

[16] 阿列克斯·英克尔斯，戴维·H.史密斯.从传统人到现代人：六个发展中国家的个人变化 [M].顾昕，译.北京：中国人民大学出版社，1992.

[17] O.F.博尔诺夫.教育人类学 [M].李其龙，等译.上海：华东师范大学出版社，1999.

[18] 保尔·朗格朗.终身教育引论 [M].周南照，陈树清，译.北京：中国对外翻译出版公司，1985.

[19] 奥古斯特·孔德.论实证精神 [M].黄建华，译.北京：商务印书馆，1996.

[20] 马克斯·韦伯.社会科学方法论 [M].杨富斌，译.北京：华夏出版社，1999.

[21] D.简·克兰迪宁，F.迈克尔·康纳利.叙事探究：质的研究中的经验和故事 [M].陈向明，审校.张园，译.北京：北京大学出版社，2008.

[22] 贝拉·伊特金.表演学：准备、排练、演出 [M].潘桦，译.北京：华夏出版社，2000.

[23] E.迪尔凯姆.社会学方法的准则 [M].狄玉明，译.北京：商务印书馆，1995.

[24] 亨宁·哈士纶.蒙古的人和神 [M].徐孝祥，译.乌鲁木齐：新疆人民出版社，2010.

[25] 鸟居君子.从土俗学上看蒙古 [M].赛音朝格图，娜拉，译.呼和浩特：内蒙古人民出版社，2016.

[26] 山口修.出自积淤的水中：以贝劳音乐文化为实例的音乐学新论 [M].纪太平，朱家骏，译.北京：中国社会科学院出版社，1999.

[27] C·巴音吉日嘎拉.蒙古族原生态音乐知识与学习：马头琴 [M].海拉尔：内蒙古文化出版社，2009.

[28] 伊莎贝拉·瓦格纳.音乐神童加工厂 [M].黄炎宁，译.上海：华东师范大学出版社，2016.

[29] 刘放桐.新编现代西方哲学 [M].北京：人民出版社，2000.

[30] 马克思主义哲学编写组.马克思主义哲学 [M].北京：高等教育出版社，人民出版社，2009.

[31] 习近平.在中国文联十大、中国作协九大开幕式上的讲话 [M].北京：人民出版社，2016.

[32] 习近平.习近平谈治国理政 [M].北京：外文出版社，2014.

[33] 习近平.习近平谈治国理政（第三卷）[M].北京：外文出版社，2020.

[34] 习近平.习近平谈治国理政（第一卷）[M].北京：外文出版社，2018.

[35] 叶澜.教育概论 [M].北京：人民教育出版社，1999.

[36] 陈桂生.教育原理 [M].3 版.上海：华东师范大学出版社，2012.

[37] 石中英.教育哲学 [M].北京：北京师范大学出版社，2007.

[38] 石中英.教育哲学导论 [M].北京：北京师范大学出版社，2004.

[39] 方明.陶行知教育名篇 [M].北京：教育科学出版社，2005.

[40] 王铭铭.人生史与人类学 [M].北京：生活·读书·新知三联书店，2010.

[41] 黄济，王策三.现代教育论 [M].北京：人民教育出版社，1990.

[42] 黄济.教育哲学通论 [M].太原：山西教育出版社，2008.

[43] 陈向明.质的研究方法与社会科学研究 [M].北京：教育科学出版社，2000.

[44] 丁钢.声音与经验：教育叙事探究 [M].北京：教育科学出版社，2008.

[45] 杨小微.教育研究的原理与方法 [M].上海：华东师范大学出版社，2010.

[46] 滕星，王军.20 世纪中国少数民族与教育：理论、政策与实践 [M].北京：民族出版社，2002.

[47] 周洪宇，刘训华.多样的世界：教育生活史研究引论 [M].福州：福建教育出版社，2014.

[48] 刘良华.叙事教育学 [M].上海：华东师范大学出版社，2011.

[49] 白·达瓦.马头琴演奏法 [M].呼和浩特：内蒙古人民出版社，1983.

[50] 白芸.质的研究指导 [M].北京：教育科学出版社，2002.

[51] 鲍成中.适应与超越：教育家成长规律研究 [M].厦门：福建教育出版社，2016.

[52] 博特乐图.蒙古族传统音乐概论 [M].呼和浩特：内蒙古大学出版社，2015.

[53] 博特乐图.胡尔奇：科尔沁地方传统中的说唱艺人及其音乐 [M].上海：上海音乐学院出版社，2007.

[54] 博特乐图.表演、文本、语境、传承：蒙古族音乐的口传性研究 [M].上海：上海音乐学院出版社，2012.

[55] 布仁白乙，乐声.蒙古族传统乐器 [M].呼和浩特：内蒙古大学出版社，2007.

[56] 曹刚.寻找教育教学回家之路 [M].北京：光明日报出版社.2019.

[57] 曹杰.社会主义现代人才素质 [M].天津：南开大学出版社，1996.

[58] 陈洪澜.知识分类与知识资源认识论 [M].北京：人民出版社，2008.

[59] 方明.缄默知识论 [M].合肥：安徽教育出版社，2004.

[60] 费孝通.人的研究在中国：一个人的经历 [M]//北京大学社会学人类学研究所.东亚社会研究.天津：天津人民出版社，1993.

[61] 傅道春.教师的成长与发展 [M].北京：教育科学出版，2001.

[62] 高涵.孤独的绝技：绝技绝活之教育传承生态 [M].北京：中国社会科学出版社，2018.

[63] 关晶.职业教育现代学徒制的比较与借鉴 [M] 长沙：湖南师范大学出版社，2016.

[64] 郭乃安.音乐学，请把目光投向人 [M].济南：山东文艺出版社，1988.

[65] 韩翼.师徒关系结构维度、决定机制及多层次效应机制研究 [M].武汉：武

汉大学出版社，2016.

[66] 呼格吉勒图. 蒙古族音乐史 [M]. 龙梅，乌云巴图，译. 沈阳：辽宁民族出版社，1997.

[67] 胡经之. 文艺美学 [M]. 北京：北京大学出版社，1999.

[68] 李白鹤. 默会维度上认识理想的重建：波兰尼默会认识论研究 [M]. 北京：中国社会科学出版社，2009.

[69] 李侠斌. 中国民族乐器艺术风貌与表演技能研究 [M]. 北京：中国纺织出版社，2019.

[70] 李向平，魏扬波. 口述史研究方法 [M]. 上海：上海人民出版社，2010.

[71] 李美群，胡远慧，朱虹. 音乐专业教育研究与教学实践 [M]. 广州：暨南大学出版社，2017.

[72] 李强. 生命的历程：重大社会事件与中国人的生命轨迹 [M]. 杭州：浙江人民出版社，1999.

[73] 李政涛. 交互生成教育理论与实践的转化之力 [M]. 上海：华东师范大学出版社，2015.

[74] 刘禹彤. 多元文化影响下的民族音乐教学内容构建研究 [M]. 北京：中国纺织出版社，2018.

[75] 肖川. 教育的理想与信念 [M]. 长沙：岳麓书社，2002.

[76] 邢莉，等. 内蒙古区域游牧文化的变迁 [M]. 北京：中国社会科学出版社，2013.

[77] 余小茅. 雅斯贝尔斯教育思想文本学解读 [M]. 太原：山西人民出版社，2020.

[78] 张耕. 民间文学艺术的知识产权保护研究 [M]. 北京：法律出版社，2008.

[79] 郑培凯. 口传心授与文化传承 [M]. 桂林：广西师范大学出版社，2006.

[80] 翟惠根. 职业素质教育论 [M]. 湖南：中南大学出版社，2006.

[81] 马克思恩格斯全集（第一卷）[M]. 北京：人民出版社，1979.

[82] 莫尔吉胡. 艺海生涯 [M]. 海拉尔：内蒙古文化出版社，2013.

[83] 莫尔吉胡. 追寻胡笳的踪迹：蒙古音乐考察纪实文集 [M]. 上海：上海音乐学院出版社.2007.

[84] 齐学红. 学校生活中的教师和学生 [M]. 济南：山东教育出版社，2006.

[85] 仟·白乙拉. 马头琴教程 [M]. 呼和浩特：内蒙古教育出版社，2023.

[86] 华东师范大学教育系，杭州大学教育系. 西方资产阶级教育流派论著选 [M]. 北京：人民教育出版社，1980.

[87] 乌兰杰. 蒙古族音乐史 [M]. 呼和浩特：内蒙古人民出版社，1998.

[88] 吴显明. 另类的视角：弯路走出来的人生智慧 [M]. 企业管理出版社，2018.

二、期刊类

[1] 康纳利，克兰迪宁.叙事探究 [J].丁钢，译.全球教育展望，2003（4）.

[2] 丁钢.教育经验的理论方式 [J].教育研究，2003（2）.

[3] 丁钢.教育叙事的理论探究 [J].高等教育研究，2008（1）.

[4] 丁钢.教育叙事研究的方法论 [J].全球教育展望，2008（3）.

[5] 丁钢.教育叙述何以可能？[J].教育情报参考，2002（11）.

[6] 丁钢.教育研究的叙事转向 [J].现代大学教育，2008（1）.

[7] 李政涛.回到原点：教育人类学的本体性问题初探 [J].民族教育研究，2014（5）.

[8] 李政涛.教育研究的叙事伦理 [J].教育研究，2006（10）.

[9] 王枬.教育叙事研究的兴起、推广及争辩 [J].教育研究，2006（10）.

[10] 谢登斌.教育叙事的价值向度 [J].教育导刊，2006（3）.

[11] 吴晓蓉.教育人类学研究的本土实践 [J].教育学报，2009（6）.

[12] 吴言.教育叙事：校本研究的可行性选择 [J].职业技术教育，2004（4）.

[13] 王枬.关于教师的叙事研究 [J].全球教育展望，2003（4）.

[14] 王凌.教育科研方法的选择与应用简论 [J].课程教材教学研究（中教学研究），2003（3）.

[15] 王攀峰.教育叙事研究刍议 [J].河北师范大学学报（教育科学版），2012（8）.

[16] 王鹏.沟通"理论"与"实践"的桥梁：解读教育"叙事研究"[J].贵州师范大学学报（社会科学版），2006（2）.

[17] 王凯.教育叙事：从教育研究方法到教师专业发展方式 [J].比较教育研究，2005（6）.

[18] 孙振东，陈荟.对我国教育叙事研究的审思 [J].教育学报，2009（3）.

[19] 施铁如."怎么都行"：学校改革研究的后现代思考 [J].教育研究与实验，2003（2）.

[20] 施铁如.后现代思潮与叙事心理学 [J].南京师范大学学报（社会科学版），2003（2）.

[21] 孙杰远.教育人类学应用之问 [J].复旦教育论坛，2011（1）.

[22] 王军.民族文化传承的教育人类学研究 [J].民族教育研究，2006（3）.

[23] 王景.教育叙事研究的"冷思考"[J].当代教育科学，2010（9）.

[24] 徐冰鸥.叙事研究方法述要 [J].教育理论与实践，2005（16）.

[25] 徐勤玲.国内教育叙事研究的问题、原因及对策 [J].教育导刊，2006（9）.

[26] 周洪宇.教育史研究改革管抒 [J].教育评论，1991（2）.

[27] 郑金洲，程亮 . 中国教育学研究的发展趋向 [J]. 教育研究，2005（11）.

[28] 赵蒙成 . 教育叙事研究的优势与规范 [J]. 湖南师范大学教育科学学报，2014（6）.

[29] 翟广顺 . 教育叙事："我讲我的故事"[J]. 当代教育科学，2005（4）.

[30] 许锡良 . 评"怎么都行"：对教育"叙事研究"的理性反思 [J]. 教育研究与实验，2004（1）.

[31] 叶澜 . 教育创新呼唤"具体个人"意识 [J]. 教育参考，2003（4）.

[32] 杨捷 . 教育叙事：培养教师教育研究的契机 [J]. 教育科学，2006（1）.

[33] 杨明全 . 教育叙事研究：故事中的生活体验与意义探寻 [J]. 全球教育展望，2007（3）.

[34] 詹捷慧 . 教育叙事研究的本质追求 [J]. 教育科学论坛，2006（10）.

[35] 李新叶 . 教育叙事研究综述 [J]. 中国电力教育，2008（7）.

[36] 何献菊 . 教育叙事研究及其作用 [J]. 教育理论与实践，2012（20）.

[37] 冯晨昱，和学新 . 教育叙事研究的研究 [J]. 教育学报，2004（6）.

[38] 李长吉，孙培培 . 教育叙事研究述评 [J]. 当代教育与文化，2011（5）.

[39] 杨晓峰 . 教育叙述批判 [J]. 湖南师范大学教育科学学报，2004（6）.

[40] 程方生 . 质的研究方法与教师的叙事研究 [J]. 江西教育科研，2003（8）.

[41] 傅敏，田慧生 . 教育叙事研究：本质、特征与方法 [J]. 教育研究，2008（5）.

[42] 王洪才 . 叙事研究：价值、规范与局限 [J]. 教育科学研究，2012（4）.

[43] 刘良华 . 论教育"叙事研究"[J]. 现代教育论丛，2002（4）

[44] 刘良华 . 教育叙事研究：是什么与怎么做 [J]. 教育研究，2007（7）.

[45] 刘慧，朱小蔓 . 生命叙事与道德教育资源的开发 [J]. 上海教育科研，2003（8）.

[46] 廖鹰 . 教育研究中叙事实验评价 [J]. 教育评论，2003（3）.

[47] 刘训华 . 论教育生活叙事 [J]. 浙江社会科学，2020（2）.

[48] 吴言 . 师徒制：高技能人才培养制度建设的一个向度 [J]. 职业技术教育，2008（19）.

[49] 许维平 . 基于现代师徒制的坭兴陶手拍壶实训教学模式的实践探索：以北部湾职业技术学校民族工艺品制作（坭兴陶方向）专业为例 [J]. 美术教育研究，2020（9）.

[50] 叶梓 . 传统艺徒制对现代学徒制的构建探讨 [J]. 就业与保障，2020（14）.

[51] 袁莉萍，曹育红 . 智慧云环境中的"师徒制"艺术传承教学模式研究 [J]. 高教探索，2017，（2）.

[52] 袁莉萍，曹育红 . 云环境下师徒制艺术传承网络学习空间应用研究 [J]. 中国电化，2017（6）.

[53] 许悦，彭明成 . 职业教育领军人才成长影响因素研究 [J]. 中国职业技术教

育，2017（35）.

[54] 杨振华，施琴芬.高校科研团队的规模和沟通网络分析 [J].科技进步与对策，2008（4）.

[55] 姚磊.国内民族文化传承研究述评 [J].广西民族研究，2014（5）.

[56] 余东升，郭战伟.专业教育：概念与历史 [J].高等工程教育研究，2019（3）.

[57] 袁恩培，文静，庞杰.论中国艺术教育转型中的文化传承 [J].东南大学学报，2009（1）.

[58] 扎石.莎日伦花、马奶酒、马头琴：观内蒙古部队文艺代表队的演出 [J].人民音乐，1964（6）.

[59] 胥必海，孙晓丽.马头琴源流梳证 [J].四川文理学院学报，2011（3）.

[60]《学术前沿》编者.新时代人才强国战略 [J].人民论坛·学术前沿，2021（24）.

[61] 昂沁夫.马头琴的文化解析 [J].赤子（上中旬），2016（21）.

[62] 白萨日娜.马头琴文化遗产的保护、传承与发展探究 [J].今古文创，2021（44）.

[63] 白艳，郭永华，邓魏，等.马头琴从传统到现代的工艺演变 [J].民族音乐，2019（4）.

[64] 敖日格乐.马头琴实践教学体系与实践教学内容改革探析 [J].黄河之声，2016（2）：2.

[65] 包洪声.马头琴传统演奏法在当代的演绎分析 [J].戏剧之家，2021（21）.

[66] 包青青."全球视野下马头琴艺术的传承与传播"国际学术论坛综述 [J].中国艺术时空，2019（6）.

[67] 包腾和，侯燕.同源分流：现代马头琴与潮尔琴关系再探讨 [J].内蒙古艺术学院学报，2019（2）.

[68] 别敦荣，夏晋.论艺术教育的专业化及其通识性 [J].高等教育研究，2013（2）.

[69] 陈岱孙."通才"与"专才"[J].高教战线，1984（8）.

[70] 布林.再论蒙古族马尾胡琴类乐器 [J].内蒙古艺术学院学报，2020（3）.

[71] 布林巴雅尔.概述马头琴的渊源及其三种定弦五种演奏法体系 [J].内蒙古艺术，2011（2）.

[72] 李映明.马头琴来历 [J].乐器，1985（6）.

[73] 曹永国.师生关系：从相处到相依：后现代性批判 [J].教育理论与实践，2004（17）.

[74] 博特乐图.牧歌起时，彼相和：草原情话马头琴 [J].乐器，2006（8）.

[75] 博特乐图.现代化语境下长调、马头琴、呼麦变迁之比较 [J].中国艺术时

空，2019（6）.

[76] 蔡仲德.论孔子的礼乐思想 [J].音乐探索，1986：9.

[77] 曹能秀，王凌.少数民族地区的学校教育和民族文化传承 [J].云南师范大学学报（哲学社会科学版），2007（2）.

[78] 曹能秀，王凌.试论教育中的少数民族文化传承面临的问题与挑战 [J].当代教育与文化，2010（1）.

[79] 陈保家.话剧演员基本功训练不可忽视 [J].当代戏剧，2005（3）.

[80] 陈德云.教师的实践性反思与叙事研究 [J].全球教育展望，2002（11）.

[81] 陈华文.论非物质文化遗产生产性保护的几个问题 [J].广西民族大学学报（哲学社会科学版），2010（5）.

[82] 陈杰.传统师徒制与表演者权利的冲突与解决 [J].民族艺术，2019（4）.

[83] 陈文.中国式艺徒制 [J].中华手工，2008（3）.

[84] 陈玲.论人才成长中的非智力因素 [J].兵团教育学院学报，2003（3）.

[85] 陈平，陈泽黎.艺术院校大学生艺德修养的现状、成因与对策 [J].思想理论教育导刊，2014（8）.

[86] 陈琪.人才成长基本原理：综合效应论 [J].人才开发，1994（4）.

[87] 陈世民，余祖伟，高良.个人成长概念、影响因素及其功能 [J].广西师范大学学报（哲学社会科学版），2019（4）.

[88] 陈斯倩.艺术教育的专业化及其通识性分析 [J].赤子（上中旬），2015（15）.

[89] 陈向明.从北大元培计划看通识教育与专业教育的关系 [J].北京大学教育评论，2006（3）.

[90] 晨炜，林声.马头琴音乐人文精神意蕴的历史探寻 [J].中国音乐，2009，（3）.

[91] 程国军.对人才成长环境的多方位思考 [J].学术交流，1999（5）.

[92] 迟艳杰.师生关系新探 [J].课程·教材·教法，2020（9）.

[93] 达瓦.马头琴的传统演奏法 [J].人民音乐，1983（12）.

[94] 戴莉娜.浅谈京剧演员的表演技巧 [J].当代戏剧，2014（3）.

[95] 单长梅.职业院校优秀教师成长历程的质性研究 [J].现代职业教育，2017（19）.

[96] 杜晓利.富有生命力的文献研究法 [J].上海教育科研，2013（10）.

[97] 范蔚，廖青.基于教师专业发展的"师徒结对"的内涵及特征 [J].教育导刊，2012（9）.

[98] 范学荣，赵玉荣，付蕊.女性大学英语优秀教师的成长历程与反思：一项叙事研究 [J].教育现代化，2016（38）.

[99] 方健华.名师专业成长的规律、影响因素与机制：基于名师成功人生的解读[J].教育发展研究，2011（Z2）.

[100] 冯光钰.民族音乐文化传承与学校音乐教育[J].中国音乐，2003（1）.

[101] 冯军旗."新化现象"的形成[J].北京社会科学，2010（2）.

[102] 高峰.缄默知识理论与情境性教学[J].思想政治课教学，2017（6）.

[103] 岳音.先秦儒家的"艺德观"构建论析[J].山东社会科学，2020（8）.

[104] 云飏.乐者，德之华也[J].人民音乐，1982（7）.

[105] 管斌.艺术院校学生艺德养成探析[J].江苏社会科学，2010（S1）.

[106] 郭杨阳.高校音乐专业人才培养改革[J].教育与职业，2015（23）.

[107] 韩庆峰，刘立民.影响隐性知识显性化的成本因素分析[J].情报杂志，2004（1）.

[108] 韩英杰.现代教育中师生关系的构建[J].教育教学论坛，2010（2）.

[109] 郝笑男.争鸣 证明 正名：抄儿与马头琴关系辨析[J].内蒙古大学艺术学院学报，2007（3）.

[110] 何苗.职业教育背景下的蒙古族马头琴文化传承研究[J].黑龙江民族丛刊，2019（5）.

[111] 柯沁夫.马头琴源流考[J].内蒙古大学学报（人文社会科学版），2001（1）.

[112] 雷达，冯卉.生命的源泉 不懈的追求：记马头琴演奏家齐·宝力高[J].人民音乐，2016（7）.

[113] 何星亮.文化人类学田野调查法：参与观察法与深度访谈法[J].宗教信仰与民族文化，2016（1）.

[114] 侯怀银，王霞.论教育研究的叙事学转向[J].教育理论与实践，2006（5）.

[115] 侯钧生."价值关联"与"价值中立"：评M·韦伯社会学的价值思想[J].社会学研究，1995（3）.

[116] 胡定荣.影响优秀教师成长的因素：对特级教师人生经历的样本分析[J].教师教育研究，2006（4）.

[117] 胡亮，石春轩子，樊凤龙.继承与创新：马头琴与四胡乐器制作工艺创新研究[J].齐鲁艺苑，2018（3）.

[118] 贾嫚.胡琴源流新考[J].音乐研究，2019（3）.

[119] 姜勇.教育人类学的"成长"隐喻与教师的专业发展[J].教师教育研究，2009（2）.

[120] 蒋慧明.清门后人 为民求乐：访相声表演艺术家陈涌泉[J].中国文艺评论，2021（9）.

[121] 康式昭，王能宪.谈谈艺德建设及对演艺人员的管理[J].求是，1995（24）.

[122] 雷鸣强.教育的本质是主体间的文化传承 [J].教育科学，1998（4）.

[123] 李爱玲.基于现代师徒制的新闻专业实践教学活动设计与评价 [J].艺术教育，2019，（12）：261-263.

[124] 李必新，唐林伟.职业教育课程知识分类：依据、形态及表达 [J].中国职业技术教育，2021（23）.

[125] 李春颖.从艺校教学到师徒传承：兼论恢复柳琴戏师徒传承模式的价值和意义 [J].黄钟（武汉音乐学院学报），2016（4）.

[126] 李冯君.艺术类院校实施"现代师徒制"人才培养模式的实践思考：以珠宝首饰设计专业为例 [J].宝石和宝石学杂志（中英文），2020（4）.

[127] 李海海.高职环境艺术设计专业现代师徒制人才培养方案的设计 [J].艺海，2020（1）.

[128] 李红梅.马头琴及其音乐与蒙古族草原文化 [J].内蒙古师范大学学报，2003（5）.

[129] 关晶，石伟平.现代学徒制之"现代性"辨析 [J].教育研究，2014（10）.

[130] 高俊杰，李婧."师徒制"职教培养模式不过时 [J].教育与职业，2011（22）.

[131] 高威.中国古代的艺徒制及其演变 [J].天津教育，2019（28）.

[132] 高文超，陈杰.传统戏曲师徒制的存在基础与当代困境 [J].戏剧之家，2018（33）.

[133] 关健.蒙古族马头琴传承中的教育功能 [J].赤峰学院学报，2010（1）.

[134] 何小飞，卢继海.中国古代艺徒制及其对现代职业教育的启示 [J].科教导刊（上旬刊），2010（21）.

[135] 胡秀锦."现代学徒制"人才培养模式研究 [J].河北师范大学学报（教育科学版），2009（3）.

[136] 胡志伟.艺术类高职院校实施"现代师徒制"人才培养模式的研究 [J].教育现代化，2019（19）.

[137] 金晓华.现代师徒制人才培养模式的探索与实践 [J].中国高新区，2017（22）.

[138] 李江立.职业教育"现代师徒制"四化培养模式的探究 [J].经济师，2013（2）.

[139] 李通国，李贤正，杨金石，等.师徒制在高职教学中的现代运用 [J].科技信息，2010（18）.

[140] 李军.异化的师生关系："解构"与"建构" [J].陕西师范大学学报，2014（4）.

[141] 李曼丽，胡欣.优秀工程师成长历程中的关键阶段及其影响因素：一个质

化研究 [J].清华大学教育研究，2010（3）.

[142] 李长萍 . 影响创新人才成长的主要因素 [J]. 中国高教研究，2002（10）.

[143] 李政，苗岩伟 . 我国职业教育现代学徒制的发展策略：基于工厂师徒制百年变革的经验与启示 [J]. 职教论坛，2016（31）.

[144] 刘进成，韩波 . 师徒制教育对艺术设计专业教学的启示 [J]. 南昌教育学院学报，2013（5）.

[145] 李子水 . 李亚鹏：清醒回望成长历程 [J]. 职业技术教育，2003（23）.

[146] 刘富琳 . 中国传统音乐"口传心授"的传承特征 [J]. 音乐研究，1999（2）.

[147] 刘洁 . 试析影响教师专业发展的基本因素 [J]. 东北师大学报，2004（6）：7.

[148] 刘金祥 . 论影视演员艺德建设 [J]. 当代电视，2018（9）.

[149] 刘婷坤，胡阿菁，仪德刚 . 工匠与琴师的互动：马头琴制作工艺的流变 [J]. 中国科技史杂志，2020（1）.

[150] 刘婷婷 . 试析马头琴传承中的喜和忧（下）[J]. 内蒙古大学艺术学院学报，2017（1）.

[151] 刘婷婷 . 试析马头琴传承中的喜与忧（上）[J]. 内蒙古大学艺术学院学报，2016（4）.

[152] 刘维鸿 . 论教师成长的环境 [J]. 西南民族大学学报（人文社科版），2003（9）.

[153] 刘小红 . 默会知识视野下的音乐教学观 [J]. 中国音乐，2021（1）.

[154] 刘彦尊 . 美国学生报学问题研究 [J]. 外国教育研究，2005（9）.

[155] 刘洋君 . 新疆马头琴音乐传承与发展 [J]. 新疆艺术学院学报，2019（2）.

[156] 刘玥 . 多元共生："首届中国·内蒙古马头琴艺术节"系列音乐会综述 [J]. 中国艺术时空，2019（6）.

[157] 龙超 . 现代师徒制形式下的工匠精神传承与创新 [J]. 创新创业理论研究与实践，2018（13）.

[158] 卢晓东 . 对高等教育教学中四个常用名词的修正 [J]. 中国高等教育，2003（19）.

[159] 罗建 . 慕课对音乐类非物质文化遗产师徒制的启示：以沱江船工号子为例 [J]. 黄河之声，2021（13）.

[160] 吕华鲜，杜娟 . 生态文明视野下的旅游开发与非物质文化遗产保护：以蒙古族马头琴音乐文化为例 [J]. 黑龙江民族丛刊，2009，（1）.

[161] 吕品田 . 以学历教育保障传统工艺传承：谈高等教育体制对"师徒制"教育方式的采行 [J]. 装饰，2016（12）.

[162] 马骋 . 民族音乐文化传承与学校音乐教育 [J]. 北方音乐，2018（3）.

[163] 麦拉苏 . 建议马头琴演奏在学校教学中的传承 [J]. 音乐时空，2015（22）.

[164] 毛建国.传统"师徒制"的现代处境 [J].中国报业，2016（19）.

[165] 么加利.缄默知识视域下少数民族文化的教育传承研究 [J].内蒙古社会科学，2016（4）.

[166] 孟凡玉.大草原的底色：齐·宝力高和他的马头琴艺术 [J].人民音乐，2007（4）.

[167] 孟建军.草原"野马"灵魂歌者：记马头琴大师齐·宝力高 [J].中国民族，2002（5）.

[168] 孟建军.飞弓白乙拉：访马头琴演奏家仟·白乙拉 [J].乐器，2005（11）.

[169] 孟景舟.专业教育的历史解析 [J].复旦教育论坛，2013（3）.

[170] 莫尔吉明.二十世纪的马头琴手：在"中国马头琴学会"成立会上的发言 [J].中国音乐，1989（3）.

[171] 牧人.努力提升民族地区文化核心竞争力 [J].内蒙古宣传思想文化工作，2014（2）.

[172] 纳·格日乐图，张劲盛.扎根传统音乐沃土　培育民族器乐精英：蒙古族著名马头琴演奏家、教育家纳·呼和的艺术人生 [J].内蒙古艺术，2015，（2）.

[173] 牛利华.教育叙事研究：科学反思与方法论革命 [J].当代教育科学，2005（16）.

[174] 其乐木格.VR 技术对马头琴文化的保护与传承研究 [J].赤峰学院学报（汉文哲学社会科学版），2019（7）.

[175] 邱国华.关于初中阶段辍学率指标及其数据统计的分析：兼与近年《中国教育学刊》相关文章商榷 [J].上海教育科研，2005（10）.

[176] 邱瑜.教育科研方法的新取向：教育叙事研究 [J].中小学管理，2003（9）.

[177] 任灿.我国传统艺德思想浅析 [J].大众文艺，2021（24）.

[178] 任杰慧，张小军.教育人类学视野下的"在家上学"现象 [J].学海，2015（5）.

[179] 萨切荣贵.马头琴教学中培养学生学习音乐的兴趣对策研究 [J].艺术品鉴，2019（21）.

[180] 萨切荣贵.蒙古族马尾胡琴类乐器传统演奏法的当代保护与传承 [J].人民音乐，2019（11）.

[181] 赛吉拉胡."传统马头琴"制作技艺的田野调查（一）：以齐·却云敦的马头琴制作技艺为例 [J].乐器，2017（11）.

[182] 桑锦龙.我国高等学校师生关系的特点及治理 [J].教育研究，2021（1）.

[183] 色仁道尔吉.潮尔艺术大师色拉西与当代马头琴艺术教育 [J].内蒙古民族大学学报，2007（6）.

[184] 申燕，吴琳娜，张景焕.优秀教师成长历程的质性研究 [J].当代教育科学，

2009（6）.

[185] 沈壮海.先秦儒家艺德观论析 [J].中州学刊，1996（6）.

[186] 师毅聪，高晓霞.马头琴的游牧文化特征 [J].内蒙古农业大学学报，2017（3）.

[187] 施琴芬，吴祖麒，赵康.知识管理视野下的隐性知识 [J].中国软科学，2003（8）.

[188] 石中英.缄默知识与教学改革 [J].北京师范大学学报（社会科学版），2001（3）.

[189] 孙露.缄默知识视角下的教学 [J].中国教育学刊，2015（7）.

[190] 王业平."缄默知识"在声乐教学领域的功效探讨 [J].高教探索，2016（S1）.

[191] 苏赫巴鲁.火不思：马头琴的始祖　蒙古古乐考之一 [J].乐器，1983（5）.

[192] 孙立家.中国古代职业教育的主要教育形式：艺徒制 [J].职业技术教育，2007（7）.

[193] 王含光.谈艺术院校学生艺德的培养 [J].艺海，2013（3）.

[194] 汤书波，张媛媛.高职院校专业建设适应区域产业发展的路径与策略研究：以云南省为例 [J].中国职业技术教育，2019（2）.

[195] 田冰洁.现代教育中的新型师生关系 [J].河南科技，2010（17）.

[196] 通拉嘎.繁荣与隐忧：谈马头琴作为非物质文化遗产的保护与传承 [J].内蒙古大学艺术学院学报，2009，6（4）：5-9.

[197] 童富勇，程其云.中小学名师专业成长的影响因素分析：基于浙江省221位名师的调查 [J].教育发展研究，2010（2）.

[198] 万·希诺.永不消逝的琴音：马头琴演奏家桑都仍和他的马头琴演奏艺术 [J].内蒙古艺术学院学报，2020（2）.

[199] 万正维，王浩.试论高校青年教师成长的影响因素及促进策略 [J].教育探索，2013（2）.

[200] 汪应洛，李勖.知识的转移特性研究 [J].系统工程理论与实践，2002（10）.

[201] 王本陆.关于教学工作中师生关系改革的思考 [J].课程·教材·教法，2000（5）.

[202] 王炳林，方建.大学推进文化传承创新的原则与途径 [J].中国高等教育，2012（2）.

[203] 王红艳.马头琴音乐形式与蒙古族草原文化 [J].音乐时空，2014（9）.

[204] 王嘉毅，魏士军.影响中小学优秀教师成长的因素分析：以30位优秀教师的成长经历为样本 [J].当代教师教育，2008（3）.

[205] 王巾轩.师徒制下的武术文化传承：基于吴式太极拳师徒传承的个案研究 [J].上海体育学院学报，2014（4）.

[206] 王娟.认知 环境 挖潜 激励：点击青年医务工作者成长历程中的几个关键词 [J].中国医院，2008（8）.

[207] 王开明，万君康.论知识的转移与扩散 [J].外国经济与管理，2000（10）.

[208] 王丽敏.西方国家职业教育发展趋势研究 [J].职业时空，2006（12）.

[209] 王雅慧，孙彬，郭燕巍，等.基于课堂教学行为大数据的师徒制关系构造模型 [J].电化教育研究，2019（3）.

[210] 王严淞.大学师生关系：概念、特性与维度 [J].河北大学学报，2020（5）.

[211] 王义锋.现代师徒制下的美术人才培养方案研究 [J].美与时代（中），2017（11）.

[212] 乌兰杰.蒙古族"潮尔"大师：色拉西 [J].内蒙古大学艺术学院学报，2007（1）.

[213] 吴继兰，尚珊珊.Moocs 平台学习使用影响因素研究：基于隐性和显性知识学习视角 [J].管理科学学报，2019（3）.

[214] 吴捷.教师专业成长过程及其影响因素研究 [J].教育探索，2004（10）.

[215] 吴金昌，刘毅玮.高校教师成长中的困惑与反思：兼与中小学教师成长历程比较 [J].中国高教研究，2008（9）.

[216] 吴鹏，季丽珺，徐慧霞.优秀大学英语教师的成长历程与反思：一项叙事研究 [J].现代教育科学，2010（11）.

[217] 吴同，仲社.艺术院校学生艺德培养途径探析 [J].开封教育学院学报，2018（10）.

[218] 吴杨波.师徒制：中国现代美术教育的乡愁 [J].美术观察，2017（10）.

[219] 伍斐.浅析西方美术教育中的艺徒制 [J].美术大观，2006（10）.

[220] 夏美武.德对人才成长和人才实现的作用 [J].理论前沿，2003（11）.

[221] 张福三.论民间文化传承场 [J].民族艺术研究，2004（2）.

[222] 张济洲.走入教师日常生活中的叙事研究 [J].上海教育科研，2003（7）.

[223] 张劲盛.非物质文化遗产视域下蒙古族马头琴的保护与传承现状综述（一）[J].乐器，2021（5）.

[224] 张劲盛.非物质文化遗产视域下蒙古族马头琴的保护与传承现状综述（二）[J].乐器，2021（6）.

[225] 张劲盛.炫动舞台的"和平之星"：记青年马头琴演奏家苏尔格 [J].内蒙古艺术，2017（2）.

[226] 张俊豪.教育多样性与民族文化传承 [J].湖南师范大学教育科学学报，2008（3）.

[227] 张立明 . 从文化传承角度论马头琴的生存发展之路 [J]. 职业技术，2011（1）.

[228] 张丽敏 . 从异化到和谐：大学师生关系的理性回归 [J]. 社会科学战线，2020（9）.

[229] 张鹏，刘明新 . 现代国民教育体系下的民族艺术教育与文化传承：以内蒙古准格尔旗民族中学马头琴教育为例 [J]. 民族教育研究，2012（6）.

[230] 张天彤，常龙飞 . 中国少数民族音乐发展史上的一个里程碑：首届"全国高等音乐艺术院校少数民族音乐文化传承学术研讨会"综述 [J]. 中国音乐，2009（2）.

[231] 张天彤 . 学校音乐教育与民族音乐文化传承 [J]. 贵州大学学报：艺术版，2001（1）.

[232] 张希希 . 教育叙事研究是什么 [J]. 教育研究，2006（2）.

[233] 张向荣 . 新形势下音乐专业教育要有新思维 [J]. 大舞台，2013（9）.

[234] 张晓菊，刘斯林，纪荣全 . 现代师徒制在茶艺人才培育中的应用 [J]. 智库时代，2019（1）.

[235] 张秀丽 . 中国古代艺徒制对构建现代学徒制的启示 [J]. 北京财贸职业学院学报，2015（3）.

[236] 张旭 . 一个传统中医的成长历程：祖孙两代人的中医传承情怀 [J]. 中医健康养生，2021（6）.

[237] 张妍，孔繁昌，吴建芳，等 . 积累、改革、实践：教学名师成长历程的个案分析 [J]. 现代教育科学，2010（7）.

[238] 张渝政 . 浅论邓小平的人才成长环境思想 [J]. 毛泽东思想研究，2003（3）.

[239] 章传文，张珍 . 王达三的"艺徒制"思想与当代价值 [J]. 职业技术教育，2018（21）.

[240] 赵昌木，徐继存 . 教师成长的环境因素考察：基于部分中小学实地调查和访谈的思考 [J]. 湖南师范大学教育科学学报，2005（3）.

[241] 赵昌木 . 创建合作教师文化：师徒教师教育模式的运作与实施 [J]. 教师教育研究，2004（4）.

[242] 赵峰 . 论高等教育第四职能：文化传承创新 [J]. 西北师范大学报：社会科学版，2012，49（4）.

[243] 赵苗苗 . 教师专业成长影响因素分析 [J]. 晋中学院学报，2008（4）.

[244] 赵鹏飞，陈秀虎 . "现代学徒制"的实践与思考 [J]. 中国职业技术教育，2013（12）.

[245] 赵鹏飞 . 现代学徒制人才培养的实践与认识 [J]. 中国职业技术教育，2014（21）.

[246] 赵士英，洪晓楠 . 显性知识与隐性知识的辩证关系 [J]. 自然辩证法研究，2001（10）.

[247] 赵世林.论民族文化传承的本质 [J].北京大学学报（哲学社会科学版），2002（3）.

[248] 赵威，孟凡钊.现代师徒制背景下高校烹饪专业学生职业能力培养研究 [J].现代商贸工业，2021（26）.

[249] 赵威.现代师徒制在应用型高校旅游类专业中的构建研究 [J].就业与保障，2021（9）.

[250] 赵英华.马头琴教学改革探讨 [J].艺术评鉴，2016（11）.

[251] 郑石.显性知识与隐性知识：网络综艺节目中知识生产的双维思考 [J].青年记者，2020（15）.

[252] 郑英.现代艺徒制：非遗人才培养的时代模式 [J].曲艺，2019（12）.

[253] 郑英.职业教育工厂化与艺徒化 [J].教育与职业，1935（3）.

[254] 中国文学艺术界联合会.修身守正　立心铸魂：致广大文艺工作者倡议书 [J].中国戏剧，2021（10）.

[255] 中国文艺工作者职业道德公约 [J].当代电视，2012（4）.

[256] 钟志勇.民族传统文化传承与教育现代化 [J].湖北民族学院学报（哲学社会科学版），2008（4）.

[257] 仲社.论艺德 [J].南京艺术学院学报（美术与设计版），2014（1）.

[258] 周川.教育家的成长及其影响因素 [J].人民教育，2014（14）.

[259] 周剑.我国古代"艺徒制"及其对职业教育发展的影响 [J].高等职业教育，2012（5）.

[260] 周琳，梁宁森.现代学徒制建构的实践症结及对策探析 [J].中国高教研究，2016（1）.

三、学位论文类

[1] 包腾和."游牧"的乐手：著名马头琴艺术家李波研究 [D].呼和浩特：内蒙古大学，2021.

[2] 巴雅尔玛.蒙古马头琴演奏特征及表演焦虑浅析 [D].上海：上海音乐学院，2017.

[3] 包爱玲.赵双虎四胡艺术研究 [D].呼和浩特：内蒙古大学，2014.

[4] 陈廷亮.守护民族的精神家园：湘西少数民族非物质文化遗产研究 [D].北京：中央民族大学，2009.

[5] 董新秀.吴梦非音乐美育思想研究 [D].金华：浙江师范大学，2013.

[6] 顾林景.何声奇长笛教学研究 [D].上海：上海音乐学院，2011.

[7] 顾圣婴.作为音乐教育家的 J·S·Bach[D].上海：上海音乐学院，2013.

[8] 郭旭 . "师徒制"与新教师专业发展 [D]. 上海：上海师范大学，2009.

[9] 黄塔娜 . 传承与超越：纳·呼和马头琴教学研究 [D]. 呼和浩特：内蒙古大学，2015.

[10] 嵇鸣洲 . 扬州市非物质文化遗产代表性传承人现状和问题研究 [D]. 扬州：扬州大学，2016.

[11] 李京胤 . 非物质文化遗产传承人的隐性知识转移影响因素与转移策略研究 [D]. 天津：南开大学，2020.

[12] 李旭东 . 马头琴制作工艺及对艺术表现之影响 [D]. 呼和浩特：内蒙古大学，2014.

[13] 林耀恒 . 艺术院校参与非遗传承人培训研究 [D]. 重庆：四川美术学院，2018.

[14] 刘胜 . 中国文化资源的可持续发展研究 [D]. 上海：上海交通大学，2016.

[15] 彭思靖 . 试论贺绿汀的音乐教育实践活动 [D]. 上海：上海音乐学院，2013.

[16] 濮飞飞 . 非物质文化遗产传承人的特征研究 [D]. 合肥：安徽医科大学，2011.

[17] 屈原 . 祝词艺人与说祝词习俗探究 [D]. 呼和浩特：内蒙古大学，2011.

[18] 苏雅 . 个体·传统与新视界：吴云龙四胡艺术研究 [D]. 呼和浩特：内蒙古大学，2013.

[19] 谭平章 . 文化生态理论视域下国家级非遗产传承人制度问题探究 [D]. 武汉：华中师范大学，2020.

[20] 通拉嘎 . 蒙古族非物质文化遗产研究 [D]. 北京：中央民族大学，2010.

[21] 王春辉 . 高技能人才成长路径及相关效果评价研究 [D]. 天津：天津理工大学，2010.

[22] 王晓晶 . 他如何重塑传统？ [D]. 南京：南京航空航天大学，2009.

[23] 王烜 . 裕固族非物质文化遗产女性传承人研究 [D]. 北京：中央民族大学，2013.

[24] 王云庆 . 山东非物质文化遗产项目及传承人立档保护研究 [D]. 济南：山东大学，2017.

[25] 乌力吉贺希格 . 继承与传承：蒙古族当代著名抄尔、马头琴演奏家布林先生 [D]. 呼和浩特：内蒙古师范大学，2010.

[26] 张劲盛 . 变迁中的马头琴：内蒙古地区马头琴传承与变迁研究 [D]. 呼和浩特：内蒙古师范大学，2009.

[27] 张妮妮 . 在耕耘中守望：乡村幼儿教师专业生活的叙事研究 [D]. 长春：东北师范大学，2012.

[28] 张强 . "师徒制"与新教师专业发展的个案研究 [D]. 上海：华东师范大学，2009.

[29] 张煜晨 . 马头琴文化遗产的保护、传承与发展探究 [D]. 厦门：厦门大学，2019.

[30] 赵昌木.教师成长研究 [D].兰州：西北师范大学，2003.

[31] 赵伟.民间艺人生活与艺术变迁研究 [D].昆明：云南艺术学院，2013.

[32] 郑新悦.中国古代艺徒制与英国现代学徒制的比较研究 [D].长沙：湖南师范大学，2012.

[33] 郑英.走向书台之路：苏州评弹现代艺徒制的个案研究 [D].南京：南京师范大学，2020.

[34] 刘海屹.云南非物质文化遗产省级少数民族传统体育代表性传承人传承困境研究 [D].昆明：云南师范大学，2016.

[35] 周娴.琵琶思想者：章红艳个案研究 [D].武汉：华中师范大学，2013.

[36] 周钰洁.基于专业学习共同体的中小学教师师徒制研究 [D].重庆：西南大学，2018.

[37] 刘倩.马克思主义文化观视野中的中国非物质文化遗产保护与传承 [D].广州：华南理工大学，2019.

[38] 张鹏.现代国民教育体系下的少数民族教育与文化传承 [D].北京：中央民族大学，2013.

[39] 宋景东.教学相长：研究生导师专业发展的叙事研究 [D].长春：东北师范大学，2017.

[40] 邵译萱.国家级非物质文化遗产"徐州唢呐艺术"传承人：赵伦先生之调查研究 [D].南京：南京师范大学，2013.

[41] 孙慧敏."非遗"视角下"杜尔伯特"马头琴的保护现状与优化发展研究 [D].哈尔滨：哈尔滨音乐学院，2021.

[42] 孙燕.从草根到华堂：王铁锤艺术实践与身份转换 [D].北京：中国艺术研究院，2013.

四、报纸、网页、工具书类

[1] 深入实施新时代人才强国战略　加快建设世界重要人才中心和创新高地 [N].人民日报，2021-09-29（001）.

[2] 国家中长期教育改革和发展规划纲要（2010—2020 年）[N].人民日报，2010-07-30（013）.

[3] 中共中央关于党的百年奋斗重大成就和历史经验的决议 [N].人民日报，2021-11-17（001）.

[4] 中国教育现代化 2035 [N].人民日报，2019-02-24（001）.

[5] 习近平.把培育和弘扬社会主义核心价值观作为凝魂聚气强基固本的基础工程 [N].人民日报，2014-02-26（001）.

[6] 习近平.建设社会主义文化强国 着力提高国家文化软实力 [N].人民日报.2014-01-01（001）.

[7] 习近平.在教育文化卫生体育领域专家代表座谈会上的讲话 [N].人民日报，2020-09-23（002）.

[8] 习近平.在庆祝改革开放40周年大会上的讲话 [N].人民日报，2018-12-19（002）.

[9] 习近平.在全国民族团结进步表彰大会上的讲话 [N].人民日报，2019-09-28（002）.

[10] 习近平.在文艺工作座谈会上的讲话 [N].人民日报，2015-10-15（002）.

[11] 张伟超.构建现代"师徒制" 培养"工匠精神"型人才 [N].中国黄金报，2018-02-27（002）.

[12] "十四五"非物质文化遗产保护规划 [EB/OL].（2021-08-12）[2021-08-12].http://www.gov.cn/zhengce/2021-08/12/content_5630974.htm.

[13] 中国社会科学院语言研究所.现代汉语词典 [C].北京：商务印书馆，2002：160.

[14] 牛津高阶英汉双解词典 [C].第6版北京：商务印书馆，牛津大学出版社，2004：776.

[15] 陈至立.辞海 [C].上海：上海辞书出版社，2022（07）：126.

[16] 林崇德，等.心理学大辞典（上）[C].上海：上海教育出版社，2013：226.

[17] 顾明远.教育大辞典 [M].上海：上海教育出版社，1999.

[18] 朱祖延.引用语大辞典（增订本）[M].武汉：武汉出版社，2010.

[19] 卫景福，林德金.新编学生百科定义词典 [M].延吉：延边大学出版社，1991.

五、外文文献类

[1] CONNELLY M， CLANDININ J.Narrative inquiry[M]// HUSEN T, POSTLETHWAITE N. The International Encyclopedia of Education, 2nd Edition. Oxford: Pergamon Press, 1994a.

[2] CONNELLY F M, CLANDININ D J.Stories of experience and narrative inquiry[J]. Educational Researcher, 1990, 5（2）: 2-14.

[3] DWECK C. Motivational Processes Affecting Learning[J]. American Psychologist, 1986, 41（10）: 1040-1048.

[4] FOREST J J， KINSER K. Higher education in United States : an encyclopedia[M]. Santa Barbara : ABC-CLIO, 2002.

[5] LIEBLICH A, TUVAL-MASHIACH R, ZILBER T. Narrative research: reading, analysis and interpretation [M] Los Angeles : Sage, 1998.

[6] NONAKA I, KONNO N.The concept of "Ba"： building a foundation for knowledge creation[J]. California Management Review, 1998（3）：40–54.

[7] CHAUDHRY A, DOKANIA P K, AJANTHAN T, et al. Riemannian walk for incremental learning： Understanding forget ting and intransigence[C]//Proceedings of the European Conference on Computer Vision（ECCV）, Munich, Germany, 2018: 532–547.

[8] GUPTA P, CHAUDHARY Y, RUNKLER T, et al.Neural topic modeling with continual lifelong learning[C]//International Conference on Machine Learning（online）, 2020: 3907–3917.

[9] POLANYI M.The study of man[M].London：Routtledge & Kegan Paul, 1957.

[10] SVEIBY K E.Tacit knowledge[A]// CORTADA J W, WOODS J A.The Knowledge Management Yearbook 1999–2000. Butterworth Heinemann, 1999：18–27.

[11] SVEIBY K E.Tacit knowledge[A]// CORTADA J W, WOODS J A.The Knowledge Management Yearbook 1999–2000 Butterworth–Heinemann, 1999：18–27.

[12] COSTE D. Narrative as communication [M]. Minneapolis：University of Minnesota Press, 1989：5.

[13] SPRETNAK C.States of grace：the recovery of meaning in the post–modem age [M]. New York：Harper Collins, 1991.

[14] COLNERUD G.Ethical conflicts in teaching[J].Teaching and Teacher Education, 1997（6）：627–635.

[15] JABAREEN Y. Building a conceptual framework：philosophy, difinitions, and procedure[J].International Journal of Qualitative Methods, 2009（4）：49–62.

[16] MERRIAM S B . Qualitative research：a guide to design and implementation[M]. San Francisco：Jossey–Bass, 2009：4–15.

[17] SPRETNAK C.States of grace：the recovery of meaning in the post–modem age [M]. New York：Harper Collins, 1991.

[18] Dewey J. Experience and nature [M]. Chicago and La Salle, lllinois, Open Court, 1994：2.

[19] FLYVBJERG B. Making social science matter：why social inquiry fails and how it can succeed again[M].Cambridge University Press, 2001：17–22.

[20] FIRESTONE W A. Alternative arguments for generalizing from data as applied to qualitative research[J]. Educational Research, 1993（4）：16–23.

[21] JORGENSEN D L.Participant observation：a Methodology for human studies[M].Thousand Oaks, CA：Sage Publications, 1989：14.

[22] BOGDAN R C, BIKLEN S K.Qualitative research for education：an introduction to theory and methods[M].Boston：Pearson Education, 2007：103.

后　记

初秋的呼和浩特，骄阳褪去，天高云淡。经历了大半年的修改和完善，本书撰写已初具规模。此刻的我，心虽稍微平复，但并未感到真正轻松自在。所谓"事非经过不知难"，尽管我始终不愿把专研看作一件痛苦的事，尽管我无比珍惜和享受这个过程，然而完成这样一本著作的确不易，在此不多赘述。

常言道，"读万卷书不如行万里路"，而行万里路不如高人引路。庆幸的是，在完成本书的过程中，有那么多老师、前辈一如既往的支持和鼓励。借此机会，一一谢过。感谢中南民族大学的康翠萍教授，从本书的选题到设计，从撰写到修改，无不倾注着她的智慧与心血；另外，感谢南开大学的陈巴特尔教授和赵培焱老师、内蒙古师范大学的纳日碧力戈教授和赵荣辉教授、四川音乐学院的杨列京教授和魏晓兰教授、西南民族大学的张莉教授，在教育学、人类学、艺术学等学科方面给予我的指导和帮助；此外，感谢内蒙古师范大学教育学院为本书出版提供了全额资助；同样，感谢受访的 50 位"马头琴手"，我倾向于称他们为"合作研究者"，是他们提供的一个个真实、生动、鲜活的教育故事成就了本书。

事实上，我从未期许通过本书的撰写建构一种具有普适意义的理论体系或具有推广价值的执行策略，而是希望通过系统的论述和理性的思考，为正在学马头琴或即将走上学马头琴之路的人，提供必要的借鉴和参考。然而，对于"马头琴手"而言，他们的专业成长始终置身于"守正"与"创新""传统"与"现代"的矛盾与联系之中，更要思考如何处理好"守正"与"创新"的协同以及"传统"与"现代"的共生。因此，作为教育工作者和研究者，我们应当也有责任去思考，以什么样的方式，才能培养出既具备深厚传统文化底蕴、又具备多重现代表达方式及开放国际视野的“马头琴手”，这将成为一个值得深入探讨并最终能得到有效解决的问题。

任雪峰

2024 年 10 月 1 日于呼和浩特